고구려통사 2

고구려 초기
국가체제와 대외관계

고구려통사 ❷

고구려 초기 국가체제와 대외관계

동북아역사재단 한국고중세사연구소 편

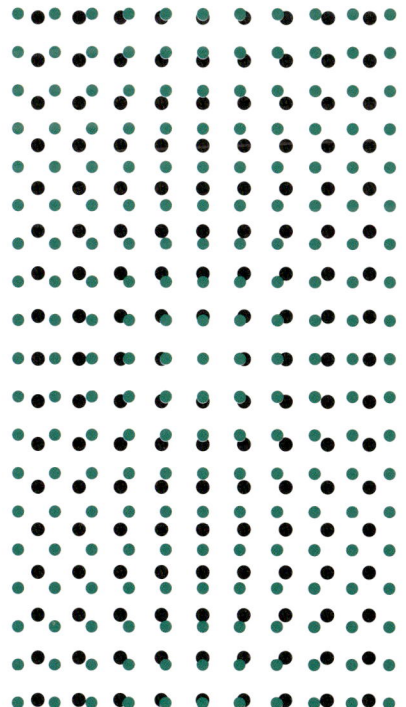

동북아역사재단
NORTHEAST ASIAN HISTORY FOUNDATION

책머리에

『고구려통사』의 편찬 목적과 주안점

고구려사는 한국고대사에서 지난 10년간 가장 큰 변화상을 보였던 분야이다. 『삼국사기(三國史記)』 고구려본기(高句麗本紀)의 초기 기사를 적극 활용하여 고구려사 연구의 방향과 방법론이 새롭게 모색되었으며, 정치사와 대외관계사를 중심으로 연구주제가 세분화되고 다양해지면서 괄목할 만한 성과를 거두었다. 또한 고고학에서는 북한의 연구성과에 기초하여 개설적인 정리를 시도하던 경향에서 벗어나, 중국에 남아 있는 고구려 고고자료가 소개되고 임진강 이남의 한반도 중부 지역에서 고구려 유적에 대한 조사가 늘어나면서 고분벽화·고분·토기 등 여러 분야에서 독자적인 연구성과물이 나오는 단계에까지 이르고 있다.

이에 현시점에서 그간의 연구성과를 정리·집약하여 고구려사에 대한 우리의 이해가 어디에 이르렀는지를 파악하고, 남은 과제는 무엇이며, 새로운 연구는 어디로 나아가야 할 것인지를 따져 봐야 할 필요가 있다. 이 책은 다음과 같은 목적을 가지고 편찬하였다.

첫째, 축적된 연구성과를 정리해야 할 필요성이다. 현재 학계가 이용하고 있는 고구려사 개설서나 개인 연구자의 연구서들은 발간 당시의 성과를 반영한 결과물이지만, 담고 있는 내용이 제한적이거나 과거의 이해에 머물고 있다. 지난 10여 년 동안 연구범위가 넓어지고 새로운 이해가 더해졌지만, 학문적 성과를 잘 담지 못하고 있는 것이다. 그러므로 최근 연구성과를 반영한 새로운 정리물이 절실하다.

둘째, 역사상에 부합하는 이해를 제시할 필요성이다. 그동안 고구려사 연구가 커다란 성과를 거둔 것은 의심할 나위가 없다. 하지만 일부 연구에서는 재검토가 요청되는 섣부른 결론도 보인다. 이 경우 역사상에 부합하는 이해를 제시하여 이제 막 연구자의 길에 들어선 이나 역사에 관심 있는 이들이 학술적으로 타당한 이해를 토대로 고구려사를 고찰할 수 있도록 해주어야 한다.

이러한 문제의식에서 『고구려통사』 기획위원회를 구성하였다. 기획위원회가 가장 고민한 지점은 어떻게 하면 역사상에 충실하며 특정 이해에 치우치지 않는 집필이 가능할 것인가였다. 기획위원으로는 임기환(서울교육대학교 교수), 여호규(한국외국어대학교 교수), 김기섭(경기도박물관 관장), 정호섭(고려대학교 교수), 양시은(충북대학교 교수), 김현숙(동북아역사재단 수석연구위원), 이성제(동북아역사재단 책임연구위원)가 참여하였다. 『고구려통사』 총서는 시대별 특징과 고고자료의 중요성을 고려하여 초기사(전 2권), 중기사(전 2권), 후기사(전 3권), 고고자료(전 2권), 그리고 총론(1권)으로 구성하였다.

각 권은 주제와 시기를 달리하지만, 체계와 내용의 주안점에서 기획위원회가 마련한 일관된 기준에 따르도록 하였다. 관련 연구를 진행한 연구자가 책임지고 해당 장절을 집필하는 방식이 아니라, 위원회가 여러 차례 논의를 거쳐 마련한 편목별 내용구성안과 집필기준에 따라 원고를 작성토록 하였다.

한편, 고구려사 연구가 짧은 시간 내에 이토록 발전하게 된 데에는 중국의 동북공정식 연구가 추동한 위기의식 때문이기도 하였다. 이들 연구는 고구려사를 핵심과제로 다루었고, 자연히 고구려사를 구성한 제 분야를 섭렵하는 연구가 쏟아져 나왔던 것이다. 최근에는 유민 묘지(遺民墓誌)나『한원(翰苑)』등 1차사료에 대한 활발한 연구와 고고자료를 활용한 새로운 논리 개발도 적극적으로 전개되고 있다. 이 점에서『고구려통사』는 세 번째 주안점을 새로운 문헌자료와 고고자료의 충실한 소개와 중국 측 논거에 대한 학술적 비판과 정합적 이해의 제시에 두었다.

『고구려통사』 발간은 이러한 고구려사의 연구성과를 충실하게 정리하여 학계와 일반에게 제공하는 데 목적을 두고 있다. 연구에 막 입문한 이들에게는 고구려사의 주요 맥락과 과제에 보다 수월하게 접근할 수 있는 지침서가 되길 바라며, 역사에 관심을 가진 이들에게는 그간 알지 못했던 고구려의 새로운 모습을 살필 수 있는 자료가 되기를 희망한다.

기획위원회를 대신하여
김현숙

차례

책머리에 / 5

1 초기의 정치체제와 사회구조

1장 정치체제의 구조와 운영 / 여호규
1. 나부의 구조와 성격 / 16
2. 관등제의 구성과 운영 / 32
3. 왕권의 위상과 제가회의의 변천 / 51
4. 좌·우보제에서 국상제로의 전환 / 70

2장 사회구조와 제의체계 / 강진원
1. 사회계층과 읍락의 모습 / 94
2. 제의의 종류와 특징 / 114

2 영역 확장과 대외교섭의 전개

3장 영역 확장과 복속지역 지배방식 / 김현숙
1. 초기 정복활동과 진출범위 / 142
2. 복속지역에 대한 지배방식 / 162

4장 1~3세기 국제정세와 대외교섭 / 윤용구
1. 후한의 변군 운용과 고구려의 제2현도군 축출 / 195
2. 공손씨 정권의 등장과 고구려 / 213
3. 위·진의 동방 진출과 고구려의 대응 / 231

3 중앙집권체제로의 전환과 지방통치조직 정비

5장 초기 정치체제 해체와 중앙집권체제로의 전환 / 임기환
1. 나부통치체제 해체와 방위부 변천 / 253
2. 중앙집권체제로의 전환과 관등제 변화 / 269

6장 지방통치조직 정비와 군사동원체계 확립 / 조영광
1. 지방통치체제 성립과 수취체제 정비 / 285
2. 군사동원과 방어체계의 성립 / 296

찾아보기 / 321

초기의 정치체제와 사회구조

1

1장 정치체제의 구조와 운영
2장 사회구조와 제의체계

1장

정치체제의 구조와 운영

여호규 | 한국외국어대학교 사학과 교수

고구려는 삼국 가운데 가장 먼저 국가적 성장을 이룩했을 뿐 아니라[1] 초기사와 관련한 사료도 비교적 풍부하게 전한다. 『삼국사기』 초기 기사의 경우, 신라본기나 백제본기는 신빙성에 대한 많은 의문이 제기되었지만, 고구려본기는 상대적으로 신빙성이 높다고 평가된다. 『삼국지』 위서 동이전도 백제와 신라는 아직 삼한 소국의 하나인 백제국과 사로국으로 나와 국가적 실체를 명확하게 파악하기 어렵지만, 고구려는 별도 항목으로 기술했을 뿐 아니라 관련 사료도 풍부한 편이다.

---

[1] 고구려의 국가 형성에 대해서는 『고구려통사 1: 고구려의 기원과 성립』(동북아역사재단 한국고중세사연구소 편, 2020)의 5장 「한 현도군의 퇴축과 고구려의 국가 형성」(임기환)에 상세히 기술되어 있으므로 생략한다.

이러한 역사성과 사료 조건으로 인해 고구려 초기사는 일찍부터 많은 주목을 받았다. 특히 1970년대에 고대국가형성론이 학계의 큰 관심을 끌면서 삼국의 국가 형성이나 초기 정치체제를 둘러싸고 다양한 논의가 전개되었는데, 사료가 풍부한 고구려 초기사가 가장 많은 주목을 받았다. 이를 통해 고구려 나아가 삼국의 국가 형성과 초기 정치체제를 새롭게 이해할 수 있었다.

1960년대까지만 하더라도 고구려 초기는 혈연조직에 바탕을 둔 사회로 국가 형성상의 과도기로 상정되었다. 그런데 1970년대 이후의 논의를 통해 늦어도 1세기 중반에는 고구려가 고대국가로 발돋움했고, 3세기 후반 이후에는 중기 사회로 전환한 것으로 밝혀졌다. 즉, 고구려 초기는 국가 형성상의 과도기가 아니라 국가체제가 확립된 시기이고, 중기 이후와 명확히 구별되는 정치체제를 갖추었다고 이해한 것이다.[2]

다만 연구의 진전에 따라 시각의 차이도 심화되었다. 고구려 초기 정치체제에 대한 견해는 크게 나부체제론(那部體制論)과 조기집권체제론(早期集權體制論, 이하 '집권체제론')으로 양분되는데, 나부(那部)의 성격을 어떻게 이해하느냐가 핵심 쟁점이다.[3] 나부체제론자가 나부를 자치권을 지닌 단위정치체로 파악하며 계부루 왕권과 함께 초기 정치체제 운영의 중요한 주체로 상정하는 반면, 집권체제론자는 왕권 강화와 집권화를 강조하며 나부를 정치 운영의 주체로 설정하지 않는다.

---

2 이에 일반적으로 고구려 초기를 1~3세기로 설정하며 4세기 이후의 중기와 구분하는데(노태돈, 1999), 이 글에서도 이러한 시기 구분을 받아들여 논의를 전개한다.
3 나부체제론의 대표적인 연구성과로는 노태돈, 1975; 1999a; 임기환, 1995a; 2004; 김현숙, 1995; 2005; 여호규, 1997; 2014; 조영광, 2011; 이규호, 2021 등이 있으며, 조기집권체제론의 대표적인 연구성과로는 이종욱, 1982a · 1982b; 김광수, 1983a; 금경숙, 1995; 2004; 박경철, 1996; 2018 등을 들 수 있다.

이에 따라 양자는 초기 정치체제의 구조와 운영도 다르게 이해한다. 나부체제론자가 계루부 왕권의 집권력과 나부의 자치권을 조화시키는 방향으로 정치체제가 성립했다고 이해한 반면, 집권체제론자는 왕권 중심의 행정적·관료적 정치기구가 일찍부터 정비되었다고 이해한다. 나부체제론자가 국왕과 나부의 지배세력으로 구성된 제가회의(諸加會議)를 가장 중요한 정치기구로 상정한 반면, 집권체제론자는 국왕 직속의 군신회의 및 좌보(左輔), 우보(右輔), 국상(國相) 등의 관직을 주요 정치기구로 설정한다.

그런데 국가 성립 이후 계루부 왕권의 영도력이 확립되고 더욱 강화된 사실은 나부체제론자도 인정하고 있다. 또 독자적인 지역집단이나 정치체로 존재하던 나(那)가 계루부 왕권을 중심으로 통합(복속·편성)되어 연맹체적 정치조직을 형성했다가 집권화 단계로 전환했다는 사실은 집권체제론자도 대부분 받아들이고 있다. 이와 함께 나부의 지배세력이 독자적인 세력기반을 지닌 수장적 존재였고, 나부가 자치권을 보유했다는 사실은 집권체제론자도 부분적으로 인정하고 있다. 나부체제론자와 집권체제론자의 시각이 상당히 다르지만, 공통점도 적지 않은 것이다.

이에 이 글에서는 나부체제론자와 집권체제론자의 견해를 종합하여 계루부 왕권의 집권력과 나부의 자치권을 동시에 고려하면서 초기 정치체제의 구조와 운영 양상을 고찰하고자 한다.[4] 제1절에서 나부의

---

[4] 부체제론(나부체제론)과 집권체제론의 문제점을 비판하면서 삼국 초기 정치체제를 '귀족합의체제(貴族合議體制)'로 파악해야 한다는 견해가 제기되었는데(김영하, 1994; 2000), 고구려 초기 정치체제를 구체적으로 분석하지는 않았다. 또 고구려 초기 정치 운영의 봉건제적 원리(장병진, 2019)나 초기 관제(官制)의 작적(爵的) 면모(이준성,

구조를 검토하여 초기 정치체제의 성립 과정과 전반적인 성격을 파악한 다음, 제2절에서 관등제의 구성을 통해 초기 정치체제의 구조를 고찰하고자 한다. 이를 바탕으로 제3절과 제4절에서 왕권의 위상 변화에 따라 제가회의, 좌·우보, 국상 등 주요 정치기구가 변모하는 모습을 살펴보고자 한다.

1. 나부의 구조와 성격

고구려 초기 정치체제의 성격에 대한 견해는 나부(那部)의 성격을 어떻게 이해하느냐에 따라 크게 나부체제론과 집권체제론으로 나뉜다. 그럼 나부는 어떠한 형태로 존재했고, 그 성격은 어떻게 이해할 수 있을까? 나부에 관한 사료는 『삼국지』 고구려전과 『삼국사기』 고구려본기의 초기 기사에 비교적 풍부하게 나온다.

사료1
본래 5족(五族)이 있었는데, 연노부(涓奴部, 消奴部의 오기),[5] 절노부(絶奴部), 순노부(順奴部), 관노부(灌奴部), 계루부(桂婁部)이다. 본디 소노부가 왕이 되었는데 점차 미약해져 지금은 계루부가 대신한다. … 소노부

2019)를 강조하는 견해도 제기되었지만, 초기 정치체제의 구조를 전반적으로 검토한 상태는 아니다. 이에 이들 견해는 각 정치기구를 고찰하면서 해당되는 사항을 언급하고자 한다.

[5] 연노부(涓奴部)는 『후한서(後漢書)』 고구려전, 『양서(梁書)』 고구려전, 『위략(魏略)』 등에 '소노부(消奴部)'로 표기되어 있어 소노부의 오기로 파악된다(이병도, 1976). 이에 이 글에서는 이하 연노부를 모두 소노부로 정정하여 표기했다.

는 본래 국주(國主)로서 지금은 비록 왕이 되지 못하지만 적통을 이은 대인(大人)은 고추가(古鄒加)를 칭할 수 있었고, 또 종묘를 건립하여 영성(靈星)과 사직(社稷)에 제사지낼 수 있었다. 절노부는 대대로 왕과 혼인했으므로 고추의 칭호를 더했다. 여러 대가(大加)는 독자적으로 사자(使者), 조의(皂衣), 선인(先人)을 설치했는데, 그 명단은 모두 왕에게 보고되었다. 경(卿)이나 대부(大夫)의 가신(家臣)과 같았는데, 모임의 석차에서 왕가(王家)의 사자, 조의, 선인과 같은 열에 앉을 수 없었다.

_『삼국지』 동이전 고구려전

위 기사는 3세기 초·중반의 상황을 전한다. 이에 따르면 당시 고구려에는 소노부, 절노부, 순노부, 관노부, 계루부 등 5부가 존재했다. 이 가운데 본래 소노부가 왕 노릇을 했는데, 점차 미약해져서 계루부가 왕이 되었다고 한다. 다만 소노부의 적통대인(適統大人)은 당시에도 고추가라는 칭호를 사용했고, 종묘와 사직을 별도로 건립하여 제사를 지냈다. 또 절노부가 왕실과 대대로 혼인하여 고추가의 칭호를 더했다. 5부 가운데 왕을 배출하는 계루부를 비롯해 소노부와 절노부가 중요한 역할을 담당했다는 것이다.

이러한 『삼국지』 기사에 나오는 5부에 비견되는 존재가 『삼국사기』 고구려본기에 나오는 나(那)와 나부(那部)이다(표1). 나와 나부의 용례는 크게 조나(藻那)와 주나(朱那)의 나, 비류나부(沸流那部), 환나부(桓那部), 관나부(貫那部), 연나부(椽那部)의 나부로 분류할 수 있다(표2). 이 가운데 4나부는 『삼국지』 고구려전의 5부 가운데 왕실이 속한 계루부를 제외한 4노부(奴部)와 동일한 실체로 파악된다.

표1 『삼국사기』 고구려본기의 나·나부 관련 기사

순번	연대	나·나부 명칭	기사 내용
a	대무신왕 5.7(22)	연나부	부여왕의 사촌 동생이 … 만여 명과 함께 와서 내투하니 왕이 봉하여 왕으로 삼고 연나부(掾那部)에 안치했는데, 등에 낙문(絡文)이 있어서 낙씨(絡氏) 성을 내려주었다.
b	대무신왕 15.3(32)	비류부	대신(大臣) 구도(仇都), 일구(逸苟), 분구(焚求) 세 사람을 서인으로 삼았다. 이 세 사람은 비류부(沸流部)장이 되었는데, 그 자질이 탐욕스럽고 야비하여 다른 사람의 처첩(妻妾)과 소, 말, 재화 등을 빼앗고 하고 싶은 대로 했으며, 만약 주지 않는 자가 있으면 채찍질을 했다. 이에 사람들이 모두 분통해하며 죽었다. 왕이 이를 듣고 죽이려 하다가 동명성왕의 옛 신하여서 차마 극법으로 다스리지 못하고 퇴출시켰다. 남부(南部) 사자 추발소(鄒勃素)를 대신하여 부장으로 삼았다.
c	태조왕 20.2(72)	관나부 조나	관나부(貫那部)의 패자(沛者) 달고(達賈)를 보내어 조나(藻那)를 정벌하고, 그 왕을 사로잡았다.
d	태조왕 22.10(74)	환나부 주나	왕이 환나부(桓那部)의 패자 설유(薛儒)를 보내어 주나(朱那)를 정벌하고, 그 왕자 을음(乙音)을 사로잡아 고추가로 삼았다.
e	태조왕 80.7(132)	관나 환나 비류나	수성(遂成)이 왜산(倭山)에 사냥을 나갔다가 주위 사람들과 연회를 열었다. 이에 관나(貫那) 우태(于台) 미유(彌儒), 환나(桓那) 우태 어지류(菸支留), 비류나(沸流那) 조의 양신(陽神) 등이 수성에게 이르기를 ….
f	차대왕 2(147)	관나 환나 비류나	2월, 관나 패자 미유를 임명하여 좌보(左輔)로 삼았다. 7월, 좌보 목도루(穆度婁)가 병을 이유로 은퇴하자, 환나 우태 어지류를 좌보에 임명하고 관작을 더하여 대주부(大主簿)로 삼았다. 10월, 비류나 양신을 중외대부에 임명하고, 관작을 더하여 우태로 삼았다. 모두 왕의 옛 친구이다.
g	차대왕 20.10(165)	연나	연나(掾那) 조의 명림답부(明臨荅夫)가 백성들이 견디지 못하므로 왕을 시해했다.
h	고국천왕 1(179)	소노	발기(拔奇)가 형이면서 왕이 되지 못한 것을 원망하여 소노가(消奴加)와 함께 각기 하호(下戶) 3만여 명을 거느리고 공손강(公孫康)에게 투항했다가 되돌아와 비류수(沸流水) 변에 거처했다.
i	고국천왕 2.2(180)	제나부6	왕비 우씨(于氏)를 세워 왕후로 삼았다. 왕후는 제나부(提那部) 우소(于素)의 딸이다.

---

6 '제나부(提那部)'라는 명칭은 j 기사에서 보듯이 '연나부(掾那部)'의 오기이다.

순번	연대	나·나부 명칭	기사 내용
j	고국천왕 12·13 (190·191)	4연나	12년 9월, 중외대부인 패자 어비류(於畀留), 평자(評者) 좌가려(左可慮)는 모두 왕후의 친척으로서 나라의 권력을 장악했다. 그 자제들이 권세를 믿고 교만하고 사치를 부리며 다른 사람의 자녀를 노략질하고 경작지와 집을 빼앗아 국인(國人)이 원망하며 격분했다. 왕이 이를 듣고 격노하며 주살하려 하니, 좌가려 등이 4연나(椽那)와 함께 모반을 획책했다. 13년 4월, 무리를 모아 왕도를 공격했다. 왕이 기내(畿內)의 병마를 징발하여 평정했다.
k	산상왕	관노부	이이모(伊夷模)가 아들이 없어서 관노부(灌奴部)와 사통하여 아들을 낳았는데, 위궁(位宮)이라 불렀다.
l	중천왕 1.10(248)	연씨	연씨(椽氏)를 세워서 왕후로 삼았다.
m	중천왕 4.4(251)	관나 부인	왕이 관나부인(貫那夫人)을 가죽주머니에 넣어 서해에 던져버렸다.
n	중천왕 7.4(254)	비류	국상(國相) 명림어수(明臨於漱)가 사망했다. 비류 패자 음우(陰友)를 국상에 임명했다.
o	중천왕 9.11(256)	연나	연나(椽那) 명림홀도(明臨笏覩)를 공주에게 장가들여 부마도위(駙馬都尉)로 삼았다.

* 연대의 숫자는 '재위 연.월(서기 연도)'이다. 이하 표4~6 동일.
* h는 『삼국지』 고구려전을 옮긴 것으로, 실제로는 197년 '산상왕' 즉위에 얽힌 기록이다.
* k는 『삼국지』 고구려전에 나오는 기록이다.

표2 『삼국사기』 고구려본기의 나·나부 용례의 분류

분류			용례
나(那)	조나(藻那)		조나(藻那, c)
	주나(朱那)		주나(朱那, d)
나부(那部)	연나부(椽那部)		연나부(椽那部, a), 연나(椽那, g), 제나부(提那部, i), 4연나(四椽那, j), 연씨(椽氏, l), 연나(椽那, o)
	비류나부(沸流那部)		비류부(沸流部, b), 비류나(沸流那, e·f), 비류(沸流, n)
	관나부(貫那部)		관나부(貫那部, c), 관나(貫那, e·f), 관나부인(貫那夫人, m)
	환나부(桓那部)		환나부(桓那部, d), 환나(桓那, e·f)

* 알파벳은 표1의 순번이다.

표3 나·나부·방위부의 시기별 추이

명칭	연대	50	100	150	200	250	300
		(가)		(나)	(다)		(라)
나(那)	조나(藻那)	★					
	주나(朱那)	★					
나부 (那部)	연나부(椽那部)	★		★ ★	★★	★ ★ ★	
	비류나부 (沸流那部)	★		★ ★	★	★	
	관나부(貫那部)	★		★ ★		★ ★	
	환나부(桓那部)	★		★ ★			
방위부 (方位部)	남부(南部)	☆*					★★
	동부(東部)				★	★	★
	서부(西部)					★ ★	
	북부(北部)						★★

* 방위부 가운데 가장 이른 사례인데, 신빙성에 의문이 있다(金賢淑, 1992).

연나부는 표1의 i·j·l에서 보듯이 2세기 후반~3세기 중엽에 계속 왕비를 배출했는데, 왕실과 대대로 혼인했다는 『삼국지』 기사의 절노부에 해당한다(이기백, 1959; 1996). 비류나부는 주몽집단이 남하하기 이전에 이 지역의 맹주였던 비류국(沸流國)의 후신인데, 비류국왕으로 나오는 '송양(松壤)'은 소노부(消奴部)의 '소노'를 지칭하는 것으로 파악된다(이병도, 1956; 1976).[7] 관나부는 표1의 m에서 보듯이 3세기 중반에 소후(小后)를 배출했는데, 산상왕 이이모가 사통하여 동천왕 위궁을 얻었다는 관노부(표1의 k)에 상응한다.

---

7 주5에서 언급한 바와 같이 연노부(消奴部)는 소노부(消奴部)의 오기로 파악되지만, '소노부(消奴部)'를 오기로 보고 연노부(消奴部)와 연나부(椽那部)를 같은 실체라고 파악하기도 한다(손영종, 1984; 田美姬, 1992).

『삼국지』고구려전의 계루부는 당시 국왕을 배출하던 왕실이고, 절노부는 연나부, 소노부는 비류나부, 관노부는 관나부에 각기 상응하는 것이다. 그러므로 각기 하나씩 남은 순노부와 환나부도 같은 실체라고 추정할 수 있다. 『삼국지』의 계루부는 왕실이 속한 부이고, 나머지 4노부는 『삼국사기』의 4나부에 해당하는 것이다(노태돈, 1975). 『삼국지』의 4노부와 『삼국사기』의 4나부가 동일한 실체라는 사실은 고구려 초기 정치체제를 이해하는 데 중요한 시사를 준다.

다만 초창기 연구에서는 『삼국사기』의 나와 나부를 크게 주목하지 않고, 주로 『삼국지』의 5부를 둘러싸고 다양한 논의를 전개했다. 『후한서』고구려전을 주석한 당의 장회태자 이현(李賢)은 『삼국지』의 5부를 중·후기 도성의 행정구역인 방위부와 같은 것으로 이해했다. 『한원(翰苑)』고려전을 주기(注記)한 옹공(雍公) 예(叡)[8]도 『삼국지』 찬자가 5부를 '5족(五族)'이라고 표현한 것에 주목하여 초기의 5부와 중·후기의 방위부를 동일시하면서 '귀인의 족(貴人之族)'으로 파악했다.

『삼국지』의 5부와 중·후기의 방위부를 동일시하는 이해방식은 20세기 전반까지도 이어졌다(白鳥庫吉, 1914; 白南雲, 1933). 더욱이 중국 학계에는 최근까지도 초기의 5부와 중·후기의 방위부를 동일시하는 견해가 남아 있다(李殿福, 1986; 何海波·魏克威, 2009).[9] 북한 학계도

---

[8] 당 전반기에 활동한 옹주인(雍州人) 고예(高叡)로 추정된다(全海宗, 1993).
[9] 중국 학계에서도 1990년대 후반부터 초기의 5부를 지연부락(地緣部落)(劉子敏, 1996)이나 노예제 소국(姜孟山, 2003)에서 유래했다고 보거나, 조기국가의 성질을 가진 5족(五族)이 국가 성립 이후 행정구역적 5부(五部)로 전환했다고 보는 견해가 제기되었다(朴燦奎, 2000). 특히 나부를 독자적 군사력과 관직을 보유한 존재로 파악하거나(薛海波, 2007), 초기 국가체제를 '5부 정치연합체'로 보는 견해도 제기되었다(楊軍, 2001; 2008).

초기의 5부와 중·후기의 방위부를 동일시하는 경향이 강하다. 특히 『삼국지』의 5부를 『삼국사기』의 나부와 같다고 보아 지역적 단위집단으로 파악하면서도 '5족(五族)'이라는 표현에 주목해 5부를 각 부에서 핵심 역할을 담당한 귀족적 씨족의 상층을 지칭한다고 보기도 한다(손영종, 1984).[10]

그런데 20세기 전반에 활동한 일본 학자나 한국 학자는 대부분 인류학이나 사적유물론을 바탕으로 고구려 초기사를 연구하면서 『삼국지』의 5부와 중·후기의 방위부를 구분하여 파악했다. 다만 이들은 『삼국사기』의 나부에는 별다른 관심을 두지 않고, 『삼국지』 찬자가 5부를 '5족'이라 표현한 것에 주목해 혈연적인 조직으로 파악했다. 초기의 5부는 씨족이나 부족 등 혈연에 바탕을 둔 원시사회조직이고, 중·후기의 방위부는 지연(地緣)에 바탕을 둔 왕도의 행정구역이나 지방행정구역이라고 구분해 파악한 것이다(今西龍, 1921; 1937; 池內宏, 1926; 1951; 白南雲, 1933; 金洸鎭, 1937).

이로써 초기의 5부와 중·후기의 방위부를 구분하고, 원시사회에서 고대국가로의 전환이라는 고대사의 일반적인 전개 과정을 고찰할 단서를 확보했다. 다만 『삼국지』 고구려전의 기사가 중시되는 가운데 초기의 5부는 '5족' 곧 씨족이나 부족 등의 혈연조직으로 상정되고, 혈연성이 강한 사회 상태가 3세기 이후 상당 기간 지속되었다고 파악되었다.

---

10 최근 나부(那部)의 실체를 나(那)와 부(部)로 분리한 다음, 초기 고구려는 개별 소국으로서의 '나'와 그 지배층인 '제가(諸加)'의 모임으로서의 '부'라는 두 요소로 구성되었고, 고구려는 '부'라는 배타적이고 차별적인 지배계층의 집합체라고 파악한 견해가 제기되었다(이준성, 2019). 이 견해는 5부를 지역적 단위집단으로 상정하면서도 각 부의 귀족적 씨족 상층을 지칭한다고 본 손영종의 견해와 상당히 유사하다.

이렇게 초기의 5부가 '가부장적 공동세대에 기초한 원시부족국가'(白南雲, 1933)나 '씨족사회에 기초한 부족'(金洸鎭, 1937) 등으로 이해되는 가운데, 고구려 초기는 아직 국가가 성립되지 않은 국가 형성상의 과도기로 상정된 것이다.

이런 연구경향은 1940년대를 거쳐(孫晉泰, 1949; 李仁榮, 1950) 1960년대까지도 이어졌다.[11] 1960년대에는 청동기와 철기의 생산력 차이에 주목해 고구려 초기 사회가 종전의 씨족이 아니라 '가부장 가족장'이라는 새로운 사회세력을 바탕으로 성립했다고 보았지만, 5부(5족)는 여전히 혈연에 기반을 둔 부족이나 부족국가로 이해하였다. 이로 인해 관등제나 제가회의 등 주요 정치기구를 다각도로 고찰했지만, 고대국가의 정치제도가 아니라 부족연맹체의 지배체제로 이해하였다(김철준, 1956; 1964).

이처럼 1960년대까지의 연구에서는 초기의 5부와 중·후기의 방위부를 구분함으로써 초기사의 다양한 면모를 밝힐 수 있었다. 그렇지만 초기의 5부를 혈연조직으로 파악함으로써 고구려 초기를 국가 형성상의 과도기로 상정하고, 중기로의 전환도 고대국가의 성립 과정으로 이해했다. 고구려사의 전개 과정에서 초기를 독자적인 정치체제와 운영 원리를 갖춘 시기로 상정하지 못한 것이다.

이러한 상황에서 1950년대에 『삼국사기』 고구려본기의 초기 기사

---

11 다만 李德星(1949)은 원시사회 말기의 농업공동체가 씨족적 귀족과 노예로 분화하면서 촌락공동체로 이행되었다고 보고, 오족은 씨족적 귀족 중심의 족칭(族稱), 나·나부는 지역적 명칭으로 구분하여 파악했다. 이로써 지역 명칭인 나부에서 족칭으로의 전환, 5족에서 5부 행정구역으로의 전환 등을 설정할 수 있게 되었지만, 그 이후 연구에 큰 영향을 미치지 못했다.

를 다각도로 검토하여 '나(那)'의 뜻을 새롭게 규명한 연구성과가 나왔다. '나(那)'라는 단어는 '노(奴)'나 '내(內)'로도 표기되는데, 땅(地)이나 강가의 평야를 뜻하며, 강가나 계곡에 자리한 지역집단을 가리킨다는 사실이 밝혀진 것이다. '나'는 큰 산과 깊은 골짜기가 많아 산곡(山谷)을 따라 거주하던[12] 고구려인의 거주 양태를 반영하는 용어라는 것이다(三品彰英, 1954). 이로써 초기의 5부를 혈연조직이 아니라 지연집단에 바탕을 둔 정치체로 파악할 수 있는 기반이 마련되었다.[13]

한편 1960년대 후반에 『삼국사기』 초기 기사에 대한 신빙론이 제기되고(김원룡, 1967), 1970년대 초에 고대국가형성론이 활발하게 논의되는 가운데 부족국가나 부족연맹체라는 개념의 문제점이 지적되었다(천관우 편, 1975). 이러한 논의의 영향을 받으며 고구려 초기사 연구도 크게 진척되었는데, 『삼국사기』 초기 기사를 활용해 국가 형성과 초기 정치체제를 다각도로 고찰했다. 이를 통해 고구려 초기는 국가 형성상의 과도기가 아니라 국가체제가 확립된 시기로 파악되었다.

특히 1970년대 이후 대부분의 연구자들이 나(那)를 지연집단으로 파악한 연구성과를 받아들였다. 그리하여 '나'는 고구려 국가 형성 이전부터 지연집단으로 존재한 것으로 이해되었고, 그 성격은 지역별

---

12 『삼국지』 권30 동이전 고구려전, "多大山深谷, 無原澤, 隨山谷以爲居, 食澗水."
13 미시나 아키히데(三品彰英) 이후 일본 학계에서는 초기의 5부에 대해 군사조직(矢澤利彦, 1954), 중앙지배층인 귀족의 조직(末松保和, 1962: 1996), 부족(部族)이 아니라 왕권을 배경으로 출현했으면서 자립성을 보유한 존재(川本芳昭, 1996) 등으로 이해하는 다양한 견해가 제기되었다. 다만 미시나 아키히데의 연구성과를 계승한 연구는 거의 이루어지지 못했는데, 『삼국사기』 고구려본기 초기 기사에 대한 불신론이 큰 영향을 미쳤다. 이로 인해 초기 정치체제에 대한 연구도 거의 이루어지지 않았다. 『삼국지』 고구려전의 관명(官名)을 분석한 관등제 연구가 거의 유일한데, 이 경우에도 족제(族制)적 성격을 많이 강조했다(武田幸男, 1978; 1989).

단위정치체(노태돈, 1975), 성읍국가(이기백, 1985), 군장사회(금경숙, 1989; 박경철, 1996), 독립소국(이종욱, 1982b; 손영종, 1984), 초기국가(김기흥, 1990) 등으로 파악되었다. 이러한 나(那)가 국읍(國邑)과 다수의 읍락(邑落)으로 이루어졌다고 보아 나국(那國)으로 정의하기도 했다(임기환, 1987).

이로써 나(那)를 매개로 고구려의 국가 형성을 파악할 단서를 확보했다. 그렇지만 '나'가 고구려라는 국가로 결집되는 과정은 논자에 따라 다르게 이해하였다. 나부체제론자가 여러 나의 통합으로 유력한 5나가 형성되고 이들이 건국 주도세력으로 등장하여 계루부의 영도력 아래 국가체제를 성립시켰다고 본 반면(노태돈, 1975; 김기흥, 1990; 여호규, 1996b), 집권체제론자는 계루부가 다른 나를 정복·복속함으로써 국가가 성립되었다고 이해했다(이종욱, 1982b; 박경철, 1996). 그 결과 나부체제론자가 국가 성립 이후의 나부를 자치권을 지닌 단위정치체로 파악한 반면, 집권체제론자는 지방통치조직(이종욱, 1982b)이나 군사단위(김광수, 1983a)로 파악했다.

그렇다면 고구려의 국가 형성과 초기 정치체제를 이해하는 관건인 나와 나부의 성격을 어떻게 이해할 수 있을까? 전술했듯이 『삼국사기』 고구려본기의 4나부는 『삼국지』 고구려전의 4노부와 같은 실체인데, 나부의 용례는 이 4나부에 한정된다. 표3에서 보듯이 나부는 1~3세기에 존재하다가 3세기 말에 소멸했고, 나부의 소멸과 더불어 도성의 방위별 행정구역인 방위부가 새롭게 등장했다. 나부는 단순한 지역집단이 아니라, 1~3세기 곧 고구려 초기라는 특정한 시기에만 존재한 것이다.[14] 이러한 점에서 나부는 초기 정치체제의 성격과 깊이 연관된다고 생각하는데, 표1을 통해 다음과 같은 특징을 추출할 수 있다.

먼저 표1의 a·b에서 보듯이 각 나부는 계루부 왕권의 통제를 받았으며, c·d에서 보듯이 계루부 왕권의 명령을 수행하기도 했다. 다음으로 소노가가 비류수 유역에 위치했다거나(h) 4연나가 왕도와 기내를 공격했다는(j) 사실에서 볼 수 있는 것처럼 나부는 계루부와 뚜렷이 구별되는 별도의 지역이나 공간을 차지하며 존재했다. 더욱이 연나부에 안치된 부여왕의 사촌 동생이 만여 명을 거느렸다거나(a) 소노가가 하호 3만여 명을 거느렸다는(h) 것에서 보듯이 각 나부의 인구 규모는 수만 명에 이르렀다.

비류부장 3명이 과도한 수탈을 하다가 계루부 왕권의 제재를 받았다거나(b), 소노가가 하호 3만여 명을 거느리고 공손씨에게 투항했다는(h) 기사 등으로 보아 각 나부는 자치권을 보유했다고 추정된다. 실제 각 나부는 다른 나를 정복하거나(c·d), 왕도를 공격할(j) 정도로 독자적인 군사력을 보유하고 있었다. 또 『삼국지』 고구려전의 기사에서 보듯이 각 나부의 지배세력인 대가(大加)들은 사자(使者), 조의(皂衣), 선인(先人) 등 독자적인 관원조직을 보유했다. 다만 이들 관원의 명단은 국왕에게 보고되어 통제를 받았으며, 국왕 직속의 관원에 비해 위계도 낮았다.

나부는 계루부 왕권의 통제를 받았지만, 계루부와 구별되는 별도의 지역을 차지하며 수만 명의 인구를 보유했고, 독자적 관원조직과 군사

---

14 〈충주고구려비〉에 나오는 "前部 大使者 多于桓奴 主簿 貴德"의 '환노(桓奴)'를 환나부로 파악하기도 하지만(李鍾旭, 1982a), '다우환노(多于桓奴)'는 인명으로 보인다(邊太燮, 1979). 또 〈광개토왕릉비〉의 '관노성(貫奴城)'을 관나부(李玉, 1984), 〈평양성각자성석(平壤城刻字城石)〉에 나오는 "卦婁蓋切小兄加群"의 '괘루(卦婁)'를 계루부로 보기도 하지만(손영종, 1984), 관노성은 성곽 명칭이며, 괘루는 인명의 일부로 추정된다(盧泰敦, 1999). 현전하는 사료상 4세기 이후에도 나부가 존속했다고 볼 만한 명확한 근거는 없다.

력을 바탕으로 자치권을 행사했던 것이다. 각 나부는 계루부 왕권의 통제를 받았지만, 단순한 지역집단이 아니라 자치권을 지닌 단위정치체라고 파악할 수 있다. 이러한 점에서 고구려 초기의 나부는 계루부 왕권의 통제를 받으면서 초기 정치체제를 구성하던 '하부단위정치체'라고 정의할 수 있다(노태돈, 1975; 임기환, 1987; 여호규, 1992; 김현숙, 1995).

한편 표1의 c·d에는 왕명을 받은 관나부 패자 달가나 환나부 패자 설유에 의해 정복된 조나와 주나가 나오는데, 이들은 '부(部)'라는 표현이 없다는 점에서 4나부와 뚜렷이 구별된다. 조나와 주나는 고구려에 정복되기 이전에 왕이나 왕자가 존재했고, 정복군에 대항할 만한 군사력도 보유하고 있었을 것이다. 조나와 주나는 본래 계루부 왕권에 의해 편제된 나부와는 성격이 다른 독립적인 단위정치체였던 것이다.[15]

나부가 고구려의 초기 국가체제를 구성하는 하부단위정치체라는 뜻에서 '부(部)'라는 표현을 사용했다면, 조나와 주나는 독립적인 단위정치체라는 의미에서 이를 사용하지 않았다고 할 수 있다. 그러므로 각 나부가 계루부 왕권에 의해 편제되기 이전에는 '나(那)'라는 독립적인 단위정치체로 존재했다고 볼 수 있는데, 『삼국사기』 고구려본기의 용례상 이러한 존재의 하한은 1세기 중엽이다. 이러한 나는 왕이 존재했을 뿐 아니라 군사력을 보유했고, 후술하는 바와 같이 그 규모가 삼한 소국과 비슷했다는 점에서 그 성격을 '나국(那國)'이라고 파악할 수 있다.

한편 나(那)는 의미상 강가나 계곡에 자리한 지역집단을 가리킨다.

---

15 李鍾旭(1982b)은 조나와 주나를 독립 소국으로 파악한 바 있다.

그러므로 나가 나국으로 성장하기 이전에는 소규모 지역집단으로 존재했다고 추정된다. 독자적인 국(國)을 형성한 '나국'과 그 이전 단계의 '나'를 개념상 구분할 필요가 있는 것이다.[16] 나국으로 성장하기 이전 단계의 '나'는 소규모 지역집단으로 존재했다는 점에서 '나집단(那集團)'으로 개념화할 수 있다. 압록강 중상류의 여러 정치체는 본래 나집단이나 나국과 같은 독자적인 단위정치체로 존재하다가, 국가체제의 확립과 함께 계루부 왕권에 의해 나부라는 하부단위정치체로 편제되었던 것이다(여호규, 1992; 1996b).

표1의 c·d에서 보듯이 태조왕 20년과 22년에 관나부와 환나부로 하여금 각기 조나와 주나를 정벌하도록 했다. 이는 계루부 왕권이 나부와의 결합을 통해 다른 나국을 통합하던 양상을 보여준다. 그리고 이 기사를 마지막으로 4나부 이외에 '모모나(某某那)'를 칭하는 단위정치체는 더 이상 등장하지 않는다. 이는 태조왕대에 계루부가 압록강 중상류 일대의 독자적인 단위정치체에 대한 통합을 마무리했음을 뜻한다. 계루부가 1세기 중반을 전후해 압록강 중상류의 독자적인 단위정치체를 4나부로 편제하면서 이 지역 전체를 통괄하는 국가체제를 확립한 것이다(노태돈, 1975).[17]

그런데 각 나부는 비록 계루부에 의해 편제되어 그 통제를 받았지만, 자체의 관원조직과 독자적인 군사력을 보유했다. 또 계루부는 이 지역

---

16 나(那)의 역사성을 강조한 임기환은 나부(那部) 이전 단계의 나(那)는 나국(那國)에 한정하고, 나국 아래의 하위 단위정치체로 곡집단(谷集團)을 설정했다(임기환, 1995a; 2004).

17 한편 표1의 a·b에서 보듯이 대무신왕대에 연나부나 비류나부가 확인되는데, 이를 근거로 나부체제가 대무신왕 시기에 성립되었다고 보기도 한다(김현숙, 1995; 조영광, 2011; 장병진, 2019).

전체를 통괄하는 국가권력으로 부상했지만, 나부를 통해 통치력을 관철하는 한계를 지녔다. 계루부와 4나부는 고구려 국가를 성립시킨 주체로서 이 지역 전체에 통치력을 행사하는 두 축이었다. 이처럼 각 나부가 계루부와 함께 국가 운영의 중요한 주체를 이루었다는 점에서 고구려 초기 정치체제는 '나부체제'로 이해하는 것이 더 타당하다고 생각된다.

이러한 점은 나부의 내부구조를 통해서도 파악할 수 있다. 표1의 b에 비류부장 3명이 등장하는데, 비류나부를 대표하던 지배세력으로 파악된다. 물론 대무신왕 시기에 계루부 왕권이 비류나부의 부장을 서인으로 강등시킬 만큼 통제력을 행사했다고 보기 힘들지만, 이를 통해 비류나부를 구성하는 하위 세력집단이 3개 존재했을 가능성을 상정할 수 있다. 표1의 h에 따르면 2세기 말경 소노부 곧 비류나부가 거느린 하호는 약 3만 명이었다. 시기적인 차이가 있지만 두 기사를 비교하면 비류나부를 구성하던 하위 집단의 규모는 대략 만여 명 전후였다고 추산할 수 있다.

표1의 a에 따르면, 부여왕의 사촌 동생(從弟)은 만여 명을 거느리고 고구려에 내투했는데, 왕에 봉해지며 연나부에 안치되었다. 이로 보아 부여왕의 사촌 동생이 거느린 집단은 고구려로 남하한 다음에도 결속력을 유지한 상태에서 연나부의 하위 집단으로 편제된 것으로 추정된다. 연나부를 구성한 하위 집단의 규모도 만여 명 전후로 추산할 수 있는 것이다.[18] 또 표1에서 j의 '4연나'라는 표현은 연나부가 4개의 하

---

[18] 『삼국지』 권30 동이전 부여전에 따르면, 3세기경 부여의 '가(加)' 가운데 대가(大加)는 수천 가(家), 소가(小加)는 수백 가를 거느렸다고 하는데, 만여 명을 거느린 부여왕 종제는 부여의 대가(大加)에 해당될 가능성이 높다.

위 집단으로 구성되었음을 보여준다. 연나부도 4개 정도의 하위 집단으로 구성되었고, 각 하위 집단의 규모는 만여 명 전후로 추산할 수 있다.

이상과 같이 각 나부는 3~4개 전후의 하위 집단으로 구성되었고, 각 하위 집단의 규모는 만여 명 전후로 추산된다.[19] 당시 호당 평균 인구는 약 5~6.5명이다. 따라서 3만~4만 명에 이르는 각 나부의 호수는 5,000~8,000호, 만여 명 전후인 하위 집단의 호수는 2,000여 호로 추산된다. 이러한 추산치를 계루부를 제외한 4나부에 적용하면, 4나부 전체의 호수는 약 2만~3만 2,000호로 추산된다. 이러한 수치는 3세기 중반경 3만여 호라는 원고구려 지역의 인구 규모와 거의 부합한다. 각 나부의 인구 규모를 통해서도 계루부 왕권이 원고구려 지역 전체를 4나부로 편제했음을 추정할 수 있다(임기환, 1987).

그런데 3세기 중반경 삼한 소국의 규모는 대체로 2,000~3,000호로 추산된다(이현혜, 1976). 각 나부를 구성하는 하위 집단은 본래 삼한 소국에 상응하는 정치체였던 것이다. 그러므로 각 나부는 본래 삼한 소국에 상응하는 나국의 통합과 복속에 의해 형성되었음을 알 수 있고, 나부를 구성한 하위 집단은 크게 다른 나국을 통합·복속한 중심 나국과 그에 통합된 피복속 나국으로 양분할 수 있다. 관나부나 환나부가 각기 왕명을 받고 조나나 주나를 정벌했다는 표1의 c·d 기사는 비록 계루부 왕권이 개입하고 있지만, 나국 사이의 통합과 복속 양상을 잘 보여준다.

---

19 각 나부를 구성하는 하위 집단은 나부 내부의 독자 집단이라는 의미에서 '부내부(部內部)'로 정의되는데(노태돈, 1975), 이를 성씨집단으로 파악하기도 한다(김현숙, 1993).

한편 나국으로 성장하지 못한 개별 나집단은 나국 단계로 성장한 정치세력의 통제를 받으며 지역집단으로 존재했을 것이다. 3세기 중반경 집단 간의 통합이 완만했던 변진(弁辰)의 소국은 600~700가 정도였다고 하는데, 이는 수천 가로 이루어진 소국 단계로 통합되기 이전의 집단 규모를 보여준다. 그러므로 나국 이전 단계의 개별 나집단은 대체로 변진의 소국과 비슷한 규모였다고 추정된다.

결국 각 나부를 구성한 세력집단은 인구 규모에 따라 크게 600~700가 정도의 나집단 단계와 2,000~3,000가 정도의 나국 단계로 양분할 수 있다. 그리고 나국 단계의 세력집단은 통합을 주도했던 중심 나국과 그에 예속된 피복속 나국으로 나뉜다. 이러한 나부의 내부구조를 통해 고구려 초기의 국가체제가 나집단의 성장과 이들 간의 통합과 복속, 그리고 나국의 성립과 이들 간의 통합과 복속 등 여러 단계를 거쳐 확립되었음을 알 수 있다.

그럼 고구려 초기 정치체제를 구성하는 각 나부는 어떠한 요인 때문에 자치권을 보유하게 되었을까? 각 나부가 자치권을 보유한 것은 단순히 계루부 왕권이 미약했기 때문이 아니라, 고구려 초기의 사회경제적 기반과 깊이 연관된다. 표1의 j에서 보듯이 고구려 초기 지배세력은 사치노예나 가내노예로 삼을 수 있는 처첩, 그리고 소·말·재화 등 동산적 부(富)를 주요 수탈대상으로 삼았다. 유리명왕 11년에 선비(鮮卑)를 공파한 부분노(扶芬奴)가 식읍을 사양하고 황금 30근과 말 10마리를 받은 사실도 당시 지배세력이 토지보다 동산적인 부를 더 선호했음을 보여준다.

나부의 지배세력은 토지와 노동도구라는 두 범주의 생산수단 가운데 주로 노동도구에 대한 집적을 통해 경제기반을 확대하고, 노동력 확보에 많은 관심을 기울인 것이다. 이에 따라 토지에 대한 읍락의 본원적 소유권은 완전히 해체되지 않고, 계층 분화도 읍락을 넘지 않는 범위에서 진행되었다. 읍락의 공동체적 관계가 존속하는 가운데 계층 분화나 토지사유화가 제한된 범위에서 진행된 것이다. 이에 나부의 지배세력들은 철제농공구를 비롯한 노동도구를 집적하는 한편, 읍락의 공동체적 관계를 이용하여 읍락민의 노동력을 조직적으로 편제하면서 세력기반을 확대 재생산했다(여호규, 1992).

나부의 여러 지배세력이 읍락의 공동체적 관계를 바탕으로 세력기반을 확대 재생산했기 때문에 각기 일정 정도의 자치권을 보유하게 된 것이다. 그러므로 계루부 왕권이 각 나부를 매개로 통치력을 관철하려면 먼저 각 나부의 다양한 세력집단을 편제하는 기준을 마련하고, 나아가 왕권을 뒷받침할 정치기구를 마련해야 했을 것이다. 나부의 지배세력도 자치권을 행사하기 위해서는 이를 뒷받침할 관원조직을 갖추어야 했을 것이다. 고구려 초기 정치체제가 계루부 왕권의 집권력과 각 나부의 자치권을 조화시키는 방향으로 성립되었을 가능성이 높은데, 초기 관등제의 구성은 이를 잘 보여준다.

2. 관등제의 구성과 운영

고대 관등제는 단순히 관직의 서열을 표시하는 관품(官品)이 아니라 국가 운영에 참여하는 다양한 지배세력의 정치적 위상이나 신분 등급을 표시하는 위계(位階)로 기능했다(하일식, 1995; 임기환, 2003). 고구려 초기 관등제도 국가 형성에 주도적 역할을 담당한 각 나부의 다양한 지배세력을 편제하는 과정에서 성립했다(김철준, 1956; 1975). 초기 관등제의 성격과 관련해 나부체제론자는 다원적인 구성과 복합적인 기능에 많이 주목한다(여호규, 1992; 임기환, 1995a; 노태돈, 1999). 반면 집권체제론자는 국왕을 중심으로 분화된 직능을 담당하던 집권적 관제였다고 보거나(김광수, 1983a), 관직과 엄격히 분리된 관등(관위)으로 성립했다고 파악한다(이종욱, 1982a; 금경숙, 2004).

다만 이러한 관등제는 국가체제 확립과 함께 비로소 정비되었다. 국가체제 확립 이전인 동명성왕~대무신왕 시기에는 관등이 보이지 않고, 봉주(封主), 봉왕(封王), 사성(賜姓)의 사례가 확인된다. 봉주의 사례로는 동명성왕 2년에 비류국 송양이 항복하자 다물주(多勿主)에 봉했다는 기사가 있다.[20] 이 기사는 이 지역의 맹주가 소노집단에서 계루집단(주몽집단)으로 바뀐 사실을 설화적으로 기술한 것인데(이병도, 1956; 1976), 계루집단이 맹주권을 장악한 다음 송양을 다물주에 봉해 그 영도권을 인정했음을 보여준다. 계루집단이 맹주권을 장악했지만, 소노집단 내부의 세력집단까지 직접 편제하지는 못한 것이다.

봉왕의 사례로는 대무신왕 5년에 부여왕의 사촌 동생이 만여 명을 거느리고 내투하자, 왕에 봉하고 연나부에 안치했다는 기사가 있다.[21] 부여왕의 사촌 동생을 왕에 봉해 그의 영도력을 인정한 것인데, 만여 명이라는 대규모 집단을 분산하지 않고 연나부에 안치했다는 사실에서 그 내부의 세력집단에 대한 편제를 시도하지 않았다고 추정할 수 있다. 그러므로 봉주나 봉왕은 계루집단이 맹주권을 장악한 초기에 독자적인

---

20 『삼국사기』 고구려본기1 동명왕 2년 6월조.
21 『삼국사기』 고구려본기2 대무신왕 5년 7월조.

단위정치체에 대한 영도력을 강화하던 방식이었다고 파악된다.

사성 기사도 동명성왕~대무신왕 시기에 집중적으로 나오는데,[22] 성씨를 받은 집단이 매우 다양하다. 이에 사성을 국왕 중심의 체계적인 제도로 이해하기도 하지만(김광수, 1983b), 4세기 이후 중기 귀족이 왕실과의 관련성을 강조하기 위해 족조전승(族祖傳承)으로 내세운 것으로 파악하기도 한다(노태돈, 1994; 서영대, 1995).[23] 후자에 따른다면 현전하는 사성 기사는 많이 윤색되었다고 보아야 한다. 그런데 사성 기사가 계루부 왕실과 특정 지역세력의 결합 과정을 묘사했다는 점에서 계루집단이 독자적 세력집단을 편제하면서 맹주권을 강화하던 과정을 일정 정도 반영한다고 생각된다.

사성을 받은 집단 가운데 세력가가 1명만 나오는 사물택(沙勿澤), 기산들판(箕山之野), 비류원(沸流源)은 개별 나집단에 해당하며, 세력가가 세 명 등장하는 모둔곡(毛屯谷)은 여러 나집단으로 이루어진 곡집단으로 파악된다. 또 인구 규모가 만여 명에 이르는 부여왕 사촌 동생 집단은 나국 단계에 상응한다(여호규, 1996b). 사성을 받은 집단이 매우 다양하여 일정한 기준이나 원리를 상정하기 힘든 것이다. 이러한 점에서 사성도 국가체제 확립 이전에 계루집단이 독자적인 단위정치체를 편제하던 방식의 하나로 이해된다. 다만 사성은 부여왕의 사촌 동생이나 추발소의 사례를 제외하면 대체로 나국보다 규모가 작은 개별 나집단에게 수여되었다.

이처럼 계루집단은 맹주권을 장악한 초기에는 봉주, 봉왕, 사성을

---

22 김광수, 1983b, 962쪽의 도표 및 여호규, 2014, 205쪽의 표 4-1 참조.
23 귀족의 성씨록이 존재했을 가능성을 상정하기도 한다(김기흥, 1996).

통해 영도력을 강화하고 독자적인 단위정치체를 편제했다. 아직 다양한 단위정치체를 편제하는 일원적인 원리를 마련하지 못한 것이다. 이러한 편제 원리는 국가체제 확립과 함께 비로소 마련되었을 텐데, 초기 관명을 종합하여 기술한 다음 기사는 이를 잘 보여준다.

사료 2

그 나라에는 왕이 있고, 관명으로는 상가(相加), 대로(對盧), 패자(沛者), 고추가(古鄒加), 주부(主簿), 우태(優台), 승(丞), 사자(使者), 조의(皂衣), 선인(先人)이 있는데, 존귀하고 비천함에 따라 각각 등급이 있었다. … 관(官)을 설치할 때, 대로가 있으면 패자를 두지 않았고, 패자가 있으면 대로를 두지 않았다. … 여러 대가(大加)는 또한 독자적으로 사자, 조의, 선인을 두었는데, 그 명단은 모두 왕에게 보고되었다. 경이나 대부의 가신과 같았는데, 모임의 석차에서 왕가(王家)의 사자, 조의, 선인과 같은 열에 앉을 수 없었다. … 대가와 주부는 머리에 책(幘)을 썼는데 [중국의] 책과 같았지만 드리운 부분이 없었다. 그 소가(小加)는 절풍(折風)을 썼는데 형태가 고깔(弁) 같았다.   _『삼국지』 동이전 고구려전

이 사료는 3세기 중반경 고구려 관제의 전체 구성을 잘 보여준다. 모두 10개 관명이 나오는데, 패자, (대)주부, 우태, (대)사자, 조의는 『삼국사기』 고구려본기에서 관등명으로 확인된다. 또 고추가는 사료 1에서 보듯이 계루부의 대가를 비롯하여 소노부의 적통대인과 절노부의 대인에게 수여했는데, 고구려본기에는 고구려에 복속된 주나의 왕자에게 수여한 사례가 나온다(표1의 d).

대로는 고구려본기 초기 기사에서는 확인되지 않지만, 5세기 이후

사료에는 다수 나온다. 패자와 교치(交置)되었다고 하므로 패자와 동격의 관등이었다고 파악된다. 그 밖에 상가를 제외하면, 고구려본기에서 확인되지 않는 관명으로 승과 선인이 남는다. 선인은 중기 이후에 최하위 관등으로 나오며, 승은 이 기록 이외에는 관련된 사료가 확인되지 않는다.[24] 이처럼 사료2의 10개 관명 가운데 후술하듯이 국상(國相)으로 비정되는 상가, 봉작(封爵)적 성격이 강한 고추가, 다른 기록에서는 확인되지 않는 승을 제외한 7개 관명은 모두 관등으로 파악된다.

특히 『삼국사기』 고구려본기 초기 기사에는 관등의 승진 사례가 다수 나오는데, 조의는 우태나 패자, 우태는 대주부나 패자, 대사자는 대주부로 승진한 것으로 확인된다.[25] 이러한 사례를 종합하면 조의 → 우태 → 대주부·패자, 또는 대사자 → 대주부라는 관등의 서열을 상정할 수 있는데, 이는 상기 기사의 기술 순서와 일치한다. 그러므로 고구려 초기 관등제는 대로=패자, 주부, 우태, (승), 사자, 조의, 선인의 서열로 구성되었다고 파악할 수 있다.

이러한 관등은 태조왕 시기부터 본격적으로 등장했다. 또 '나부명+관등명+인명'의 순서로 기재되어 있는데, 나부명과 병기된 사실이 주목된다. 초기 관등명이 본격적으로 등장하는 태조왕대는 초기 국가체제가 나부체제라는 형태로 확립된 시기이다. 그러므로 초기 관등제는 나부체제를 바탕으로 성립되었고, 나부체제의 구조와 깊은 연관 관계를 맺으며 운영되었을 것으로 예상된다. 그럼 각 관등의 성격과 기능을

---

[24] 승(丞)은 제1현도군 시기의 군현 속리에서 연원했을 것으로 보는 견해가 있는데(權五重, 1992), 오기라고 파악하기도 한다(金哲埈, 1975).
[25] 『삼국사기』 고구려본기 제3 차대왕 2년조, 제4 신대왕 2년조, 제5 봉상왕 3년조 참조.

구체적으로 검토하여 초기 관등제의 구성과 운영 양상을 살펴보도록 하자.

10개 관명 가운데 가장 상위인 상가의 성격에 대해서는 다양한 견해가 있는데, 다음 절에서 상술하는 바와 같이 3세기 중반경 최고위 관직인 국상으로 비정된다. 그 다음에 대로와 패자가 연이어 기재되어 있는데, "대로가 있으면 패자를 두지 않고 패자가 있으면 대로를 두지 않는다"라고 하였듯이 양자는 교치되었다.

이에 대로와 패자의 관계에 대해 일찍부터 다양한 견해가 제기되었다. 초창기 연구에서는 초기 5부를 부족이나 부족국가로 파악해 양자를 원시사회의 추장과 군사령관의 관계(백남운, 1933), 또는 대로는 족장적 신분층이고 패자는 그를 보좌하던 자(김철준, 1956; 1975) 등으로 이해했다. 그 뒤 초기 5부가 단위정치체라는 사실이 확인되자, 패자는 나부의 직책이고 대로는 일반 읍락의 수장층이라고 보기도 했다(김광수, 1983a). 또 3세기 중반경 나부가 소멸하는 대신 계루부 왕권의 강화와 더불어 방위부가 등장한다는 사실에 주목해 패자는 나부 계통의 관등이고 대로는 방위부 계통의 관등(임기환, 1995b; 2004), 패자는 나부의 대가이고 대로는 계루부의 대가로 중앙귀족에 대한 범칭(윤성용, 1997; 장병진, 2019) 등으로 이해하기도 했다.

『삼국사기』 고구려본기에는 패자와 대로의 관계를 직접 나타내는 자료가 거의 없다. 특히 고구려본기 초기 기사에서는 대로의 사례가 나오지 않아 그 성격을 명확하게 파악하기 힘들다. 반면 패자의 사례는 총 8회 확인되며, 『삼국지』 고구려전에도 패자 득래(得來)가 나온다. 이러한 사례를 종합하면 패자는 좌보나 국상 등 최고위 관직에 상응한 최고위 관등으로 파악된다.

한편 표1의 c·d 기사는 패자의 최초 사례로 그 연원적 성격을 잘 보여준다. 이 기사에서 관나부와 환나부의 패자는 계루부 왕권의 명령을 받아 각기 조나와 주나를 정벌하고 있다. 3세기 중반경 부여에서는 적이 침입할 경우 사출도(四出道)를 거느린 제가(諸加)가 독자적으로 전투를 수행했다고 한다.[26] 이로 보아 관나부와 환나부의 패자가 조나와 주나를 정벌하기 위해 동원한 병력은 각 나부가 보유한 군사력으로 파악된다(이종욱, 1982b; 임기환, 1987). 패자라는 관등은 본래 독자적인 군사력을 보유하고, 이를 동원할 수 있는 조건을 갖춘 나부의 지배세력에게 수여되었다고 추정되는 것이다.

이에 나부체제론자뿐 아니라 집권체제론자도 패자가 최고위 관등이라는 점에 주목하여 각 나부의 최상층 세력가인 대가급으로 상정하고,[27] 그 성격은 군사적 기능을 전제로 한 나부의 최고위직(김광수, 1983a), 나부의 수장이나 대표자(임기환, 1995b; 2004; 금경숙, 2004; 이규호, 2021), 고구려에 흡수된 소국의 족장이나 수장(김두진, 2009), 나부를 구성한 부내부(部內部)의 장(조영광, 2015)에게 수여한 관등으로 이해한다. 또 본래 세력집단의 우두머리를 상징하는 위호(位號)였다고 보기도 한다(장병진, 2019).

이처럼 패자가 최고위 관직에 상응하는 최고위 관등이고, 독자적인 군사력도 보유한 사실을 고려하면 본래 나부의 최고위 지배세력에

---

26 『삼국지』권30 동이전 부여전, "諸加別主四出道, 大者數千家, 小者數百家. … 有敵, 諸加自戰, 下戶俱擔糧飲食之."
27 각 나부의 장(長)이나 대가(大加)는 세습직이기 때문에 별도의 관등을 수여받지 않았다고 보기도 하는데, 이 경우 패자는 대가보다 낮은 실무자가 수여받던 관등으로 주로 군사업무에 종사했다고 파악한다(노태돈, 1999).

게 수여했을 가능성이 높다. 나부에 해당하는 단위정치체가 나국 사이의 복속과 통합을 통해 형성된 사실을 상기하면, 패자는 나부 형성에 주도적 역할을 담당했던 중심 나국 세력에게 수여한 관등으로 파악할 수 있다. 그리하여 패자는 표1의 c·d에서 보듯이 계루부 왕권이 압록강 중상류 일대의 독자적인 단위정치체를 나부로 편제한 이후에도 그 통제를 받으며 별도의 군사력을 통솔했다고 파악된다(여호규, 1992; 2014).[28]

패자와 성격이 가장 유사한 관등은 여섯 번째 '우태(優台)'이다. 일찍이 '우태'는 언어학적으로 풀이하여 연장자라는 뜻의 '웃치'로 읽혔다고 본 견해가 제기되었다. 이에 따르면 중·후기 형계 관등의 접미어인 '형(兄)'은 '우태'의 뜻을 한역(漢譯)한 것으로 형계 관등의 고유 명칭인 막하하라지(莫何何羅支: 태대형)나 힐지(纈支: 대형) 등의 '지(支)'는 '우태' 곧 '웃치'의 잔존 형태라는 것이다(김철준, 1956; 1975). 이에 우태는 본래 연장자나 친족집단의 장, 수장층을 가리키는 명칭이었는데, 족장세력을 통합해 지배체제를 마련하면서 관명으로 수용되었다가 형계 관등으로 분화되었다고 보았다(김철준, 1975; 노중국, 1979a; 김광수, 1983a).

『삼국사기』 고구려본기에는 '우태'가 '于台'로 표기되었는데, 좌보, 중외대부(中畏大夫), 국상에 취임한 인물이 우태를 소지한 사례가 다수 확인된다. 이 가운데 조의가 우태로 승진하는 사례도 있지만, 우태에서 패자나 대주부로 승진한 사례도 있다. 우태의 순위는 『삼국지』 고구려

---

28 패자의 사례는 서천왕 2년(271년)이 마지막이고, 중·후기 금석문에도 나오지 않는다. 이에 비해 대로는 중·후기에도 다수 확인되며, 대대로는 후기의 최고위 관등이었다. 이로 보아 패자와 대로를 교치했다는 『삼국지』 고구려전의 기사는 패자가 대로로 전환하던 양상을 반영한다고 파악된다. 중·후기에 대로는 주로 군사지휘관이나 군사고문관 역할을 수행했는데, 패자의 군사지휘관적 성격을 계승했을 가능성이 있다.

전의 기재 순서처럼 조의보다는 상위지만 패자나 (대)주부보다는 하위였던 것이다. 이에 우태의 성격은 대체로 패자 다음가는 수장층에게 수여한 관등(임기환, 1995; 2004) 또는 독자적인 세력을 갖춘 집단의 수장에게 수여된 관명(이규호, 2021)으로 파악한다.

우태의 첫 번째 사례는 "갈사국왕(曷思王)의 손자인 도두(都頭)가 나라를 들어 내항하니, 도두를 우태로 삼았다"는 태조왕 16년 기사인데,[29] 우태의 연원적 성격을 잘 보여준다. 갈사국은 대무신왕 5년 부여왕 대소의 동생이 갈사수에 이르러 압록곡 해두왕(海頭王)을 살해하고 세운 국(國)이다.[30] '압록곡'이라는 지명으로 보아 압록강 유역에 위치했고, 비록 나(那)와 관련된 명칭을 띠고 있지 않지만, '국(國)' 즉 나국 단계의 세력집단으로 파악된다. 다만 부여왕 대소의 동생이 이끈 종자(從者)는 100여 명으로 같은 시기에 고구려에 내투한 부여왕 사촌 동생이 거느린 만여 명과 비교하면 소규모이다.

더욱이 도두가 스스로 나라를 들어 내항했다고 하므로 갈사국은 독자적 운동력이나 군사력도 많이 상실했을 것으로 추정된다. 그러므로 계루부에 내투할 당시의 갈사국은 본래 독자적 군사력을 지녔다가 상실한 나부 내부의 피복속 나국에 상응한다고 파악할 수 있다. 우태는 본래 중심 나국에 통합된 피복속 나국세력에게 수여한 관등일 가능성이 높은 것이다. 이러한 점에서 우태는 패자보다 낮은 나부의 지배세력을 편제하던 관등으로 파악되는데,[31] 관나부 미유(彌儒)가 우태에서 패

---

29 『삼국사기』 고구려본기3 태조왕 16년 3월조.
30 『삼국사기』 고구려본기2 대무신왕 5년.
31 가장 이른 시기의 우태 사례가 부여계 인물과 연관된 점에 주목하여 본래 부여계 집단의 위호(位號)였다고 파악하기도 한다(장병진, 2019).

자로 승진한 사례³²도 이를 반영한다(여호규, 1992; 2014). 우태는 동천왕 4년(254년)을 마지막으로 『삼국사기』 고구려본기에서 더 이상 확인되지 않고 중·후기 금석문에도 나오지 않는데, 형계 관등으로 전환된 것으로 보인다(조영광, 2015).

패자나 우태와 유사한 성격을 가진 관등으로 조의를 들 수 있다. 『삼국지』 고구려전에는 아홉 번째로 기술될 정도로 하위의 관등이다. 조의라는 명칭은 검은색 옷을 입은 사람에서 유래했는데, 『후한서』 여복지(輿服志)에서는 '조의'가 흑색 조복(朝服)을 입는 신분이 낮은 관리에 대한 통칭으로 사용되고 있다. 더욱이 사료2에서 보듯이 왕뿐만 아니라 대가들도 조의를 두었다고 한다. 이에 조의의 성격에 대해서는 일찍부터 예속성과 실무적 기능을 강조하는 견해가 다수 제기되었다.

사회적 신분관계상 비천한 자(백남운, 1933), 족장의 심부름을 하는 자(김철준, 1956; 1975), 전문적인 실무행정요원(노중국, 1979a), 국왕이나 수장 예하의 근위무사(김광수, 1983a; 장병진, 2019)로 이해하는 견해가 그것이다. 또 조의가 본래 나부 내에 설치된 관직이었다가, 국왕 중심의 초기 관등제가 성립함과 더불어 제가(諸加) 세력을 왕권 아래로 수렴하는 기능을 담당했다고 보기도 한다(임기환, 1999; 2004).

그런데 표1의 e·f에서 보듯이 차대왕의 즉위에 큰 공을 세운 비류나부 조의 양신은 차대왕 2년 중외대부에 임명되면서 우태로 승진했다. 신대왕의 즉위에 결정적인 공훈을 세운 연나부 조의 명림답부(明臨荅夫)도 신대왕 2년에 좌·우보를 개편하여 신설한 국상에 임명되면서 패

---

32 『삼국사기』 고구려본기3 차대왕 2년 2월조.

자로 승격했다.[33] 2세기만 하더라도 조의는 대가에 예속된 관원이 아니라, 우태나 패자로 승진할 수 있는 관등이었다. 그러므로 조의는 본래 우태나 패자를 수여받은 자와 동질적이면서 최하위인 세력집단에게 수여되었다고 추정된다.

이러한 점에서 조의는 본래 패자나 우태를 수여받던 나부의 나국 단계의 세력집단과 동질적이면서 가장 소규모인 개별 나집단에게 수여된 관등이었을 것으로 파악된다.[34] 그런데 전술했듯이 개별 나집단은 나국 단계의 세력집단에게 복속되어 독자적 단위정치체로 성장하지 못했다. 그리하여 조의를 수여받은 세력은 나부체제 단계에서 이미 독자성을 상당히 상실하고 나국 단계의 세력에게 예속되었다고 추정한다. 이러한 예속성은 나부체제의 운영과정에서 더욱 심화되다가, 3세기 중반 무렵에는 대가의 예속적인 관원으로 격하된 것으로 파악된다(여호규, 1992; 2014).[35]

이상과 같이 사료2에 나오는 패자, 우태, 조의는 본래 나부를 구성한 여러 세력집단을 편제한 관등이다. 계루부 왕권은 압록강 중상류 일대의 여러 세력집단에게 패자, 우태, 조의 관등을 수여함으로써 이들을 일정한 기준 아래 편제하는 한편, 각 지역의 독자적 단위정치체를 나부

---

33 『삼국사기』 고구려본기3 차대왕 20년 및 제4 신대왕 2년.
34 주몽이 남하하다가 만난 모둔곡(毛屯谷) 세 명은 마의(麻衣), 납의(衲衣), 수조의(水藻衣) 등 '의(衣)' 종류에 따라 표현되고 있다. 이는 곡 내부의 세력집단을 '의(衣)' 종류에 따라 지칭한 관습이 있었음을 시사하는데, '조의(皂衣)'라는 명칭은 이러한 관습에서 유래했을 가능성이 있다.
35 조의는 4세기 이후 일원적 관등제의 정비와 함께 독자적 기능을 상실하고, 제5위인 위두대형(位頭大兄)의 별명인 조의두대형(皂衣頭大兄)에 그 흔적만 남기게 되었다. 이에 일원적 관등제 성립 이후 조의가 곧바로 소멸하지 않고, 일정 기간 유지되다가 형계 관등에 흡수되었다고 보기도 한다(조영광, 2015).

라는 하부단위정치체로 편제했던 것이다.

다음으로 고추가의 성격은 다른 관등과 다소 차이가 난다. 고추가는 10개 관명 가운데 네 번째로 기술되어 있는데, 왕족인 계루부의 대가(大加)를 비롯하여 본래 국주(國主)였던 소노부의 적통대인, 대대로 왕실과 혼인한 절노부의 대인이 칭했다고 한다(사료1 참조). 고추가는 다른 관등과 달리 왕족, 구 왕족, 왕비족 등 특정 세력가만 칭했다는 것이다. 실제 고구려 초기에는 태조왕의 부친으로 전하는 재사(再思),[36] 고국천왕의 동생인 발기의 아들 박위거(駮位居),[37] 미천왕의 부친인 돌고(咄固)[38] 등 계루부 출신 왕족이 고추가를 칭한 사례가 다수 확인된다. 또 계루부에 복속된 나국의 왕족에게 수여한 사례도 확인된다.[39]

이로 보아 고추가는 관등보다는 예우 차원에서 수여한 봉작(封爵)(리지린·강인숙, 1976) 또는 존호(尊號)(노태돈, 1999)의 성격이 강했다고 생각된다. 또 계루부의 대가를 비롯해 소노부의 적통대인이나 절노부의 대인 등이 고추가를 칭했다는 것을 통해 각 계보 집단의 적통을 계승한 대가들이 칭하거나 이들에게 수여했다고 파악할 수 있다(여호규, 2010).[40] 고추가는 관등보다는 작호(爵號)의 성격이 강했던 것이다.[41]

---

36 『삼국사기』 고구려본기3 태조왕 즉위년조.
37 『삼국지』 권30 동이전 고구려전, "拔奇遂往遼東, 有子留句麗國, 今古鄒加駮位居, 是也."
38 『삼국사기』 고구려본기5 미천왕 즉위년조.
39 『삼국사기』 고구려본기3 태조왕 22년.
40 고추가의 성격을 씨족장(이기백, 1974), 대부족장이 귀족화한 것(김철준, 1975), 특권적 집단의 족장(노중국, 1979a), 왕에 해당하는 원고구려 지역의 고유어(조영광, 2015), 중앙귀족화한 국읍(國邑) 주수(主帥)를 우대하며 사여한 칭호(장병진, 2019)로 이해하기도 한다.
41 3세기 이후 고추가는 왕실의 구성원에게 사여한 사례만 확인되는데, 왕족이지만 왕위에 오르지 못했다는 공통점을 지니고 있다. 이에 고추가의 성격을 왕족을 예우하기 위한 관위로 보거나(금경숙, 1995a; 2004), 집권체제 정비와 더불어 고추가의 수여 대상이

이처럼 패자, 우태, 조의가 나부를 구성한 지배세력을 편제하기 위한 관등이었고, 고추가가 나부의 특정 세력에게 수여된 작호였다면, 계루부 왕권의 통치력을 뒷받침하기 위해 설치한 관등도 있었을 것이다. 이와 관련하여 다섯 번째로 기재된 주부가 주목된다. 주부는 중국 관제에서 기원했는데, 한대(漢代)에는 중앙이나 지방 관청의 실무직인 연사(掾史) 가운데 수석관리로, 문서 관장과 인신(印信) 감수(監守) 등을 담당했다. 이에 고구려 초기의 주부가 현도군 시기의 속리직에서 유래했다고 보기도 한다(盧重國, 1979a; 權五重, 1992). 주부가 관직적 성격이 강했다는 것인데, 이와 관련하여 다음 사료가 주목된다.

사료 3

① 공손탁(公孫度)이 해동에 웅거하자 백고(伯固)가 대가(大加) 우거(優居)와 주부(主簿) 연인(然人) 등을 파견하여 공손탁이 부산적(富山賊)을 공격하는 것을 도와 격파했다. … 경초(景初) 2년(238년)에 대위(大尉) 사마선왕(司馬宣王)이 무리를 이끌고 공손연(公孫淵)을 토벌하자, 궁(宮)이 주부와 대가를 파견하여 수천 명을 거느리고 [조위의] 군대를 도왔다. _『삼국지』 권30 동이전 고구려전

② [손오의 주가] 구려왕 궁(宮)과 그 주부(主簿)에게 조서를 내렸는데, 조서에 '요동에게 공탈(攻奪)되었던 것을 하사한다'는 말이 있었다. 궁

왕실 구성원으로 한정되었고(임기환, 1995b: 2004; 장병진, 2019), 특히 계루부 내의 유력세력을 편제하기 위해 근친 왕족에 대한 봉작으로 그 성격이 변했다고 보기도 한다(조영광, 2015). 다만 고구려 후기에는 발고추가(拔古鄒加)가 빈객(賓客)을 담당하는 관직인데, 태대사자(太大使者, 大夫使者)가 맡았다고 한다. 이는 3세기 중반 이후에도 고추가의 수여 대상이 왕족으로 한정되지 않았을 가능성을 시사한다.

등이 크게 기뻐하며 조서를 받았다. … 궁이 주부 착자(笮咨)와 대고(帶固) 등을 안평(安平)에 보내어 굉(宏) 등과 서로 만났다.

_『삼국지』 권47 오주전 가화2년조

위 사료에서 '궁'은 3세기 중엽의 동천왕을 지칭한다. ②에 따르면 주부가 손오의 조서를 왕과 연명으로 받고 외교업무를 처리하는 등 왕의 측근으로 활동하고 있다. 주부가 중국 관제에서처럼 외교업무 등 행정실무를 처리하는 관직의 성격을 보이는 것이다. 이러한 면모는 ①에서도 확인된다. 이 기사에는 주부가 대가와 함께 군사활동을 수행한 것처럼 기술했지만, 실제 군사활동은 대가가 담당했고, 주부는 주로 외교업무를 처리했을 것이다.

계루부 왕권의 입장에서 본다면, 대가의 군사력 동원과 지휘 등을 통제할 필요가 있었을 텐데, 주부가 왕의 측근으로서 이러한 임무를 수행했다고 파악된다. 주부는 각급 관청의 행정실무를 총괄하던 중국의 관직에서 기원한 관명으로 관직적 성격이 강했고, 외교업무를 수행하고 대가의 군사활동을 감시하는 등 계루부 왕권의 통치력을 뒷받침했다고 볼 수 있다(김철준, 1975; 노중국, 1979a; 이종욱, 1982a; 임기환, 2004; 금경숙, 2004; 장병진, 2019).

그런데 주부는 〈충주고구려비〉나 『한원』 고려전 등 중·후기의 사료뿐 아니라 『삼국사기』 고구려본기 초기 기사에서도 관등으로 확인된다. 『삼국사기』에는 주부가 대주부(大主簿)로 기재되어 있는데,[42] 차

---

42 주부는 『삼국사기』 고구려본기 초기 기사에서는 '대주부', 5세기 중·후반의 〈충주고구려비〉에서는 '주부'로 나온다. 이에 대주부를 주부에서 분화한 상위 관등으로 상정하

대왕 즉위에 공을 세운 환나부 우태 어지류는 좌보에 임명되면서 대주부, 봉상왕대의 남부 대사자 창조리(倉助利)는 국상 취임과 함께 대주부로 각기 승진했다.[43] 대주부는 우태나 대사자보다 상위 관등인 것이다.

특히 차대왕 즉위 이후 환나부 우태 어지류가 좌보 임명과 함께 대주부로 승진한 반면, 관나부 우태 미유는 좌보 임명과 함께 패자로 승진했다.[44] 대주부는 패자와 동격의 관등이었던 것이다. 실제 사료2에서 주부는 공식 모임 때에 대가와 같이 책(幘)을 착용했는데, 절풍(折風)을 착용하던 소가(小加)보다 신분적으로 높았다. 주부(대주부)는 대가와 함께 최상위 신분층을 이루었지만, 독자적 세력기반을 지녔던 대가와는 그 성격이 달랐던 것이다(노태돈, 1999).

당시 독자적 군사력을 보유한 나부의 지배세력은 패자를 수여받은 중심 나국 단계의 세력이었다. 사료3에서 ①의 대가는 나부의 중심 나국 세력인 패자일 가능성이 높은데, 이는 대주부가 패자와 동격의 관등이라는 검토 결과와 부합한다(盧重國, 1979a). 그러므로 주부는 관직적 성격을 강하게 지녔지만, 본래 나부의 지배세력인 대가·패자와 뚜렷이 대비될 정도로 계루부 왕권의 통치력을 뒷받침하기 위한 관등으로 설치되었다고 파악된다(여호규, 2014).

거나(임기환, 2004; 琴京淑, 2004), 대주부와 대로를 같은 관등으로 보기도 한다(조영광, 2015; 이준성, 2019). 또 최근에는 『삼국사기』의 대주부와 『삼국지』의 주부는 동일한 것이지만, 〈충주고구려비〉가 세워진 5세기에는 대주부와 주부로 분화되었다고 보기도 한다(이규호, 2021). 그렇지만 주부가 주부와 대주부로 분화했다고 보기는 힘들며, 양자는 같은 관등을 사서에 따라 다르게 표현한 것으로 파악된다.

43 『삼국사기』 고구려본기3 태조대왕 80년 및 차대왕 2년, 제5 봉상왕 3년조.
44 어지류와 미유는 모두 좌보에 임명되었다고 하지만, 실제로는 각각 좌보와 우보에 임명되었을 것이다.

계루부 왕권의 통치력을 뒷받침하던 관등과 관련하여 여덟 번째로 기재된 사자(使者)도 주목된다. 사자는 그 의미상 본디 사절이나 심부름 하는 이를 일컬었고, 조세 수취 등의 실무를 담당했을 것으로 보인다(金哲埈, 1975).[45] 그런데『동국이상국집』「동명왕편」에는 비류국(消奴集團)이 주몽집단을 견제하기 위해 사자를 파견한 사례가 나온다. 표1의 a에서 보듯이 계루집단도 과도한 수탈을 일삼던 비류나부의 지배세력을 견제하기 위해 추발소를 사자로 파견했다. 이로 보아 사자는 나국의 지배세력이 다른 나집단이나 나국을 통제하는 기능도 담당했다고 파악된다.

그러므로 나부체제 확립 이후에는 계루부뿐 아니라 각 나부의 중심세력도 나부 내부의 다른 세력집단을 통제하기 위해 사자를 설치했다고 예상된다. 사료2의 '대가가 사자를 자치(自置)한 사실'은 이를 잘 보여준다. 사자는 계루부 왕권의 통치력뿐 아니라 각 나부의 자치권을 뒷받침하기 위해 설치한 직책인 것이다. 이러한 점에서 본래 사자는 주부처럼 특정한 직임을 맡은 관직적 성격이 강했다고 파악된다.

그런데 계루부 왕권의 집권력이 강화됨에 따라 사자의 역할이 증대되었다. 사자는 2세기 말 이후 대사자나 구사자(九使者) 등으로 분화하면서 왕권 강화를 뒷받침하는 관등의 색채를 강하게 띠었다. 2세기 말 이후 사자계 관등을 가진 자들이 대체로 도성의 방위별 행정구역인 방위부 출신이라는 사실은 이를 반증한다(여호규, 2014).[46]

---

45 『삼국지』부여전에 대사(大使)·대사자(大使者)·사자(使者) 등이 나오는 것을 근거로 고구려가 부여의 영향을 받아 사자를 설치했다고 보기도 한다(武田幸男, 1989).
46 고국천왕 13년에 대사자를 수여받은 안유(晏留), 동천왕 20년 구사자와 대사자를 수여받은 유유(紐由)·다우(多優) 부자, 서천왕 2년 왕의 장인이 된 우수(于漱), 봉상왕 3년

한편 각 나부가 자치권을 수행하기 위해서는 자체의 관원조직을 갖출 필요가 있었는데, 사료2에서 '여러 대가(大加)도 또한 독자적으로 사자, 조의, 선인을 두었다'는 기사는 이를 잘 보여준다. 앞서 언급했듯이 사자는 나국의 중심세력이 다른 나집단이나 나국을 통제하기 위해 설치한 직책이었다. 이에 따라 나부체제 확립 이후에도 계루부뿐 아니라 각 나부의 중심 나국세력도 다른 세력집단을 통제하기 위해 사자를 설치했다고 예상된다.

조의(皂衣)는 본래 개별 나집단 단계의 세력을 편제하기 위해 설치했던 관등인데, 일찍부터 나부의 중심 나국세력에게 예속되었다. 마지막으로 선인(先人)은 『삼국사기』 고구려본기 초기 기사에는 사례가 없다. 후기 관등제에서 최하위 관등으로 나오는데, 나집단으로 성장하지 못한 개별 지역집단을 편제한 관등이 아니었을까라는 억측을 해본다. 사자, 조의, 선인 등 대가의 관원조직은 나부의 중심 나국세력이 나집단 단계 이하의 세력을 편제하고, 나부 내부의 다른 세력집단을 통제하는 과정에서 성립한 관원조직인 것이다. 각 나부는 이러한 관원조직을 바탕으로 자치권을 행사했을 것이다.[47]

이상과 같이 고구려 초기 관등제는, 계루부 왕권이 나부의 다양한 지배세력을 편제하기 위해 설치한 관등, 계루부 왕권의 집권력을 뒷받침한 관등, 나부의 자치권을 뒷받침한 관등 등과 같이 다원적인 구성 양상을 보인다.[48] 또 주부나 사자의 사례에서 보듯이 관등과 관직의 성

국상에 임명된 창조리 등은 모두 방위부 출신이다.
47 왕권 아래의 중앙관등으로 두어진 사자·조의·선인은 대가가 자치한 사자·조의·선인과 달리 고위 지배층이었다고 보기도 한다(임기환, 2004).
48 최근 고구려 초기 관제가 다원적으로 구성되었다고 보면서 통치를 위한 조직인 '관(官)'

격이 미분화되어 혼재된 면모도 나타난다. 초기 관등제를 집권체제론자처럼 국왕을 중심으로 분화된 직능을 담당하던 집권적 관제(김광수, 1983a)나 관등과 관직이 엄격히 분리된 것(이종욱, 1982a; 금경숙, 2004)으로 보기는 힘든 것이다.

초기 관등제는 계루부 왕권이 각 나부의 자치권을 인정하면서 이들을 통제하는 측면과 함께 각 나부가 계루부 왕권의 통제를 받으면서 자치권을 수행하던 양상을 보여주는 것이다. 초기 관등제는 계루부 왕권이 나부를 매개로 통치력을 관철시키고, 각 나부는 계루부 왕권의 통제를 받으며 자치권을 행사하던 초기 정치체제의 구조를 잘 보여준다. 계루부 왕권과 나부의 지배세력은 관등의 수수(授受)를 통해 상호 역관계를 조정하고 압록강 중상류의 원고구려사회 전체에 통치력을 행사한 것이다.

그런데 국가체제 확립 이후 계루부 왕권이 강화되는 가운데 나부의 자치권은 점차 약화되었을 것이다. 특히 나부의 지배세력이 좌·우보나 국상 등 중앙관직에 진출하면서 중앙정계에서의 정치적 지위에 따라 관등이 승진되기도 했다. 이에 따라 각 관등의 연원적 차별성이 약화되고 점차 왕권을 중심으로 서열화되었을 것이다. 실제 3세기 중반에는 관등이 (상가), 대로·패자, (고추가), 주부, 우태, (승), 사자, 조의, 선인으로 서열화하고, 대가와 주부는 책을 착용한 반면, 소가는 절풍을 착용하는 형태로 관등 소지자 간에 신분적 차별이 고착화되었다(사료2).

과 세습이나 포상의 성격으로 주어지는 '작(爵)'으로 대별한 다음, 관을 다시 하위단위인 '부(部)'를 담당하는 사자, 조의, 선인 및 상위단위인 고구려를 담당하는 패자, 주부, 우태로 구분하는 견해가 제기되었다(이규호, 2021).

그렇지만 3세기 중반에도 대가와 주부는 명확히 구별되었다. 그리고 나부 출신 인물이 주로 패자, 우태, 조의 등을 보유한 반면,[49] 방위부 출신 인물은 사자계 관등이나 주부를 보유했다. 3세기 중반에도 각 관등의 연원적 차별성이 완전히 소멸되지 않은 가운데 점차 관등제의 서열화가 이루어져 나간 것이다. 그러므로 대가와 소가라는 신분적 차별도 여전히 중앙정계에서의 정치적 지위보다는 나부 내부의 세력기반이 더 중요한 기준으로 작용했다고 여겨진다. 3세기 전반에 사출도를 별도로 거느린 부여의 제가(諸加)가 수천 가(家)를 거느린 대가(大加)와 수백 가를 거느린 소가(小加)로 구분된 사실은 이를 반영한다.

다만 계루부 왕권이 강화되는 가운데 나부의 우열이 심화됨에 따라 나부 지배세력의 신분적 지위도 새롭게 재조정되었다. 계루부 왕실을 비롯하여 세력을 꾸준히 확대한 연나부나 비류나부 등의 대가는 고추가를 계속 칭하면서 종래의 신분을 유지했지만, 세력이 미미해진 관나부나 환나부의 대가들은 고추가를 칭하지 못할 정도로 최상위 신분층에서 탈락했다(사료1). 이러한 추세 속에서 왕권을 뒷받침하면서 성장한 주부 계통의 인물이 대가(大加)와 동일한 책을 착용할 정도로 최상위 신분층으로 격상되었다. 초기 관등제를 구성하던 각 관등의 연원적 차별성이 소멸하면서 초기의 다원적 관등제가 점차 국왕 중심의 일원적 관등제로 전환되어 나간 것이다.[50]

---

49 표1에서 보듯이 나부를 관칭하면서 사자계 관등이나 주부를 보유한 인물은 차대왕 2년 우태에서 대주부로 승격한 환나부 어지류가 유일하다.
50 이에 3세기 관등제를 나부계와 방위부계로 재분류하고 이들의 분화양상 및 서열화 과정을 검토한 연구성과가 제시되었다(林起煥, 1995a; 2004). 또 고구려 초기사의 전개에 따라 각 관등의 성격이나 위상이 변모하는 양상을 다각도로 검토한 연구도 제시되었다(김두진, 2009; 조영광, 2011).

이상과 같이 초기 관등제는 나부의 내부구조 및 계루부 왕권과 나부의 역관계를 바탕으로 성립되었다. 이로 인해 초기 관등제는 다원적인 구성양상을 띠었고, 관직적 성격이 혼재되어 있었는데, 계루부 왕권의 집권력과 나부의 자치권을 중심으로 운영되던 초기 정치체제의 구조를 잘 보여준다. 그럼 다음에서는 계루부 출신 국왕과 각 나부의 지배세력이 정치체제를 운영하던 양상을 주요 정치기구를 통해 살펴보도록 하자.

3. 왕권의 위상과 제가회의의 변천

고구려 초기 정치체제와 관련하여 일찍부터 회의체인 제가회의, 최고위 관직인 좌보, 우보, 국상 등이 많은 주목을 받았다. 다만 전술했듯이 초기사를 바라보는 관점에 따라 정치체제의 운영양상도 다르게 이해했다. 나부체제론자는 나부의 자치권을 중시하며 제가회의를 가장 중요한 정치기구로 설정하고, 좌·우보나 국상 등은 이를 보완하는 제도로 이해했다.[51]

이에 비해 집권체제론자는 왕권의 확립과 집권화를 강조하며 국왕 중심의 행정적·관료적 정치기구가 일찍부터 정비되었다고 이해했다. 이에 제가회의는 설정하지 않거나 제한된 기능만 수행한 것으로 이해

---

51 주요 연구성과는 金哲埈, 1956; 1964; 1975; 盧泰敦, 1975; 1999; 盧重國, 1979a; 林起煥, 1987; 1995a; 2004; 金基興, 1990; 余昊奎, 1997; 1998; 2014; 金賢淑, 1993; 1995; 2005; 尹成龍, 1997; 조영광, 2011 등이 있다.

했다. 핵심 정치기구는 제가회의가 아니라 왕 직속의 군신회의나 최고위 관직인 좌·우보, 국상 등이었다는 것이다.[52]

그런데 앞서 검토했듯이 초기 정치체제는 계루부 왕권의 집권력과 나부의 자치권을 두 축으로 삼아 성립되었다. 초기 정치체제의 운영양상은 계루부 왕권의 집권력과 각 나부의 자치권을 동시에 고려하면서 고찰할 필요가 있다. 특히 계루부 왕권의 집권력이 강화됨과 더불어 주요 정치기구의 성격도 변화했을 것이다. 초기 정치체제의 운영이나 주요 정치기구의 성격을 보다 역동적으로 이해할 필요가 있는 것이다.

전근대 왕조국가에서 국가체제의 성립은 일반적으로 왕권의 확립이라는 형태로 나타난다. 전근대 국가체제의 성격이나 정치운영 양상을 이해하려면 먼저 왕권의 위상을 검토할 필요가 있는 것이다. 왕권의 위상과 그 성격은 왕위계승원리를 통해 파악할 수 있다. 종래 한국 고대의 왕위계승은 형제계승에서 부자계승으로 전환한 것으로 이해했으며, 부자계승의 확립을 고대국가의 중요한 지표로 삼았다(이기백, 1959; 1996).

그런데 현전하는 사료만 놓고 본다면 고구려 초기의 왕위계승원리가 형제계승에서 부자계승으로 전환했다고 단정하기 쉽지 않다. 『삼국사기』 고구려본기의 기사를 종합하면, 1~5대(동명성왕~모본왕)는 부자계승, 6~10대(태조왕~산상왕)는 형제계승, 11대(동천왕) 이후는 부자계승의 면모가 확인되기 때문이다. 이에 따른다면 고구려 초기 왕위계승원리는 당초 부자계승이었다고 보아야 한다. 고대의 왕위계승이 형

---

52 주요 연구성과는 李鍾旭, 1979; 1982a; 金光洙, 1983a; 1991; 琴京淑, 1995; 1999; 2004; 朴京哲, 1996; 2018; 김남중, 2013 등이 있다.

제계승에서 부자계승으로 전환했다는 일반론과 상충되는 것이다.

이에 일본 학자들은 『삼국사기』 고구려본기 초기 기사를 불신하며 9대 고국천왕까지는 실재한 왕계가 아니라고 보기도 했다(津田左右吉, 1922; 白鳥庫吉, 1936; 池內宏, 1940; 1941; 三品彰英, 1951). 그렇지만 6~8대 태조왕·차대왕·신대왕의 존재는 중국 측 사서에서도 확인되며, 1~5대 왕계도 늦어도 4세기 후반에는 정립된 것으로 파악된다(鄭早苗, 1979; 조인성, 1991; 노태돈, 1994; 高寬敏, 1996; 임기환, 2002; 김기흥, 2005). 『삼국사기』의 초기 왕계는 실재한 것이며, 사료적 근거도 있는 것이다.

이에 고구려의 왕위계승원리가 처음부터 부자계승이었다고 보기도 한다(김광수, 1986; 최재석, 1987; 박노석, 2005). 그런데 이렇게 볼 경우, 6~10대의 왕위계승원리가 형제계승이라는 사실을 합리적으로 설명하기 어렵다. 고구려 초기 왕계는 6대 이후의 태조왕계가 먼저 성립된 다음, 1~5대 왕계는 4세기 후반에 정립된 것으로 이해한다(조인성, 1991; 노태돈, 1994).[53] 『위서(魏書)』 고구려전에는 『삼국사기』의 1~5대 왕계와 조금 다른 초기 왕계가 전하는데, 5세기 초에도 고구려 내부에 여러 가지 초기 왕계가 전승된 사실을 보여준다.

그러므로 1~5대 왕위계승에 나타난 부자계승의 면모는 4세기 후반에 초기 왕계를 정립하면서 윤색된 결과로 보인다. 다만 1~5대 왕계가 자체 전승을 바탕으로 정립되었다고 파악되므로 아무 근거 없이 윤색했다고 생각되지는 않는다. 1~5대 왕들의 계보 관계 기사를 종합하

---

53 1~5대 왕계가 일찍부터 정립되었다고 보는 견해도 있다(박경철, 2002; 김기흥, 2005).

면, 각 왕 사이에는 혈연적인 부자 관계로 보기 힘든 요소가 다수 확인된다.[54] 『삼국사기』 고구려본기에는 1~5대의 왕위계승이 부자계승으로 기술되어 있지만, 실제로는 다른 방식으로 왕위계승이 이루어졌을 가능성이 있는 것이다.

이와 관련해 고대 일본에서는 부계적 계보 관념이 확립되기 이전에는 부계와 모계 쌍방을 균등하게 표시했고, 비혈연자가 수장권(왕위)을 계승한 경우에도 전임자와의 관계를 '아들(子, 兒)' 곧 부자 관계로 기술했다는 사실이 주목된다(義江明子, 2000). 고구려도 혈연적 계승원리가 확립되기 이전에는 비혈연적인 방식으로 수장권(왕위)을 계승했을 텐데, 이들의 계보는 고대 일본의 사례처럼 마치 부자 관계인 것처럼 기술했을 것이다. 『위서』 고구려전에 주몽, 시려해(始閭諧: 閭達), 여율(如栗), 막래(莫來) 등이 모두 전왕의 '아들(子)'로 기술된 사실은 이러한 가능성을 시사한다.

이로 보아 1~5대 왕의 부자계승적 면모는 비혈연적인 지위 계승 계보를 부계적 계보 관념에 입각하여 재정리한 결과로 파악된다. 초기 다섯 왕의 왕위계승은 부자계승이 아니라 비혈연적 계승원리로 이루어졌을 가능성이 높다. 이와 관련해 2대 유리명왕이나 3대 대무신왕이 태자 책봉 이전에 신이한 능력이나 군사지휘력 등 왕자(王者)로서의 자질을 발휘한 사실이 주목된다. 초창기 왕위계승에서는 전왕과의 혈연관

---

54 제2대 유리명왕의 경우, 시조 동명성왕(주몽)의 재위 기간에는 별다른 언급이 없다가, 마지막 19년조에 유리의 남하, 태자 책봉, 동명성왕의 사망 등을 일괄적으로 기술했는데, 동명성왕과 유리를 부자 관계로 설정하기 위한 작위적 기사로 이해된다(김용선, 1980; 이종태, 1990). 제3대 대무신왕은 유리명왕과 왕비 송씨 사이에서 태어났다고 하는데, 실제 대무신왕이 태어난 시점은 왕비 송씨가 사망한 이후이다(鄭早苗, 1979).

계보다 왕자로서의 자질이 더 중시된 것이다. 이러한 점에서 초창기의 왕위계승원리는 영웅적 왕자관에 입각한 비혈연적 계승원리였다고 파악된다(여호규, 2010; 2014).

비혈연적 계승원리는 계루집단이 국가체제를 확립하기 이전에 다른 정치체와의 각축전에서 우위를 차지하기 위해 탁월한 능력을 소지한 영웅적인 존재를 수장(왕)으로 옹립하는 과정에서 성립했다고 추정된다. 이로 인해 초기 왕들은 왕자로서의 자질을 상실하면 쫓겨날 수 있었고, 왕위계승 후보자로 선정되었더라도 자질이 불충분한 것으로 판명되면 그 지위를 박탈당하기도 했다. 제5대 모본왕이 신하에 의해 시해되거나 제2대 유리명왕 시기에 태자 여러 명이 죽임을 당한 사실은 이를 잘 보여준다.

다음으로 『삼국사기』 고구려본기에 6대 태조대왕, 7대 차대왕, 8대 신대왕은 친형제 관계로 기술되어 있다. 그렇지만 세 왕의 재위 기간을 합치면 127년이나 되고, 태조대왕과 신대왕의 나이 차는 42세에 이른다. 이들 세 왕을 친형제로 보기는 힘든 것이다. 이에 중국 측 사서에 입각하여 세 왕을 부자 관계로 설정하거나(이도학, 1992; 朴燦奎, 2000) 수명을 줄여서 조정하기도 한다(김기흥, 2005). 또 태조왕과 차대왕은 친형제이지만, 차대왕과 신대왕은 친형제가 아닌 가까운 친척이라고 보기도 한다(노태돈, 1994; 1999).

물론 이들 세 왕의 계보나 나이는 완전히 신빙하기 힘들다. 다만 일정한 기준이나 원칙 없이 계보, 재위 기간, 연령 등을 임의로 재조정하는 것은 바람직하지 않다. 이들의 왕위계승과 관련한 제반 기록을 현전하는 그대로 믿기는 힘들지만, 전승하는 핵심 내용과 주요 특징을 존중하면서 논의를 진행할 필요가 있다. 전후 왕들과 비교했을 때 세 왕의 가장 큰 특징은 모두 장수했고, 형제 관계로 설정된 점이다. 특히 차대왕과 신대왕은 고령에 즉위했다는 점이 중요한 특징이다.

세 왕의 재위 기간이나 나이를 종합하면 친형제로 보기는 힘들다. 다만 '형제'라는 계보상의 핵심 내용은 무시할 수 없다. 이러한 형제 관계는 자체 전승을 토대로 설정된 것인 만큼(鄭早苗, 1979), 친형제는 아니어도 적어도 방계 형제 관계였기 때문에 이러한 전승이 생겨났다고 추정된다. 세 왕이 방계 형제였다면 태조왕이 50여 년 이상 재위한 다음, 차대왕과 신대왕이 순차적으로 즉위했으므로 모두 고령에 즉위한 '할아버지 왕'이었다고 파악된다(이도학, 1992; 김기흥, 2005).

특히 세 왕의 즉위년조에는 모두 연령이 기재되어 있는데, 시조 동명성왕을 제외하면 이러한 사례가 없다는 점에서 매우 이례적이다. 이는 세 왕이 즉위할 때는 연령이 중시되었을 가능성을 시사한다. 즉위 시의 연령을 중시하는 양상은 주로 연령을 기준으로 특정 세대가 왕위를 계승하다가 다음 세대에게 물려주는 세대계승원리에서 나타난다. 그러므로 차대왕이나 신대왕이 고령에 즉위한 것은 세대계승원리와 연관된다고 파악된다. 다음 세대가 일정 연령에 도달할 때까지 그전 세대가 왕위를 계승한 결과, 또는 한 세대의 왕위계승 후보자가 모두 사라질 때까지 특정 세대가 왕위를 계승한 결과 차대왕이나 신대왕이 고령의 나이에 즉위했다고 파악된다.

따라서 태조왕, 차대왕, 신대왕은 동일 세대에 속한 방계 형제로 세대계승원리에 입각하여 왕위를 승계했다고 파악된다. 이러한 세대계승원리는 방계라 할지라도 형제 관계를 확인할 수 있는 혈족 사이에 이루어졌다. 혈연관계를 설정할 수 있는 특정한 집단 내부에서 왕위가 계승되었다는 점에서 종전의 비혈연적 계승원리와 구별되며, 왕위계승 후보자의 범위도 크게 축소되었을 것이다. 세대계승원리는 기본적으로 혈연적 계승원리로서 계루부 내에서도 특정 혈연집단을 중심으로 운영되었다고 추정된다.

이러한 세대계승원리는 국가체제의 확립과 더불어 계루부의 여러 소혈연집단을 포괄하여 왕위를 계승하는 과정에서 성립되었다. 이에 따라 각 소혈연집단 대표자(大加)의 정치적 역량이 중요해졌다. 이들은 정치적 기반을 확장하고 왕위계승에서 우위를 확보하기 위해 각 나부의 지배세력과 다양한 관계를 맺었다. 그리하여 실제 왕위계승은 계루부의 소혈연집단이 특정 나부와 결탁하는 복잡한 정쟁의 양상을 띠었다. 차대왕이 관나부, 환나부, 비류나부 등과 결탁해 왕위에 오르고, 신대왕이 연나부의 도움을 받아 즉위한 사실은 이를 잘 보여준다(여호규, 2010; 2014).

6~8대 왕의 세대계승원리는 9대 고국천왕, 10대 산상왕대에 동일 세대의 횡적 폭을 축소하면서 형제계승으로 변형되었다가, 11대 동천왕 이후에는 부자계승으로 전환되었다. 부자계승으로의 전환은 나부체제가 점차 해체되고 국왕 중심의 중앙집권체제로 전환되는 양상과 맞물려 진행되었다. 다만 3세기 중·후반에는 나부체제가 완전히 해체되지 않았고, 세대계승이나 형제계승의 전통도 잔존했기 때문에 현왕의 형제나 숙부를 살해해 직계 후손의 왕위계승을 위협할 만한 요소를 제거했다(여호규, 2010; 2014).

이처럼 고구려 초기의 왕위계승은 비혈연적 계승원리에서 세대계승원리를 거쳐 부자계승원리로 전환되었다. 왕위계승원리가 자주 바뀐 것인데, 초기 정치체제의 전개양상과 밀접히 관련되어 있다. 가령 비혈연적 계승원리가 계루집단이 맹주권을 장악하며 국가체제를 확립하던 과정과 연관된다면, 세대계승원리는 나부체제의 운영, 부자계승원리로의 전환은 중앙집권체제의 성립 등과 각기 연관되어 있다.

전반적으로 왕위계승원리가 비혈연적 계승에서 부자계승으로 전환하며, 계루부 왕권의 위상이 더욱 안정되고 강화된 것이다. 비혈연적 계승원리 단계에서는 왕위계승 후보자를 예측하기 힘들고 왕권의 위상도 불안정했다.[55] 이에 비해 나부체제의 확립과 더불어 세대계승원리로 전환하면서 왕위계승 후보자가 계루부 내부의 특정 혈연집단으로 한정되었다. 또 현왕은 각 나부에 대한 통제력을 확실하게 확보하면 왕권을 비교적 안정적으로 행사할 수 있었다.

다만 차기 왕위계승권자가 계루부의 여러 소혈연집단의 역관계 특히 각 나부와의 정치적 결탁에 의해 결정되었기 때문에 현왕이 속한 소혈연집단의 정치적 기반이 약화되면 왕권도 불안정해질 수밖에 없었다. 이에 왕권이 강화될수록 왕위계승 후보자의 범위를 축소하는 방향으로 왕위계승원리가 변화했다. 그리하여 2세기 말 이후 세대계승원리가 형제계승원리로 축소되었다가, 최종적으로 부자계승원리로 전환되었다.

이처럼 고구려 초기에는 왕위계승원리의 전환과 더불어 왕권의 위상이 크게 변화했다. 왕권의 위상 변화는 정치체제의 운영이나 주요 정치기구의 성격에도 영향을 미쳤을 것이다. 이로 인해 같은 정치기구라 하더라도 그 성격이나 운영양상이 여러 차례 변모했을 것으로 예상

---

[55] 『삼국지』 동이전 부여전의 "옛날 부여의 풍숙에 홍수와 가뭄으로 (날씨가) 고르지 않아 오곡이 영글지 않으면 문득 그 잘못을 왕에 돌려 혹 마땅히 교체해야 한다고 말하거나 혹은 마땅히 죽어야 한다고 말했다"는 기사는 영웅적 왕자관(王者觀)의 초기적 모습을 잘 보여준다.

된다. 사료2에 제시한 『삼국지』 고구려전의 10개 관명 가운데 가장 서두에 기재된 상가는 이러한 면모를 잘 보여준다.

지금까지 상가의 성격에 대해서는 아주 다양한 견해가 제기되었다. 1960년대까지는 상가의 '상(相)'을 '이끌다(導·贊)'로 풀이해 '여러 족장(諸加)'을 이끄는 부족장으로 파악했다(김철준, 1956; 1975). 1970년대 이후 이 견해를 바탕으로 상가를 '가를 이끄는 자'로 풀이하면서도 제가회의의 의장이자 최고위 관직인 국상(國相)으로 파악한 견해가 제기되었다(노중국, 1979a; 1979b). 상가를 최고위 관직인 국상으로 파악하면서 제가회의 의장으로 보아 '가(加)'라는 재지적(족장적) 기반을 강조한 것인데, 나부체제론자들이 널리 수용했다(임기환, 1995a; 김현숙, 1995; 윤성룡, 1997).[56]

이에 대해 집권체제론자들이 다양한 반론을 제기했다. 먼저 상가라는 단어를 '상(相)'과 '가(加)'로 분리하여 '상(相)'은 군신회의의 장인 국상, '가(加)'는 토착적 지배세력으로 파악한 견해가 제기되었다. 국상은 군신회의의 의장으로 '왕권 수호에 앞장선 백관지상(百官之上)'이라는 것이다(이종욱, 1982a). 또 상가와 국상을 별개의 관명으로 파악한 다음, 국상을 국정을 총괄하는 수상(김광수, 1983a; 1991)이나 최고위 관직(금경숙, 1994; 2004)으로 보기도 했다. 국상을 군신회의의 의장이나 국정 총괄직으로 보아 왕권 강화와 집권체제의 확립을 강조한 것이다.

그럼 상가의 성격은 어떻게 파악할 수 있을까? 전술했듯이 『삼국지』

---

56 다만 1960년대 견해처럼 상가는 각 부(部)의 장이 기존의 세력기반과 신분을 바탕으로 수여된 세습직으로, 국왕이 임명한 관직인 국상과 명확히 구별된다고 이해하기도 한다 (노태돈, 1999).

고구려전의 관명은 서열순으로 기재되었으므로 가장 서두의 상가는 최고위 관명으로 보아야 한다. 10개 관명 가운데 상가, 고추가, 승을 제외하면 모두 관등이며, 상가 다음의 대로·패자와 (대)주부는 최고위 관등으로 확인된다. 상가가 관등일 가능성은 희박한 것이다. 3세기의 최고위 관직은 국상이었는데, 모두 패자·대주부 등 최고위 관등을 소지했다(표6). 그러므로 상가는 최고위 관직인 국상일 가능성이 가장 높다.

종래 집권체제론자들은 상가와 국상을 구별한 다음, 상가는 재지적 기반을 가진 '가(加)'적 존재이므로 왕권을 뒷받침한 국상과 동일시할 수 없다고 보았다. 그런데 3세기 중반에 고구려 지배층은 나부의 지배세력, 도성에 거주하는 방위부 세력, 중앙귀족으로 전환하던 세력 등 다양하게 구성되어 있었는데(여호규, 1995),『삼국지』고구려전에서는 이들을 '가(加)'라고 통칭했다. '가'는 본래 재지적 기반을 지닌 수장층(족장층)을 일컫는 용어였지만, 3세기 중반에는 중앙귀족을 포함해 지배세력 일반에 대한 범칭으로 사용된 것이다.

그런데 '국상=상가'설은 '가(加)'가 족장적 기반을 반영한다는 점에 주목하여 상가를 '가(加)를 이끄는(相) 자' 곧 제가회의 의장으로 파악했다. 그렇지만 상가의 가는 3세기 중반에 지배세력에 대한 범칭으로 사용되었으므로 수장층(족장층)만 의미한다고 볼 수 없다. 특히 고추가, 대가, 소가, 제가의 용례에서 '고추(古鄒), 대(大), 소(小), 제(諸)'는 모두 '가(加)'를 수식하는 역할을 한다. 상가의 '상(相)'도 '이끌다'는 동사적 용법보다 '가'를 수식하는 형용사적 용법으로 쓰였다고 보는 것이 타당하다. 상가는 '상(相)이라는 관직을 지닌 가(加)' 즉 '국상인 가(加)'로 풀이할 수 있다.

3세기 중반에 최고위 관등을 소지한 인물은 여럿 존재했겠지만, 최고위 관직인 국상은 한 명이었을 것이다. 이에 중국인들이 관직과 관등을 구분하지 않고, 국상을 대로·패자보다 상위 관명으로 파악해 가장 서두에 기재했다고 생각된다. 이처럼 상가를 '국상인 가'로 풀이하면 종전의 '상가=국상'설처럼 국상을 곧바로 제가회의의 의장으로 상정하기 힘들다. 더욱이 후술하듯이 제가회의의 운영양상을 서술한 사료4에는 제가평의(諸加評議)의 주재자가 별도로 나오지 않는다. 만약 3세기 중반에 제가평의의 주재자가 상가였다면, 『삼국지』 찬자가 패자·대로·고추가를 상세하게 기술한 것처럼 상가에 대해서도 구체적으로 서술했을 것이다.

이처럼 상가는 3세기 중반에 최고위 관직이었던 국상으로 파악되지만, 제가회의의 의장일 가능성은 희박하다. 상가라는 관명에 '가(加)'라는 표현이 포함되어 있지만, 이를 근거로 족장적 기반을 반영한다고 단정할 수 없다. 상가라는 관명은 초기 정치기구의 가(加)적인 기반 및 왕권과의 관계가 시기에 따라 변화했음을 잘 보여준다. 이는 각 나부의 자치권과 계루부 왕권의 집권력 가운데 특정 측면을 중심으로 초기 정치체제를 이해하던 기존 견해를 재검토할 필요성을 제기한다.

그러므로 나부체제론자가 가장 중시하는 제가회의의 성격도 시기에 따라 변모했을 것이다. 다음 사료는 3세기 중반경 제가회의의 존재양태를 잘 보여준다.

사료 4

10월에 하늘에 제사지내며 도성에서 큰 대회를 여는데(國中大會) 이름을 '동맹(東盟)'이라 부른다. 그 공회(公會) 시의 복장은 모두 화려하고 수놓은 비단과 금은으로 스스로 장식한다. 대가(大加)와 주부는 머리에 책을 착용하는데 [중국의] 책과 같지만 드리운 부분이 없다. 소가(小加)는 절풍을 착용하는데 모양이 고깔과 같다. 도성 동쪽에 큰 동굴이 있는데, 수혈(隧穴)이라고 부른다. 10월 국중대회 때에 수신(隧神)을 맞이하여 도성 동쪽으로 돌아와 제사 지내는데, 신주의 자리에 나무로 만든 수신의 신상(木隧)을 둔다. 감옥(牢獄)이 없어서 죄수가 발생하면 여러 가(諸加)가 잘잘못을 논의하여 곧 죽이고, 처자의 호적을 몰수하여 노비로 삼는다. _『삼국지』동이전 고구려전

위 사료는 매년 10월 도성에서 개최하는 국중대회를 서술한 다음,[57] 그에 이어 죄수가 발생하면 여러 가(諸加)가 잘잘못을 논의하여 처결한다고 기술했다. 문맥상 제가회의는 국중대회 시기가 아니라 죄인이 발생할 때마다 수시로 개최했다는 것이다. 3세기 중반경 죄수의 죄를 평결하는 제가회의는 국중대회 때에만 열린 정기회의가 아니라, 상설회의적 면모가 강했던 것이다. 상기 기사만 놓고 본다면 제가회의와 국중대회는 별다른 관계가 없다고 볼 수도 있다.

그렇다면 『삼국지』 찬자는 왜 제가회의를 국중대회 다음에 기술했을까? 이와 관련하여 3세기 중반경 부여의 국중대회에서 형옥 관련 안건을 처리한 사실이 주목된다.[58] 당시 부여의 지배세력도 제가(諸加)였는데, 국중대회의 주요 참가층으로 제가회의를 개최해 형옥 관련 안건을

---

[57] 국중대회 기간에는 제천행사뿐 아니라 수렵대회와 제가회의(류현희, 2000), 공회(公會)와 재판(이정빈, 2006a) 등 다양한 모임(회의)이 개최되고, 각 모임마다 참여자의 범위가 달랐다고 추정된다(이준성, 2013).
[58] 『삼국지』 권30 동이전 부여전, "以殷正月祭天, 國中大會, 連日飮食歌舞, 名曰迎鼓, 於是時斷刑獄, 解囚徒."

처결했다(이기백, 1997). 이로 보아 고구려도 본래 국중대회 시기에 제가회의를 개최하여 형옥 관련 안건을 처리했다고 추정된다. 이에 『삼국지』 찬자가 국중대회 말미에 제가회의를 기술했다고 파악된다. 고구려의 제가회의는 본래 정기회의였는데, 3세기 중반에 상설회의로 변모한 것이다.

부여의 경우, 왕권이 확립되기 이전에는 한 해의 풍흉에 따라 왕을 교체하거나 살해했다고 한다.[59] 풍흉이 결정되는 시기에 왕의 치폐를 결정했다면, 제천행사 때 회의를 통해 의결했다고 추정된다. 이때 회의체의 구성원은 제천행사에 참가한 지배세력 곧 후대의 제가(諸加)였을 것이다. 왕권이 확립되기 이전 부여에서는 제천행사 시의 회의체를 통해 왕의 치폐 등 중대사를 의결한 것인데, 이는 국가체제 성립 이후에도 상당 기간 지속되었다. 실제 부여는 3세기 중반에도 제천행사 시의 제가회의에서 형옥 등 국가 중대사를 처리했다. 특히 3세기 전반 제가들이 마여(麻余)를 왕으로 공립(共立)한 데서 보듯이[60] 제가회의를 통해 국가 중대사를 의결했다.

이러한 양상은 고구려도 마찬가지였을 것이다. 앞서 검토한 것처럼 국가체제 확립 이전에 계루집단의 왕위(수장위)는 영웅적 왕자관에 입각한 비혈연적 계승원리로 승계되었다. 이에 따라 차기 왕위계승 후보자는 주요 집단구성원이 참여하는 회의체를 통해 결정했을 것이다. 이때 영웅적 왕자(王者)로서의 자질을 상실한 현왕이나 왕위계승 후보자

---

59 『삼국지』 권30 동이전 부여전, "舊夫餘俗, 水旱不調, 五穀不熟, 輒歸咎於王, 或言當易, 或言當殺."
60 『삼국지』 권30 동이전 부여전, "簡位居立, 無適子, 有孼子麻余, 位居死, 諸加共立麻余."

에 대한 치폐를 결정하기도 했을 것이다.

부여와 마찬가지로 제천행사 시의 회의체에서 중대사를 의결하는 전통은 국가체제 확립 이후에도 지속되었을 것이다. 다만 국가체제 확립에 따라 제천행사는 점차 계루부 왕권을 중심으로 재편되었을 것이다. 국중대회의 '국(國)'은 계루부의 정치적 중심지인 국도(國都)를 일컫는데, '도성에서 열린 큰 모임'이라는 뜻으로 해석된다. 국중대회라는 용어는 고구려를 구성하는 각 집단의 제의체계가 계루부 왕권을 중심으로 통합되었음을 보여준다. 이에 따라 10월 제천행사는 점차 계루부 왕권의 영도력을 인정하는 대회로 전환되었다.

한편 흉노의 경우 1년에 제천행사를 3회 개최했는데, 5월과 9월의 집회는 전통적인 종교의례에서 유래했지만, 정월 집회는 중국 왕조의 정월 조회(朝會)제도를 받아들인 것이라고 한다(江上波夫, 1948). 신라도 6부 대표자들이 정월에 회의를 개최하여 국가 중대사를 의결하던 양상이 확인된다(李文基, 1989; 나희라, 1990). 이로 보아 고구려도 국중대회 이외에 정월에도 회의체를 개최하여 국가 중대사를 의결했을 가능성을 상정해 볼 수 있다.

이와 관련해 『삼국지』 고구려전의 책구루 관련 기사가 주목된다. 그에 따르면 고구려가 제2현도군에 오지 않자, 현도군이 "동쪽 경계에 책구루라 불린 작은 성곽을 쌓아 조복과 의책을 두면 고구려가 세시(歲時)에 가져 갔다"고 한다. 이 기사는 계루부 왕권이 여러 정치체의 대외교섭권을 일원화하여 국가체제를 확립했음을 보여주는데(노태돈, 1975), '세시'는 사시(四時)를 뜻한다. 한나라가 주변국과 하정월(賀正月)의 형태로 외교관계를 맺었으므로 사시 가운데 적어도 정월에는 조복과 의책을 두었을 것이다.

이에 고구려는 책구루에서 조복과 의책을 가져온 다음, 각 나부의 대표를 비롯한 제가(諸加)에게 나누어 주었을 것이다. 이때 계루부 출신 왕이 주재하는 의식을 거행하고, 각 나부의 대표를 비롯한 제가들이 참여하는 제가회의를 개최했을 것이다. 10월의 제천행사에서 분리된 제가회의가 연초(年初)를 비롯한 사시(四時)에 개최된 것이다. 이 제가회의는 책구루로 일원화된 대외교섭권을 바탕으로 개최되었기 때문에 처음부터 계루부 왕권의 영도력을 확인하는 성격을 띠었을 것이다.

이로써 10월 국중대회의 제가회의는 연초를 비롯한 사시의 제가회의와 함께 계루부 왕권의 주도 아래 국가중대사를 논의·결정하는 의결기구로 전환되었다. 다만 국가체제의 확립과 더불어 왕위계승원리가 세대계승원리로 전환되었기 때문에 현왕의 치폐나 차기 왕위계승 후보자를 결정하던 권한은 행사하지 못했을 것이다. 그렇지만 다른 국가 중대사는 정기적인 제가회의를 통해 의결했을 것이다. 제가회의가 국가 중대사를 의결하는 가장 중요한 정치기구로 성립된 것이다.

신라의 경우 6부의 우열이 심화되기 이전에는 각 부의 대표자인 간지(干支)들이 국왕과 함께 회의체에 참여하여 국가 중대사를 의결했다고 파악된다(전덕재, 1996). 이로 보아 고구려의 제가회의도 본래 각 나부의 대표들이 고르게 참여하는 형태로 운영되었다고 생각된다. 2세기 중반경 차대왕의 즉위나 시해 과정에는 관나부, 환나부, 비류나부, 연나부 등의 인물이 고르게 참여하고 있는데,[61] 각 나부가 비교적 고르게 중앙정치에 참여했음을 반영한다. 그러므로 제가회의에도 각 나부의

---

61 『삼국사기』 고구려본기3 태조왕 80년 및 94년.

대표들이 고르게 참여하여 동등한 발언권과 의결권을 행사했다고 파악된다.

이처럼 제가회의는 각 나부의 대표자들이 고르게 참여하여 비교적 동등한 발언권과 의결권을 행사한 정기회의체였다. 계루부 왕권이 회의를 주재하였지만, 각 나부의 대표들은 제가회의를 통해 자신들의 이해관계를 반영할 수 있었다. 계루부 왕권도 제가회의에서 각 나부의 이해관계를 수렴하고 동의를 얻는 형태로 국가 중대사를 결정함으로써 영도력을 발휘할 수 있었다. 제가회의는 계루부 왕권의 주도 아래 각 나부의 이해관계를 수렴하고 국가 중대사를 의결하던 최고의결기구였던 것이다.

이처럼 각 나부의 대표자들은 정기 제가회의에 참여하는 형태로 중앙정치에 간여했다. 그 밖에 긴급한 국가 중대사가 발생했을 경우, 임시 제가회의를 개최하여 안건을 처리했겠지만, 평상시의 일상 업무는 다른 방식으로 처리했을 것이다. 표4는 『삼국사기』 고구려본기의 회의 관련 기사를 정리한 것이다. 왕이 참석하기 힘든 경우를 제외하면 회의 주재자는 왕, 참여자는 군신(群臣)으로 기재되었는데, 좌·우보(e)나 국상(i·k·m)을 제외하면 회의 참석자를 구체적으로 파악하기 힘든 경우가 대부분이다.

다만 f·g는 태조왕의 동생인 수성이 주도하여 개최한 비공식 모임이지만, 참석자가 구체적으로 나와 주목된다. 당시 수성이 군국사(軍國事)를 총괄했으므로 군사훈련의 성격을 지닌 이 전렵행사에는 중앙정치에 일상적으로 관여하던 인물이 대부분 참석했을 것이다. 4나부 가운데 연나부를 제외한 관나부, 환나부, 비류나부 출신 인물이 모두 확인된다는 사실은 이를 반영한다.

표 4 『삼국사기』 고구려본기의 초기 회의 관련 기사

순번	연대	주재자	참석자	기사 내용	비고
a	유리왕 11.4 (기원전 9)	왕	군신 (群臣), 부분노	선비(鮮卑)의 위협에 대한 대비책 논의. 부분노(扶芬奴)의 계책에 따라 선비를 공파하여 속국화함.	
b	유리왕 28.8(9)	왕	군신	부여에 대한 보복 논의.	
c	대무신왕 3.10(20)	왕	군신	부여에서 보낸 일두이신(一頭二身)인 붉은색 까마귀의 징조 논의.	
d	대무신왕 5.2(22)	왕	군신	부여 정벌 실패에 따른 왕의 위로.	
e	대무신왕 11.7(28)	왕	군신, 우보, 좌보	요동태수의 침입에 따른 방어책 논의. 우보 송옥구(松屋句)는 기습공격, 좌보 을두지(乙頭智)는 지구전 주장. 을두지의 주장에 따라 지구전 전개.	
f	태조왕 80.7(132)	수성	좌우 (左右)	관나 우태 미유(彌儒), 환나 우태 어지류(菸支留), 비류나 조의 양신(陽神) 등이 왕제(王弟) 수성(遂成)에게 왕위 찬탈 건의.	비공식 모임
g	태조왕 94.7(146)	수성	좌우	왕제 수성이 왕위 찬탈 음모 획책.	비공식 모임
h	신대왕 1.10(165)	좌보 어지류	군공	차대왕이 시해된 뒤, 좌보 어지류가 군공(群公)과 논의하여 신대왕 옹립.	왕 부재
i	신대왕 8.11(172)	왕	군신, 국상	한의 침입에 대한 대비책 논의. 대다수가 지형조건을 이용한 맞대결을 주장했으나, 국상(國相) 명림답부가 지구전 주장. 명림답부의 주장대로 지구전 펼침.	
j	고국천왕 13.4(191)	왕	4부	4부(部)에 인재를 추천하라고 명함. 이에 4부는 동부 안류(晏留) 천거.	하령 형태
k	산상왕 7.3(203)	왕	군신, 국상	왕이 후사와 관련된 꿈 이야기를 하자, 을파소(乙巴素)가 천명의 불가측성 아룀.	
l	서천왕 11.10(280)	왕	군신	숙신(肅愼)의 침입에 대한 대비책 논의. 군신이 왕제 달고(達賈) 천거.	
m	봉상왕 5.8(296)	왕	군신, 국상	모용외(慕容廆)의 침입에 대한 대책 논의. 국상 창조리(倉助利)가 북부 대형 고노자(高奴子) 천거.	
n	미천왕 1.9(300)	국상 창조리	중인, 군신	왕의 실정을 직간했다가 신변의 위협을 받게 된 국상 창조리가 뜻을 같이하는 중인(衆人, 群臣)과 함께 봉상왕을 폐위시키고, 왕제 돌고(咄固)의 아들 을불(乙弗)을 미천왕으로 옹립.	왕 폐위

그런데 이 행사에 참여한 나부 출신 인물들은 최고위 관등인 패자나 (대)주부보다 낮은 우태, 조의 등을 보유하였다. 이들은 정기 제가회의의 구성원인 나부의 대표자들보다 하위의 인물들로 대체로 나부체제 운영과 관련한 일상적인 업무를 담당했다고 추정된다. 이들은 일상적인 회의기구를 통해 각 나부의 이해관계를 반영하는 한편, 계루부 왕권의 의지를 나부에 전달하는 역할도 수행했을 것이다. 특히 차대왕을 시해한 연나부 조의 명림답부는 국왕 근위업무에 종사했을 가능성이 있다.

계루부 왕권은 이들을 통해 나부의 동향을 파악하고 나부의 여러 세력을 통제하는 한편, 국왕 근위에도 종사시킨 것이다. 이들은 계루부와 나부를 연결하는 창구인 동시에, 계루부가 각 나부를 통제하기 위한 질자(質子)적 성격도 지녔다. 그러므로 이들은 각 나부의 대표자와 밀접한 관계에 있으면서 실무능력을 갖춘 인물로 상정된다. 각 나부의 대표자들은 정기 제가회의에 참여하여 국가 중대사를 의결하는 한편, 평상시에는 대리인을 중앙에 파견하여 일상업무를 처리했던 것이다.

그런데 국가체제 확립 이후, 국가 중대사가 증가함에 따라 임시 제가회의의 개최 횟수도 늘어났을 것이다. 임시 제가회의에는 나부의 대표자가 참석하기도 했겠지만, 표4의 f·g처럼 대리인을 참석시키기도 했을 것이다. 이에 따라 정기 제가회의의 기능은 점차 축소되고, 임시 제가회의에서 안건을 처리하는 회수가 늘어나는 등 제가회의 운영상에 변화가 일어났다. 이러한 변화는 3세기 전반에 더욱 가속화되었다.

3세기 전반에는 초기의 나부체제가 점차 변질하며 각 나부 사이의 우열이 심화되었다(여호규, 1995). 이에 따라 제가회의 구성원도 6세기 초반 신라처럼 나부의 우열에 따라 상당히 차이가 나게 되었을 것이다.

왕실인 계루부나 뚜렷한 세력을 유지한 연나부·비류나부의 제가(諸加)는 다수를 점하였지만, 세력이 미미해진 환나부·관나부의 제가는 극소수거나 한 명도 참석하지 못했을 것이다.

더욱이 3세기 중반경 나부의 지배세력은 점차 도성에 거주하는 중앙귀족으로 전환하며 방위부를 관칭하게 된다. 동천왕대에 활약한 방위부 출신 인물이 『북사』 고려전에 제가(諸加)로 표기된 것으로 보아[62] 이들도 제가회의의 구성원으로 참여했다고 여겨진다. 그리하여 3세기 중반경 제가회의의 구성원은 나부의 지배세력을 비롯하여 중앙귀족으로 전환하던 세력, 도성에 거주하는 중앙귀족 등 매우 다양해졌다. 제가회의의 주요 구성원이 점차 중앙귀족으로 전환되어 나간 것이다. 이에 따라 제가회의의 성격도 점차 중앙귀족의 회의체로 변질되었을 것이다(윤성룡, 1997; 이정빈, 2006b).

『삼국지』 찬자가 제가회의의 모습을 사료 4처럼 기술한 이유는 바로 이 때문이다. 제가회의의 주요 구성원이 중앙귀족으로 변모함에 따라 회의의 성격도 죄인이 발생할 때마다 수시로 개최하는 상설회의로 바뀌어나간 것이다. 사료 4는 제가회의가 정기회의체에서 상설회의기구로 변화하던 양상을 반영하는 것이다. 제가회의의 이러한 변화는 최고위 관직이 좌·우보에서 국상으로 전환하는 것과도 밀접히 연관되어 있다.

---

62 『북사(北史)』 권94 열전82 고려전.

4. 좌·우보제에서 국상제로의 전환

고구려 초기 최고위 관직은 본래 좌보와 우보였는데, 2세기 후반에 국상으로 개편되었다. 종래 많은 연구자가 좌·우보에서 국상으로의 개편을 통해 초기 정치체제를 이해하려 했다. 이를 통해 왕권 강화라는 전반적 추이를 확인할 수 있었지만, 초기 정치체제를 바라보는 시각에 따라 각 관직의 성격을 상이하게 이해하였다.

전술했듯이 나부체제론자는 나부의 자치권을 중시했는데, 좌·우보에 대해서도 연맹체적 정치형태(노중국, 1979a), 계루부 출신 우보와 나부 출신 좌보의 공동 정치운영형태(김현숙, 1993; 1995), 계루부가 특정 나부와 연합하여 정치를 운영한 2나부 통치체제(임기환, 1995a; 2004) 등 나부를 전제로 운영한 관직으로 이해했다. 이에 비해 집권체제론자는 군신회의 대표자(이종욱, 1979)나 왕권을 지지하는 기구(금경숙, 1995; 2004) 등으로 보아 왕권과의 관련을 강조했다.

국상에 대해서도 나부체제론자는 제가회의의 의장(노중국, 1979a; 윤성룡, 1997), 제가회의의 의장이면서 왕과 국가 중대사를 상의한 백관지상(김현숙, 1995), 제가세력을 대표하는 성격이 두드러진 존재(임기환, 1995a; 2004) 등으로 파악했다. 왕권이 전반적으로 강화되었지만, 국상은 제가회의 또는 제가세력의 정치 참여를 전제로 성립되었다고 이해한 것이다. 이에 비해 집권체제론자는 왕권 수호에 앞장서는 백관지상(이종욱, 1979), 군신회의를 이끌면서 왕권 강화를 뒷받침한 관직(금경숙, 1995; 1999; 2004), 중국의 승상(丞相)에 비유되는 국정을 총괄한 수상(김광수, 1983a; 1991) 등으로 보아 왕권과의 관련성을 강조했다.

나부체제론자는 나부와 제가, 집권체제론자는 왕권을 키워드로 삼아 좌·우보와 국상의 성격을 고찰한 것이다. 나부의 자치권과 계루부 왕권의 집권력 가운데 특정 측면을 중심으로 초기 관직의 성격을 이해한 것이다. 그렇지만 제가회의에 대한 검토에서 보듯이 계루부 왕권과 나부의 역관계는 끊임없이 변모했고, 이로 인해 제가회의의 성격도 변화했다. 이는 최고위 관직인 좌·우보나 국상도 마찬가지였을 것이다.

　표5와 표6은 좌·우보와 국상 관련 기사를 정리한 것인데, 먼저 양자의 인적 구성이 크게 차이 난다는 사실을 알 수 있다. 좌·우보는 모두 6명 확인되는데, 관나부 미유와 환나부 어지류를 제외한 4명은 출신부가 기록되어 있지 않다. 『삼국사기』 고구려본기에 나오는 인물은 어떤 형태로든 출신지를 표기하고 있고(김현숙, 1993), 태조왕대에는 4나부 출신 인물이 모두 등장한다. 그러므로 목도루를 비롯해 출신부를 기재하지 않은 좌·우보 4명은 계루부 출신으로 추정된다.[63]

　이와 관련해 좌·우보의 전신인 대보(大輔)에 왕과 친밀한 인물이 임명된 사실이 주목된다. 고구려 대보의 사례로는 협보(陜父)가 유일한데, 시조 주몽(동명성왕)과 함께 부여에서 남하했다는 인물로 추정된다.[64] 좌·우보의 전신인 대보에는 왕과 개인적으로 친밀한 인물이 임명된 것이다. 그러므로 대보에서 분화된 좌·우보에도 처음에는 왕과 친밀한 계루부 출신 인물이 임명되었다고 추정되는데, 대무신왕과 태조왕대의 좌·우보가 출신부명을 관칭하지 않은 것은 이를 반영한다.

63　이에 대해 종래 대무신왕대의 우보 송옥구는 비류국왕 송양(松讓)과 같은 송씨(松氏)라면서 비류나부(김현숙, 1995), 태조왕대의 좌보 목도루는 연나부(임기환, 1995a; 2004)나 계루부 이외의 나부(김현숙, 1995) 출신으로 추정하기도 했다.
64　『삼국사기』 고구려본기1 동명성왕 즉위년조 및 유리명왕 11년조.

표 5 『삼국사기』 고구려본기의 좌·우보 관련 기사

순번	연대	출신부	관등	관직	인명	기사 내용
a	유리왕 22.12(3)			대보	협보	협보(陜父)는 왕의 잦은 전렵(田獵)의 부당함을 간하다가 파직되고, 한(韓)으로 감.
b	대무신왕 8.2(25)			우보	을두지	을두지(乙豆智)를 우보로 삼아 군국지사(軍國之事)를 맡김.
c	대무신왕 10.1(27)			좌보 우보	을두지 송옥구	을두지를 좌보로 삼고, 송옥구(松屋句)를 우보로 삼음.
d	대무신왕 11.7(28)			좌보 우보	을두지 송옥구	요동태수의 침입을 막기 위한 대책회의에서 송옥구는 기습공격, 을두지는 지구전 주장. 지구전을 펴 한병(漢兵) 격퇴.
e	태조왕 71.10(123)		패자	좌보	목도루	패자 목도루(穆度婁)를 좌보, 고복장(高福章)을 우보로 삼아 수성(遂成)과 함께 정사(政事)에 참여케 함.
f	태조왕 71.10(123)			우보	고복장	위와 같음.
g	태조왕 80.7(132)		패자	좌보	목도루	좌보 패자 목도루가 왕제 수성의 왕위 찬탈 음모를 눈치채고 병을 이유로 벼슬에서 물러남.
h	태조왕 90.9(142)			우보	고복장	우보 고복장이 왕의 꿈을 해몽해 줌.
i	태조왕 94.10(146)			우보	고복장	고복장이 왕에게 수성의 왕위 찬탈 음모를 아뢰었지만, 왕은 도리어 수성에게 선위(禪位)함.
j	차대왕 2.2(147)	관나부	우태→ 패자	좌보	미유	관나 패자 미유(彌儒)를 좌보로 삼음.
k	차대왕 2.3(147)			우보	고복장	우보 고복장이 차대왕에게 주살됨.
l	차대왕 2.7(147)		패자	좌보	목도루	좌보 목도루가 병을 이유로 사직함.
m	차대왕 2.7(147)	환나부	우태→ 대주부	좌보	어지류	환나 우태 어지류(菸支留)를 좌보로 삼고, 작(爵)을 더하여 대주부로 삼음.
n	신대왕 1.10(165)	환나부	대주부	좌보	어지류	차대왕이 명림답부(明臨荅夫)에 의해 시해된 뒤, 좌보 어지류가 군공들과 의논하여 신대왕을 옹립함.
o	신대왕 2.1(166)	연나부	조의→ 패자	국상	명림 답부	명림답부를 국상에 임명하고, 좌·우보제를 국상제로 개편함.

표 6 『삼국사기』 고구려본기의 국상 관련 기사

순번	연대	출신부	관등	관직	인명	기사 내용
a	신대왕 2.1(166)	연나부	조의 ↓ 패자	국상	명림답부	명림답부(明臨答夫)를 국상으로 삼고, 작(爵)을 더하여 패자로 삼음. 내외 병마를 맡도록 하고, 양맥(梁貊) 부락을 거느리게 함. 좌·우보를 고쳐 국상으로 삼는 것이 시작됨.
b	신대왕 8.11(172)	연나부	패자	국상	명림답부	좌원(坐原)에서 한병(漢兵) 격퇴. 좌원과 질산(質山)을 식읍으로 받음.
c	신대왕 15.9(179)	연나부	패자	국상	명림답부	국상 답부 사망. 나이는 113세. 질산에 장사지내고 수묘호 20가를 둠.
d	고국천왕 13.4(191)	서압록곡 좌물촌	우태	중외 대부 ↓ 국상	을파소	을파소(乙巴素)가 중외대부의 관직과 우태의 관작을 받았다가, 관직이 낮다고 여겨 사양하자, 왕이 그의 뜻을 알고 국상에 임명하고 정사를 맡김.
e	산상왕 7.3(203)	상동	우태	국상	을파소	왕이 후사와 관련된 꿈 이야기를 하자, 을파소가 천명의 불가측성을 아룀.
f	산상왕 7.8(203)	상동	우태	국상	을파소	국상 을파소 사망. 왕이 고우루(高優婁)를 국상으로 삼음.
g	산상왕 7.8(203)	계루부(?)		국상	고우루	위와 같음.
h	동천왕 4.7(230)			국상	고우루	국상 고우루 사망. 우태 명림어수(明臨於漱)를 국상으로 삼음.
i	동천왕 4.7(230)	연나부	우태	국상	명림어수	위와 같음.
j	중천왕 3.2(250)	연나부	우태	상	명림어수	왕이 상(相: 국상)인 명림어수에게 내외 병마사를 겸하여 맡도록 함.
k	중천왕 7.4(254)	연나부	우태	국상	명림어수	국상 명림어수 사망. 비류 패자 음우(陰友)를 국상으로 삼음.
l	중천왕 7.4(254)	비류나부	패자	국상	음우	위와 같음.
m	서천왕 2.7(271)	비류나부	패자	국상	음우	국상 음우 사망. 음우의 아들 상루(尙婁)를 국상으로 삼음.

순번	연대	출신부	관등	관직	인명	기사 내용
n	서천왕 2.7(271)	비류나부 (?)		국상	상루	위와 같음.
o	서천왕 17.2(286)	계루부 (?)	왕제	상	일우 소발	왕제 일우(逸友)와 소발(素勃) 등이 모반을 꾸미며 병을 시칭하며 온탕에 감. 왕이 그들을 불러 거짓으로 상(相)에 임명한다고 함. 도착하자 역사로 하여금 잡아서 주살케 함.
p	봉상왕 3.9(294)	비류나부 (?)		국상	상루	국상 상루 사망. 남부 대사자 창조리(倉助利)를 국상으로 삼고, 작을 대주부로 승진시킴.
q	봉상왕 3.9(294)	남부	대사자 ↓ 대주부	국상	창조리	위와 같음.
r	봉상왕 5.8(296)	남부	대주부	국상	창조리	국상 창조리가 북부 대형 고노자를 왕에게 천거하여 모용외의 침입에 대비하게 함.
s	봉상왕 9.9(300)	남부	대주부	국상	창조리	국상 창조리가 군신들과 모의하여 왕을 폐위하고 왕제 돌고의 아들 을불을 맞아 옹립함.

그런데 차대왕대에는 관나부 우태 미유와 환나부 우태 어지류 등 나부 출신 인물이 좌·우보에 임명되었다.[65] 이들은 각 나부의 최고위 관등인 패자보다 낮은 우태를 소지하고 있다가 좌·우보 임명과 함께 패자나 대주부로 승진했는데, 전술했듯이 각 나부의 대리인으로 중앙정계에서 나부체제 운영과 관련한 일상업무를 담당했다. 이처럼 나부체제 운영과 관련한 일상 업무를 담당한 나부 출신 인물이 좌·우보에 임

---

65 표5에 미유와 어지류가 모두 좌보에 임명된 것으로 나오지만, 미유는 우보 고복장, 목도루는 좌보 어지류에 각각 대응되어 임명되었으므로 미유는 우보, 어지류는 좌보에 임명되었다고 추정된다.

명된 사실은 좌·우보의 성격과 관련하여 중요한 변화라 할 수 있다.

이러한 변화는 좌·우보를 개편하고 설치한 국상의 인적 구성에서도 엿볼 수 있다. 표6에서 보듯이 국상은 모두 7명이 확인된다. 이 가운데 1~4대 국상은 조의나 우태에 있다가 국상 임명과 함께 상위 관등으로 승진한 데 비해, 5대 음우는 처음부터 최고 관등인 패자이고, 7대 창조리는 이들과 계통이 다른 사자계 관등을 소지하고 있었다. 출신부도 3대 고우루를 제외하면 1~5대는 모두 나부 출신이고, 7대는 방위부 출신이다. 국상의 인적 구성이 4대까지는 차대왕대의 좌·우보와 유사한 양상을 띠다가, 5대 이후 최고위 관등인 패자가 임명되고, 출신부도 방위부로 바뀌었다.

종래 좌·우보의 성격에 대해서는 연맹체적 정치형태를 반영한다는 나부체제론자의 견해와 군신회의의 대표자로서 국정 총괄자라는 집권체제론자의 견해가 대립되었다. 그렇지만 좌·우보가 처음에는 계루부 출신 인물이었다가 나부 출신 인물로 변화했다는 점을 고려하면, 두 견해 모두 타당하다고 생각되지 않는다.

초기의 좌·우보에 왕과 친밀한 계루부 출신 인물이 임명된 사실은 이들의 주요 임무가 왕을 보좌하는 것이었음을 반영한다. 초기의 좌·우보는 왕의 측근이라는 성격이 강했는데, 당시 정치체제의 운영방식과 밀접히 관련되어 있다. 전술했듯이 국가체제 성립 초기에는 제가회의를 통해 국가 중대사를 의결하고, 의결사항은 각 나부를 통해 집행했으며, 일상 업무는 각 나부의 대리인을 통해 처리했다. 아직 국가 전체 차원의 행정업무는 비교적 적었고, 실무를 총괄할 관직의 필요성도 적었다.

물론 좌·우보가 왕의 측근으로 국정을 총괄하기도 했을 것이다. 그렇지만 표5에서 보듯이 우보 을두지에게 군국지사(軍國之事)를 맡긴 것(b), 좌보 어지류가 차대왕 시해 이후 군공(群公)과 의논하여 신대왕을 옹립한 것(n) 등을 제외하면, 국정을 총괄한 사례는 확인되지 않는다. 특히 이 무렵 군국지사를 위임받은 인물로는 유리명왕의 태자 무휼이나 태조대왕의 동생 수성 등 왕족이 많다.[66] 군국지사의 관장을 좌·우보의 고유한 임무로 보기 힘든 것이다. 초창기의 좌·우보는 계루부 출신 왕을 보좌하는 직책으로 주로 왕의 측근이 기용된 것이다(노태돈, 1999; 조영광, 2016).

초창기 좌·우보의 성격을 이렇게 이해한다면, 차대왕대에 관나부 우태 미유와 환나부 우태 어지류를 좌·우보에 임명한 것은 중요한 변화로 파악된다. 물론 미유와 어지류는 차대왕의 즉위에 가장 큰 공을 세운 인물로 측근적 성격이 강하며, 논공행상적 성격도 있다. 그런데 당시의 왕위계승은 세대계승원리로 이루어졌는데, 수성은 관나부, 환나부, 비류나부 등의 지원을 얻어 계루부 내에서의 위상을 강화하고 왕위계승권을 확보했다. 계루부 왕실을 구성하는 소혈연집단과 각 나부가 왕위계승 및 국정운영을 둘러싸고 다양한 관계를 맺은 것이다.

이러한 점에서 차대왕대 나부 출신 인물의 좌·우보 임명은 나부 세력의 본격적인 중앙정치 참여로 해석된다. 각 나부는 출신 인물을 좌·우보 등 중앙관직에 진출시켜 그 위상을 강화하고, 중앙관직에 임명된 인물은 왕권과의 관계 및 중앙정계에서의 직위를 이용하여 나부에서의 세력 확대를 도모했을 것이다. 나부 출신 인물의 좌·우보 임명을 계기

---

66 『삼국사기』 고구려본기1 유리명왕 33년조 및 제3 태조대왕 69년조.

로 중앙정치가 본격적으로 계루부 왕실을 구성하는 여러 세력과 각 나부의 다양한 역관계에 의해 운영되기 시작한 것이다.

그런데 나부 출신 인물의 좌·우보 임명은 각 나부의 실무집행권이 점차 계루부 왕권으로 집중되었음을 보여준다. 국가체제 성립 초기에는 각 나부를 통해 제가회의의 의결사항을 집행했으므로 일상 실무가 비교적 적었다. 그렇지만 전쟁·외교 등 국가 중대사뿐 아니라 일상 행정실무가 증대하면서 이를 총괄할 관직이 요청되었을 것이다. 이에 미유나 어지류 등 나부체제 운영상의 일상 행정실무를 관장한 나부의 대리인을 좌·우보에 임명하여 실무적 기능을 강화했다고 추정된다. 좌·우보가 왕의 측근이라는 성격을 탈피하여 점차 행정실무 총괄직으로 변모한 것이다(여호규, 2014).

신대왕대 좌·우보제에서 국상제로의 전환은 이러한 경향 속에서 이루어졌다. 국상의 성격을 재지적 기반이 강한 고조선의 '상(相)'과 연관시켜 이해하기도 하지만(김철준, 1964; 노중국, 1979a), 국상은 여러 가지 면에서 고조선의 상과 뚜렷이 구별된다. 초대 국상 명림답부는 고령의 나이에도 조의라는 낮은 관등을 소지하고 있었고, 2대 국상 을파소는 본래 관등도 없었다. 이로 보아 명림답부도 미유나 어지류처럼 나부의 대리인으로 추정되며, 국왕 근위업무에 종사했다고 여겨진다. 국상은 차대왕 시기부터 강화되던 좌·우보의 행정실무기능을 승계하면서 성립되었다고 파악된다.

물론 명림답부가 국상 임명과 동시에 병마권과 양맥부락에 대한 통령권을 부여받았다는 점에서 국정 총괄직이나 제가회의 의장으로 파악할 수도 있다. 그렇지만, 서천왕대에 왕제 달고(達賈)가 병마권과 양맥·숙신에 대한 통령권을 부여받은 데서 보듯이 병마권과 이종족 통령권을 국상의 고유업무라고 보기는 어렵다. 표6의 j에서 보듯이 국상의 병마권 관할은 국상 업무 이외의 겸직이었다. 그러므로 좌·우보제에서 국상제으로의 전환은 나부체제 운영의 변화와 연관시켜 살펴볼 필요가 있다.

전술했듯이 국가 전체의 행정실무가 증대하자 좌·우보의 실무기능을 강화함으로써 이를 해결하려 했는데, 이러한 임시해결책은 곧 벽에 부딪혔을 것이다. 이에 중국 상제(相制)의 정무총괄기능을 본따[67] 좌·우보제를 국상제로 개편하여 행정실무를 총괄하도록 했다고 추정된다. 국상의 '국(國)'은 국중대회의 '국'처럼 '국도'를 뜻할 가능성이 높은데, 이 경우 국상은 '국도(國都)' 즉 계루부 왕권 차원에서 행정실무를 총괄하는 '상(相)'이라는 의미로 해석된다. 국상은 각 나부에서 집행하던 행정실무를 국가 전체 차원에서 총괄하던 '국의 상'이라는 뜻으로 풀이할 수 있는 것이다.

2대 국상 을파소는 국상의 이러한 성격을 잘 보여준다. 179년 명림답부가 사망한 다음 191년 을파소가 국상에 임명될 때까지 10여 년간 국상은 공석이었는데, 국상이 제도적으로 정착되지 못해 공석으로 두었다고 파악된다. 국상이 제도적으로 정착되지 못한 데에는 여러 요인이 있겠지만, 국상이 행정실무를 총괄하는 것에 대한 나부의 반발이 가장 크게 작용했을 것이다. 이러한 상황에서 을파소가 국상에 임명되었다.

---

67 중국의 상제(相制)는 전국시대 관료제의 발달에 따라 백관지상(百官之上)의 관직으로 자리잡기 시작했다. 그리고 진·한대에 전제군주권의 확립과 함께 군주에 대한 간쟁권과 자순(咨詢)의 의무, 백관에 대한 감독·고핵권(考核權)과 관리천거권 등 국정을 총괄하는 최고위 관직인 승상(丞相)으로 자리잡았다(陶希聖, 1979; 白鋼主, 1991).

을파소는 농사지으며 자급하던 인물로 나부의 지배세력과 명확히 구별되는데, 동부 안류(晏留)가 천거했다는 점에서 방위부 출신 인물에 더 가까운 성격을 지녔다. 고국천왕은 처음에 을파소를 측근으로 삼아 국정 쇄신을 추진하려고 우태 관등을 수여하며 중외대부에 임명했다가, 을파소가 실질적 권한을 지닌 직책을 요구하자 10여 년간 공석이었던 국상에 임명했다. 『삼국사기』 찬자는 을파소의 국상 임명을 백관지상(百官之上)에 비유하기도 했지만,[68] 당시에는 제가회의를 통해 국가 중대사를 의결했으므로 중국의 승상처럼 국정 전반을 총괄하는 백관지상으로 보기는 힘들다.

다만 '정사를 맡았다(知政事)'는 표현이나 진대법 실시에서 보듯이 을파소의 국상 임명을 계기로 행정실무를 총괄하는 기능이 전반적으로 강화되었다. 이로써 국상은 행정실무를 국가 차원에서 총괄하는 실질적인 '국의 상'이 되었다. 각 나부는 여전히 제가회의를 통해 국가 중대사에 대한 의결권을 행사했지만, 행정실무라는 측면에서는 계루부 왕권의 통제를 더 강하게 받았고, 행정실무의 집행권은 점차 계루부 왕권으로 집중되었다.[69] 나부의 지배세력이 주축이었을 조신국척(朝臣國戚)들이 을파소의 국상 임명에 강하게 반발한 것은 이러한 이유 때문이라고 여겨진다.

그런데 3세기 중반경에 제가회의가 상설회의기구로 변모하여 국가 중대사뿐 아니라 일상 행정실무를 처리하는 비중이 증대되었다. 또 구

---

68 『삼국사기』 고구려본기4 고국천왕 13년조에 대한 사론(史論).
69 3세기 중반경 각 나부의 대가(大加)는 자치(自置)한 관원의 명단을 왕에게 보고해야 했는데, 이는 나부에 대한 계루부 왕권의 통제력이 강화되었다는 면과 아울러, 각 나부에서 수행하던 행정실무가 계루부 왕권으로 집중되는 과정을 반영한다.

성원인 제가들이 점차 중앙귀족으로 전환됨에 따라 귀족회의로 변모했다. 표6의 k에서 보듯이 5대 국상 음우는 종래의 국상과 달리 임명될 당시 패자라는 최고위 관등을 소지하고 있었는데, 이는 3세기 중·후반에 진행된 나부체제의 해체와 밀접히 연관된다.

나부체제의 해체와 더불어 제가회의가 상설적인 귀족회의로 변모하여 국가 중대사뿐 아니라 일상 행정실무까지 의결하게 되자, 국상에 최고위 관등을 소지한 인물을 임명하여 귀족회의 의장의 기능까지 겸하도록 한 것이다. 이로써 국상은 행정실무를 총괄하는 기능 외에 진(秦)·한(漢)의 승상처럼 점차 왕에 대한 간쟁권, 관리천거권 등을 행사하는 국정 총괄직으로 전환되었을 것이다.

7대 국상 창조리는 국상의 이러한 성격을 잘 보여준다. 표6에서 보듯이 창조리는 역대 국상 가운데 처음으로 관리천거권을 행사하였을 뿐 아니라(r), 국왕에 대한 간쟁권을 행사하다가 왕의 미움을 사 신변의 위협까지 받게 된다(s). 이에 창조리는 군신과 모의하여 왕을 폐위하고 미천왕을 옹립하면서 위기를 모면하였다.[70]

그런데 창조리가 봉상왕을 폐위하고 미천왕을 옹립하는 과정을 보면, 중앙귀족의 대표자로서 귀족 전체의 의견을 수렴함과 더불어[71] 방위부 출신 인물을 동원하여 행정실무를 총괄하고 있음을 엿볼 수 있다. 국상 창조리가 봉상왕의 폐위 과정에서 의결권과 실무집행권을 총괄하여 행사한 것이다. 이는 3세기 말경 국상이 귀족회의의 의장으로서

---

70 『삼국사기』 고구려본기5 미천왕 즉위년.
71 미천왕을 옹립하기 위해 개최된 회의는 종래 제가회의로 보는 경향이 강했지만, 윤성룡은 귀족회의로 파악했다(尹成龍, 1997).

국정을 총괄하는 '백관지상'에 가까운 존재가 되었기 때문에 가능했다. 이처럼 국상의 성격은 나부체제의 전개와 더불어 바뀌었고, 3세기 중반 이후 제가회의의 성격 변화와 더불어 귀족회의의 의장으로서 국정을 총괄한 것으로 파악된다(윤성룡, 1997; 여호규, 1998; 2014; 이정빈, 2006b).[72]

이상과 같이 제가회의와 좌·우보, 국상의 성격은 초기 정치체제인 나부체제의 전개와 더불어 여러 번 변모했다. 나부체제의 확립과 더불

---

[72] 좌·우보와 국상 이외에 초기 관직으로 중외대부(中畏大夫)와 평자(評者)가 확인된다. 중외대부의 '중외(中畏)'는 후기의 중리소형(中裏小兄)·중리대형(中裏大兄)·중리위두대형(中裏位頭大兄) 등에 나오는 '중리'와 같은 의미로 왕궁 가운데 국왕이 거주하는 '내리(內裏)'를 지칭한다(武田幸男, 1978). 또 '대부(大夫)'는 중국의 선진(先秦)시기에는 경(卿)보다 아래의 관작이었는데, 진·한 이후에는 어사대부(御史大夫)처럼 관부의 장관직으로 칭해지거나 태중대부(太中大夫)처럼 황제에 대한 간의(諫議)나 고문(顧問)을 담당하는 근시직으로 여겨졌다. 이로 보아 중외대부는 국왕의 측근에서 간의나 자문을 수행한 근시직으로 추정된다. 실제 중외대부에 임명된 인물은 차대왕의 즉위에 공을 세운 비류나부의 우태 양신(陽神), 고국천왕대의 척신인 연나부의 패자 어비류, 고국천왕이 국정 개혁을 위하여 등용한 을파소 등 모두 왕과 밀접한 관계에 있었다. 중외대부는 국왕 측근에서 근무하면서 왕권을 뒷받침했을 가능성이 높은 것이다(이종욱, 1982a; 임기환, 1996). 이에 국왕이 중외대부를 임명해 사자, 조의, 선인 등 가신을 중심으로 근시조직을 정비했다고 보기도 한다(이규호 2021). 이에 대해 중외대부의 직능을 진·한의 어사대부에 비기며 백관에 대한 규찰을 담당했다고 보기도 한다(손영종, 1990; 김광수, 1991). 또 중외대부가 국왕 측근의 관직이라는 성격을 내포했다고 보면서도 그 임무와 역할은 당시의 수상직인 국상과 큰 차이가 없는 하위직(이문기, 2003) 또는 국상 다음가는 관직(이종욱, 1982a; 금경숙, 2004) 등으로 보기도 한다.

평자는 고국천왕 시기의 척신인 연나부 좌가려(左可慮)가 지낸 사실이 확인되는데, 그 성격을 정확히 알 수 없다. 다만 『양서』 신라전의 '육탁평(六評)'이 6부를 지칭하며, '평(評)'의 고대 일본어 훈인 'ごほり'가 우리말 '고을'을 뜻한다는 사실을 통해 '평'이 지역집단이나 행정구역을 뜻하는 용어로 사용되었음을 알 수 있다(今西春秋, 1971; 노태돈, 1975). 실제 『수서(隋書)』 권81 고려전의 '內評外評五部褥薩'이라는 기사를 통해 고구려 후기에 전국을 내평(內評)과 외평(外評)으로 구분하였음을 알 수 있다. 이에 고구려 초기의 평자를 각 나부의 부장(部長)으로 보기도 한다(김광수, 1983a). 한편 〈포항중성리신라비〉에는 쟁송(爭訟)의 평의(評議)를 담당한 쟁인(爭人)집단에 '평공(評公) 사미(斯弥)'라는 인물이 등장하는데, 이를 참조하면 평자를 쟁송의 평의를 담당한 관직으로 볼 수도 있다. 『동사강목』의 저자 안정복(安鼎福)은 내평과 외평을 내외의 관료를 규찰한 헌관(憲官)으로 보았다.

어 계루부 왕실과 각 나부의 유력자로 구성된 제가회의가 국가 중대사를 의결하는 핵심 정치기구의 역할을 담당했다. 처음에는 각 나부의 대표들이 비교적 고르게 제가회의에 참여하여 의결권을 행사했다. 각 나부는 제가회의에 참여하여 자신의 이해관계를 반영했고, 계루부 왕권도 각 나부의 이해관계를 수렴하여 국가 중대사를 결정함으로써 영도력을 관철할 수 있었다.

이처럼 나부체제 초기에는 제가회의에서 국가 중대사를 의결하고, 의결사항을 각 나부를 통해 집행했기 때문에 국가 전체 차원의 행정실무가 비교적 적었다. 그리하여 행정실무를 총괄하는 관직은 설치되지 않았고, 왕의 측근인 좌보와 우보가 설치되어 국왕을 보좌했다. 그러다가 행정실무가 증대하자 일상 실무를 담당한 나부의 대리인을 좌·우보에 임명하여 실무적 기능을 강화했다. 그렇지만, 행정실무의 증가로 인해 이러한 임시 해결책은 벽에 부딪힐 수밖에 없었다.

이에 2세기 후반에 국가 전체의 행정실무를 총괄하기 위해 국상을 설치했다. 이에 따라 계루부 왕권의 위상은 강화된 반면, 각 나부의 자치권은 상당한 통제를 받았다. 더욱이 3세기 중반에 제가회의가 상설 회의기구로 변모하고, 그 구성원이 중앙귀족으로 변질됨에 따라 제가회의의 성격도 귀족회의로 변모했다. 이에 최고위 관등을 소지한 인물이 국상에 임명되어 귀족회의 의장의 역할까지 겸하게 되었다. 국상이 국정을 총괄하는 직책으로 부상한 것이다.

이처럼 고구려 초기 정치체제의 운영양상은 역동적으로 변화했다. 각 나부별로 행정실무를 처리하던 초기에는 제가회의가 가장 중요한 정치기구였지만, 행정실무를 총괄하는 국상이 설치되고 행정실무 집행권이 계루부 왕권으로 집중되면서 제가회의의 기능은 점차 약화되었다. 특히 제가회의가 상설적인 귀족회의로 변모함에 따라 귀족회의가 국가 중대사를 의결하고 행정실무를 집행하는 최고의 정치기구로 부상했고, 국상이 양자를 아우르는 국정 총괄직으로 전환되었다.

참고문헌

權五重, 1992, 『樂浪郡硏究』, 일조각.
琴京淑, 2004, 『고구려 전기 정치사 연구』, 고려대학교 민족문화연구원.
金哲埈, 1975, 『韓國古代社會硏究』, 知識産業社.
_____, 1990, 『韓國古代社會硏究』, 서울대학교출판부.
金賢淑, 2005, 『고구려의 영역지배방식 연구』, 모시는사람들.
盧泰敦, 1999, 『고구려사연구』, 사계절.
박경철, 2018, 『한국고대사의 재인식』, 서경문화사.
白南雲, 1933, 『朝鮮社會經濟史』, 改造社.
손영종, 1990, 『고구려사(I)』, 과학백과사전종합출판사.
孫晉泰, 1949, 『國史大要』, 을유문화사.
여호규, 2014, 『고구려 초기 정치사 연구』, 신서원.
이기백, 1974, 『新羅政治社會史硏究』, 一潮閣.
_____, 1996, 『韓國古代政治社會史硏究』, 一朝閣.
李德星, 1949, 『朝鮮古代社會硏究』, 正音社.
이병도, 1976, 『韓國古代史硏究』, 博英社.
李玉, 1984, 『고구려 민족형성과 사회』, 교보문고.
李仁榮, 1950, 『國史要論』, 금룡도서주식회사.
李賢惠, 1984, 『삼한사회형성과정연구』, 일조각.
임기환, 2004, 『고구려 정치사 연구』, 한나래.
全德在, 1996, 『新羅六部體制硏究』, 一潮閣.
全海宗, 1993, 『東夷傳의 文獻的 硏究』, 一潮閣 (초판본은 1980년).

강맹산, 1990, 「고구려의 5부」, 『東方學志』 69.
금경숙, 1989, 「고구려의 '那'에 관한 연구」, 『강원사학』 5.
_____, 1994, 「고구려 초기의 中央政治構造」, 『韓國史研究』 86.
_____, 1995, 「고구려 前期의 정치제도 연구」, 고려대학교 박사학위논문.
_____, 1999, 「高句麗의 諸加會議와 國相制 運營」, 『강원사학』 15·16.
_____, 2004, 「고구려 전기 중앙정치구조 재론」, 『한국사학보』 18.
金光洙, 1982, 「고구려 전반기의 '加' 계급」, 『建大史學』 6.
_____, 1983a, 「고구려 古代 集權國家의 成立에 관한 연구」, 연세대학교 박사학위논문.
_____, 1983b, 「高句麗 建國期의 姓氏賜與」, 『金哲埈博士華甲紀念史學論叢』.
_____, 1986, 「고구려 초기의 왕위계승 문제」, 『한국사연구』 55.
_____, 1991, 「고구려의 '國相'職」, 『李元淳敎授停年紀念歷史學論叢』, 敎學社.
金洸鎭, 1937, 「高句麗社會の生産樣式」, 『普專學會論集』 3.
김기흥, 1990, 「고구려의 국가형성」, 『한국 고대국가의 형성』, 민음사.
_____, 1996, 「사회구조」, 『한국사(5)』, 국사편찬위원회.
_____, 2005, 「고구려 국가형성기의 왕계」, 『고구려의 국가형성』, 고구려연구재단.
김남중, 2013, 「위만조선과 고구려 초기의 相」, 『한국고대사탐구』 14.
김두진, 2009, 「고구려 초기의 沛者와 국가체제」, 『한국학논총』 31(국민대).
김영하, 1994, 「고대사회의 정치구조」, 『한국고대사연구』 8.
_____, 2000, 「한국 고대국가의 정치체제발전론」, 『한국고대사연구』 17.
金龍善, 1980, 「高句麗 琉璃明王考」, 『歷史學報』 87.
金元龍, 1967, 「삼국시대의 開始에 대한 일고찰」, 『東亞文化』 7.
金哲俊, 1956, 「高句麗·新羅의 官階組織의 成立過程」, 『李丙燾博士華甲紀念論叢』.
_____, 1964, 「韓國古代國家發達史」, 『한국문화사대계(I)』, 고려대학교 민족문화연구소.
김현숙, 1993, 「고구려 初期 那部의 分化와 貴族의 姓氏」, 『慶北史學』 16.
_____, 1994, 「고구려의 解氏王과 高氏王」, 『大丘史學』 47.
_____, 1995, 「고구려 前期 那部統治體制의 運營과 變化」, 『歷史敎育論集』 20.
_____, 2007, 「고구려의 종족기원과 국가형성과정」, 『대구사학』 89.

羅喜羅, 1990,「新羅 初期 왕의 성격과 제사」,『韓國史論』23.
盧重國, 1979a,「高句麗 國相考」(上),『韓國學報』16.
_____, 1979b,「高句麗 國相考」(下),『韓國學報』17.
_____, 1979c,「高句麗 律令에 관한 일시론」,『東方學志』21.
노태돈, 1975,「삼국시대의 '部'에 관한 연구」,『韓國史論』2(서울대 국사학과).
_____, 1993,「朱蒙의 出自傳承과 桂婁部의 기원」,『韓國古代史論叢』5.
_____, 1994,「고구려 초기 王系에 대한 一考察」,『李基白先生古稀紀念韓國史學論叢(上)』, 一潮閣.
_____, 2000,「초기 고대국가의 국가구조와 정치운영」,『韓國古代史研究』17.
류현희, 2000,「고구려 국중대회의 구조와 기능」,『백산학보』55.
朴京哲, 1996,「高句麗의 國家形成 연구」, 고려대학교 박사학위논문.
_____, 2002,「高句麗人의 '國家形成' 認識試論」,『한국고대사연구』28.
박노석, 2005,「고구려 초기 왕위계승의 원리」,『대동사학』5.
박대재, 2008,「부여의 왕권과 왕위계승」,『한국사학보』33.
邊太燮, 1979,「中原高句麗碑의 내용과 연대에 대한 검토」,『史學志』13.
徐永大, 1995,「高句麗 貴族家門의 族祖傳承」,『韓國古代史研究』8.
손영종, 1984,「고구려의 5부」,『력사과학』1984-4.
여호규, 1992,「고구려 初期 那部統治體制의 성립과 運營」,『韓國史論』27.
_____, 1995,「3세기 고구려의 사회변동과 통치체제의 변화」,『역사와현실』15.
_____, 1996a,「한국 고대의 국가형성」,『역사와현실』19.
_____, 1996b,「압록강 중류유역에서 고구려의 국가형성」,『역사와현실』21.
_____, 1997,「1-4세기 고구려 정치체제 연구」, 서울대학교 박사학위논문.
_____, 1998,「高句麗 初期의 諸加會議와 國相」,『한국고대사연구』13.
_____, 2000,「고구려 초기 정치체제의 성격과 성립기반」,『한국고대사연구』17.
_____, 2010,「고구려 초기의 왕위계승원리와 고추가」,『동방학지』150.
尹成龍, 1997,「고구려 貴族會議의 成立過程과 그 성격」,『韓國古代史研究』11.
이규호, 2021,「고구려 관제 연구」, 동국대학교 박사학위논문.
李基白, 1959,「高句麗王妃族考」,『震檀學報』20.
_____, 1985,「고구려의 국가형성 문제」,『한국고대의 국가와 사회』, 일조각.

_____, 1997, 「한국고대의 裁判과 祝祭」, 『歷史學報』 154.
이도학, 1992, 「高句麗 初期 王系의 복원을 위한 검토」, 『韓國學論集』 20(한양대).
이문기, 1989, 「蔚珍鳳坪新羅碑와 中古期의 六部問題」, 『韓國古代史研究』 2.
_____, 2003, 「고구려 중리제의 구조와 그 변화」, 『대구사학』 71.
李丙燾, 1956, 「高句麗國號考」, 『서울대논문집』 3.
李玉, 1981, 「고구려의 征服과 爵位」, 『동방학지』 27.
이정빈, 2006a, 「고구려 동맹의 정치의례적 성격과 기능」, 『한국고대사연구』 41.
_____, 2006b, 「3세기 高句麗 諸加會議와 國政運營」, 『진단학보』 102.
李鍾旭, 1979, 「高句麗 初期의 左·右輔와 國相」, 『全海宗博士華甲紀念史學論叢』.
_____, 1982a, 「高句麗 初期의 中央政府組織」, 『東方學志』 33.
_____, 1982b, 「고구려 초기의 지방통치제도」, 『역사학보』 94·95합집.
李鍾泰, 1990, 「고구려 太祖王系의 등장과 朱蒙國祖意識의 성립」, 『北岳史論』 2.
이준성, 2011, 「고구려 초기 연노부의 쇠퇴와 왕권교체」, 『역사와현실』 80.
_____, 2013, 「고구려 國中大會 동맹의 구성과 축제성」, 『역사와현실』 87.
_____, 2016, 「고구려 초기 대가(大加)의 성격과 상위 관제(官制)의 작적(爵的) 운영」, 『동북아역사논총』 53.
_____, 2019, 「고구려의 형성과 정치체제 변동」, 연세대학교 박사학위논문.
李賢惠, 1976, 「三韓의 國邑과 그 成長에 대하여」, 『歷史學報』 69.
임기환, 1987, 「고구려 초기의 地方統治體制」, 『慶熙史學』 14.
_____, 1995a, 「高句麗 集權體制 成立過程의 研究」, 경희대학교 박사학위논문.
_____, 1995b, 「고구려 초기 官階組織의 성립과 운영」, 『慶熙史學』 19.
_____, 1996, 「지방·군사제도」, 『한국사(5)』, 국사편찬위원회.
_____, 2002, 「고구려 왕호의 변천과 성격」, 『한국고대사연구』 28.
_____, 2003, 「고구려 정치사의 연구 현황과 과제」, 『韓國古代史研究』 31.
_____, 2008, 「고구려 초기 5부의 형성과 변천」, 『초기 고구려 역사 연구』, 동북아역사재단.
장병진, 2019, 「고구려의 성립과 전기 지배체제 연구」, 연세대학교 박사학위논문.
田美姬, 1992, 「高句麗 初期의 왕실교체와 五部」, 『朴永錫敎授華甲紀念韓國史學論叢(上)』.

조영광, 2010, 「고구려 5那部의 성립과정과 영역 검토」, 『대구사학』 98.
_____, 2011, 「고구려 초기의 국가 형성」, 경북대학교 박사학위논문.
_____, 2015, 「고구려 초기 관등의 기원과 성격에 대하여」, 『사학연구』 119.
_____, 2016, 「高句麗 左, 右輔의 起源과 性格」, 『先史와 古代』 50.
趙仁成, 1991, 「4·5세기 高句麗 王室의 世系認識 변화」, 『한국고대사연구』 4.
崔在錫, 1987, 「고구려의 왕위계승」, 『정신문화연구』 32.
하일식, 1995, 「관등제와 신분제」, 『한국역사입문①』, 풀빛.

陶希聖, 1979, 『中國政治制度史(二: 秦漢)』, 啓業書局.
朴燦奎, 2000, 『"三國志·高句麗傳"硏究』, 吉林人民出版社.
白鋼主, 1991, 『中國政治制度史』, 天津人民出版社.
劉子敏, 1996, 『高句麗歷史硏究』, 延邊大學出版社.

姜孟山, 2003, 「高句麗國家的社會性質和五部」, 『高句麗史硏究』, 黑龍江朝鮮民族出版社.
朴燦奎, 2000, 「高句麗太祖王宮考」, 『東疆學刊』 17-4.
薛海波, 2007, 「高句麗早期"那部體制"探析」, 『東北史地』 2007-2.
楊軍, 2001, 「高句麗五部硏究」, 『吉林大學社會科學學報』 2001-4.
_____, 2008, 「高句麗早期五部硏究」, 『西北第二民族學院學報(哲學社會科學版)』 2008-5.
李殿福, 1986, 「兩漢時代的高句麗及其物質文化」, 『遼海文物學刊』 1986-1.
何海波·魏克威, 2009, 「國內高句麗五部硏究綜述」, 『長春師範學院學報(人文社會科學版)』 28-5.

高寬敏, 1996, 『『三國史記』の原典的硏究』, 雄山閣出版.
今西龍, 1937, 『朝鮮古史の硏究』, 國書刊行會.
末松保和, 1996, 『高句麗と朝鮮古代史』(末松保和朝鮮史著作集 3), 吉川弘文館.
武田幸男, 1989, 『高句麗史と東アジア』, 岩波書店.
白鳥庫吉, 1970, 『白鳥庫吉全集(5)』, 岩波書店.

義江明子, 2000, 『日本古代系譜樣式論』, 吉川弘文館.
池內宏, 1951, 『滿鮮史硏究(上世第一冊)』, 吉川弘文館.
津田左右吉, 1964, 『津田左右吉全集(12)』, 岩波書店.

江上波夫, 1948, 「匈奴の祭祀」, 『ユウラシア古代北方文化』, 全國書房.
今西龍, 1921, 「高句麗五族五部考」, 『史林』6-3.
今西春秋, 1971, 「高句麗の城: 溝漊と忽」, 『朝鮮學報』59.
末松保和, 1962, 「朝鮮古代諸國の軍事組織」, 『古代史講座』5, 學生社.
武田幸男, 1978, 「高句麗官位制とその展開」, 『朝鮮學報』99·100合集.
白鳥庫吉, 1914, 「丸都城及國內城考」, 『史學雜誌』25-4·5.
_____, 1936, 「夫餘國の始祖東明王の傳說に就いて」, 『服部先生古稀祝賀記念論文集』.
三品彰英, 1951, 「高句麗王都考」, 『朝鮮學報』1.
_____, 1954, 「高句麗の五族について」, 『朝鮮學報』6.
矢澤利彥, 1954, 「高句麗の五族について」, 『埼玉大學研究紀要(人文社會科學篇)』3.
鄭早苗, 1979, 「高句麗王系小考」, 『旗田巍博士古稀朝鮮歷史論集(上)』, 龍溪書舍.
池內宏, 1926, 「高句麗の五族及び五部」, 『東洋學報』16-1.
_____, 1940, 「高句麗王家の上世の世系について」, 『東亞學』3.
_____, 1941, 「高句麗の開國傳說と史上の事實」, 『東洋學報』28-2.
津田左右吉, 1922, 「三國史記高句麗紀の批判」, 『滿鮮地理歷史研究報告』9.
川本芳昭, 1996, 「高句麗の五部と中國の'部'について一考察」, 『九州大學東洋史論集』24.

2장

사회구조와 제의체계

강진원 | 숙명여자대학교 역사문화학과 조교수

국가(state)는 하나의 사회 공동체이다. 고구려 초기 사회는 국가가 형성되어 가는 시기였다. 따라서 이전의 흔적이 남아 있을 뿐 아니라, 새롭게 자리한 부분도 있을 것이다. 이는 사회구조와 제의체계 또한 마찬가지다.

사회구조는 인간 집단의 짜임새를 말한다. 신분제사회였던 당시 사회구조를 이해하기 위해서는 지배층과 피지배층의 실태에 다가갈 필요가 있다. 따라서 이 글에서는 먼저 기록에 나오는 계층의 실상과 성격을 거론한 뒤, 기층사회라 할 읍락의 현황에 관하여 살펴보고자 한다.

먼저 계층에 대해 살펴볼 것이다. 고구려 초기의 지배층은 대개 '제가(諸加)'라고 불렸으며, 이들은 다시 대가(大加)와 소가(小加)로 구별되었다. 지배층에 이들만 존재하였던 것은 아니다. 대가와 함께 언급된 주부(主簿)도 있었고, '대가(大家)'[1]라 불린 이들도 존재하였다. 대·소가의 편제기준과 구체적인 실상에 관한 입장은 연구자에 따라 차이가 있다. 따라서 주부는 대가와 어떠한 관계에 있는지, 그리고 '대가'에 해당하는 계층을 어떻게 이해해야 할지에 대하여 알아볼 필요가 있다. 물론 제가를 대가와 소가로 나눈 기준이 무엇인지도 살펴보아야 한다.

피지배층의 경우, 먼저 기록에 많이 등장하는 하호(下戶)가 있다. 하호는 부여·옥저·동예 등 비슷한 시기에 존재했던 다른 공동체에 관한 기사에서도 찾아볼 수 있는데, 정확히 어떠한 성격을 지녔는지에 대해서 다양한 논의가 이루어져 왔다. 그 밖에 노복(奴僕) 혹은 노비도 존재하였고, 부여의 사례를 참조하면 호민(豪民)이라 불린 유력 민(民) 계층도 한 공간에 자리한 것 같다. 이들이 국정 운영의 주체는 아니었으나 국가공동체를 구성하는 다수였기에, 그 실태를 파악해야만 초기 고구려 사회를 온전히 이해하였다고 할 수 있다.

다음으로 읍락의 상황에 대해서는 대가와 하호의 관계를 중심에 두고 실상에 접근할 것이다. 당시 왕권 행사에 상당한 제약이 있었으나, 공납이 조세 수취의 기본적인 틀로 작용했다는 점은 대개 동의하는 바이다. 그 면에 근거하여 읍락 공동체 성원들의 상황을 알아보고, 그것이 시간의 흐름에 따라 어떻게 변모해 나갔는지도 검토하겠다. 이러한 과정을 통하여 고구려 초기의 사회적 여건을 이해하는 데 다가갈 수 있을 것이다.

한편, 전통시대 의례가 지니는 위상은 말할 필요가 없을 정도로 중

---

1 대가(大加)와 구별하기 위해 이 글에서는 '대가(大家)' 혹은 '대가'와 같이 따옴표를 붙임.

요했는데, 그 가운데서 제사가 차지하는 비중은 상당하였다. 따라서 제사, 즉 제의의 이해를 통하여 그 공동체의 사회 모습을 엿볼 수 있다. 고구려 초기의 대표적인 제사로는 동맹(東盟)이라고도 일컫는 제천대회(祭天大會)와 시조묘(始祖廟) 제사 및 종묘·사직 제사와 묘제(墓祭)를 들 수 있다.

제천대회는 국왕의 주도 아래 치러졌는데, 도읍 동쪽의 큰 동굴, 즉 국동대혈(國東大穴)에 둔 수신(隧神)을 강가로 모셔 와 제사하는 방식이었다. 이때는 공회(公會)도 열려 지배층도 참여하였는데, 국왕은 자신의 권력기반을 강화하고자 하였으며, 여타 지배세력도 일정한 자기 목소리를 낼 수 있었다. 다만 구체적인 제사 대상이나 진행 과정에 대해서는 논의가 분분한 상황이라 다양한 견해를 정리하여 소개할 것이다.

시조묘, 즉 시조의 사당에서 치러진 제사의 경우, 왕권과 연계된 의례라는 점에서 제천대회와 공통된 바가 있다. 졸본에 있는 시조묘까지 가서 국왕이 친히 제사한 사례가 기록에 드물지 않게 나오므로, 이는 분명 큰 의의를 지녔을 것이다. 아마도 이를 통하여 왕권 제고가 도모되었음은 물론인데, 시행 시기 등에서 당시 사회적 여건과도 떼려야 뗄 수 없는 관계를 엿볼 수도 있다. 그 부분에 대해서는 뒤에서 조금 더 면밀하게 알아볼 생각이다.

덧붙여 당시에는 왕실 이외에 소노부(消奴部), 즉 비류나부(沸流那部)에서도 종묘와 사직 등을 세울 수 있었으며, 무덤에서 지내는 제사, 즉 묘제(墓祭)가 이른 시기부터 이루어졌다. 따라서 이들 제사에 대해서도 간단히 살펴보고자 한다.

이상의 논의가 어느 정도 마무리되면, 여러 제사를 총체적으로 볼 때 나타나는 특징적 면모를 알아보겠다. 제의 행위는 시대의 산물이기에,

이들 의례는 고구려 초기라는 시대적 정황과 연관된 측면이 존재한다. 따라서 그에 관한 접근은 고구려 초기사를 이해하는 하나의 매개가 될 것이다.

1. 사회계층과 읍락의 모습

1) 주요 계층

(1) 대가(大加)·소가(小加)

고구려 초기의 사회구조를 비교적 구체적으로 전하는 것은 『삼국지』 고구려전이다. 해당 기록에서는 당시의 지배층으로 대가, 소가와 주부, '대가' 등이 언급된다. 그 가운데 가장 뚜렷하게 흔적을 남긴 것은 대가와 소가이다.

대략 3세기 중·후반의 사정을 전한다고 여겨지는 『삼국지』 고구려전에 따르면 제천대회, 즉 동맹 시 공회에서 대가와 주부는 중국에서 쓰는 것과 비슷한 책(幘)을 쓰는 반면 소가는 고깔 모양의 절풍(折風)을 썼다. 아울러 대가는 휘하에 사자(使者)·조의(皂衣)·선인(先人)을 둘 수 있었으나 그 이름을 모두 왕에게 보고해야 했는데, 이들은 중국의 경(卿)이나 대부(大夫)의 가신과 같았으며, 회동하여 자리할 때에는 왕가의 사자·조의·선인과 같은 줄에 함께할 수 없었다. 또 왕의 종족(宗族)으로 대가인 자는 모두 고추가(古鄒加)로 불렸고, 감옥이 없었으므로 죄가 있으면 제가가 평의하여 형벌을 내렸다 한다.

이상을 보면 대가와 소가는 국정 운영의 중심집단이었음을 알 수 있다. 죄를 처결하는 주체로 나오는 제가는 이 두 계층을 아우른 표현이다. 『삼국지』 부여전에서 "제가가 따로 사출도(四出道)를 주관하니, 큰 것(大者)은 수천 가(家),[2] 작은 것(小者)은 수백 가이다"라고 하였다. 이때의 큰 것과 작은 것은 각기 대가와 소가를 가리킨다(여호규, 2014). 부여와 고구려는 기본적으로 유사한 면모가 상당하였기에, 고구려도 마찬가지로 여길 수 있다.

더욱이 제가가 '모든 가(加)'란 의미이며, 『삼국지』 고구려전에서 가(加)로 칭해진 세력은 대가와 소가이므로, 제가는 대·소가 전반을 뜻한다고 보는 편이 자연스럽다. 그러므로 3세기 중·후반의 정치적 지배자에 대한 통칭, 그것이 바로 대·소가라 하겠다. 북방 유목사회의 카간(可汗), 신라의 간(干)·금(今)·감(邯), 가야의 한기(旱岐) 등은 의미가 모두 통하며(三池賢一, 1970; 이병도, 1976), 이들은 본디 왕과 같은 수장에게 사용된 칭호로 이해된다(김철준, 1975). '가'의 기원을 고조선의 관제에서 찾는 논의도 제기되었는데(박대재, 2015), 어찌 되었든 대·소가의 뿌리는 재지 지배자와 맞닿아 있으리라 추정된다.

다만 대가와 소가를 제가로 통칭했다 해도, 원칙적으로 동등한 처우를 받았다고 보기는 힘들다. 대가는 자체적으로 관인(사자·조의·선인)을 둘 수 있었던 반면, 소가는 그러한 흔적이 없고, 공회 참석 시에도 차림새에 차이가 있었기 때문이다. 이들 사이에는 일정한 차별이 존재했으나, 그 기준은 명확히 알기 어렵다. 아마도 신분제사회였던 만큼

---

2 가(家)는 행정력에 의해 어느 정도 편제된 것으로, 구체적으로 파악된 하호를 대상으로 하였다고 보기도 한다(문창로, 1990). 아울러 제가가 관장한 민에 호민이 포함되었다고도 추정한다(홍승기, 1974).

본래 계층의 성격에 차이가 있었던 데서 비롯되었을 가능성이 크다.

대가와 소가를 나부의 지배세력으로 보는 데 큰 이견은 없다. 당시 중앙집권화가 미비하였다는 점을 고려하면, 대가와 소가는 왕권과의 밀착도나 중앙정계에서의 정치적 지위보다는 각각의 공동체, 즉 나부에서의 세력기반에 따라 구별되었던 것이 아닐까 한다(노중국, 1979; 여호규, 2014). 따라서 그 차이는 나부체제 성립과 함께 나타났을 확률이 높다. 부여의 제가가 수천 가구를 거느린 '큰 가'와 수백 가구를 거느린 '작은 가'로 구분되었듯이, 고구려의 대·소가도 비슷한 양상이었던 것 같다(여호규, 2014).

이 가운데 대가는 상당한 독자적인 세력기반을 갖추었다고 이해하는 편이 타당하다. 중앙관등조직의 하위에 자리한 사자·조의·선인과 대가가 둘 수 있었던 관인의 이름이 같으므로, 양자의 본원적인 성격이 동질적이며 재지수장으로서의 기반도 남아 있었음을 알 수 있다. 그러한 점은 군사적 측면에서 두드러진다. 고국천왕 12년(190년) 외척 좌가려(左可慮)는 자신의 소속 부인 연나부(掾那部) 세력을 동원하여 반란을 일으켰으며, 고국천왕 사후 왕제(王弟) 발기(發歧)는 비류나부(沸流那部)의 지원에 힘입어 왕위계승분쟁에 나섰다. 좌가려나 발기가 대가임은 어렵지 않게 짐작할 수 있다. 또 『후한서』 고구려전에 따르면 1세기 중엽 잠지락(蠶支落) 집단의 대가 대승(戴升)이 1만여 명을 이끌고 낙랑에 투항하였고, 『삼국지』 고구려전에는 발기가 왕위에 오르지 못하자 비류나부의 3만 명과 함께 요동의 공손강(公孫康)에게 갔다고 전한다. 이는 대가가 국가 공동체에서 집단 이탈이 가능할 만큼 원심력을 갖춘 세력이었음을 보여 준다(김현숙, 2005).

후한 가평(嘉平) 연간(172~177년) 공손탁(公孫度)의 요청으로 부산

(富山)의 도적 무리를 공격할 때 대가 우거(優居)와 주부 연인(然人)이 파견된 일도 간과할 수 없다. 기록상으로는 이때 대가와 주부가 함께 행동한 것처럼 나오지만, 실제 군사활동을 주관한 것은 대가이며, 주부는 왕의 측근으로서 외교업무를 담당함과 아울러 군사권을 쥔 대가를 통제하였으리라 추정된다(김광수, 1982; 여호규, 2014). 그 면에서 대가를 나부의 중심세력, 즉 패자(沛者) 관등을 소지할 수 있었던 집단을 가리킨다거나(여호규, 2014), 나부의 전신인 나국(那國)이나 소(小)연맹국의 지배층이 편제되었다고도 이해하며(문창로, 1997; 임기환, 2004), 왕족을 비롯한 각 지배집단의 상층부로 파악하기도 한다(노태돈, 1999). 어떻게 보든 고구려 초기 단위정치체인 나부의 상층부에 자리하였다고 여기는 것은 같다.

요컨대 대가는 나부의 상위 지배층으로 생각된다. 그런데 이러한 이해는 고구려 초기 중앙집권화가 미비하였고 각 나부의 자치력이 상당하였다고 본 데서 비롯된 것이다. 따라서 이와 달리 이른 시기부터 중앙집권화가 이루어졌다고 상정한다면, 대가를 바라보는 견해도 달라질 여지가 있다. 예컨대 대가 휘하의 관인이 왕의 관인보다 격하되었고 경·대부의 가신에 비교되었으므로 대가는 이미 집권체제 내로 편제되었으며, '가'는 신분적 표시로서 관등으로 보자면 주부 정도의 위상을 갖는다고 여기거나(김광수, 1982), 대가는 상가·대로·패자·고추가 등의 상위 관등 소지자를 가리키며, 경·대부에 비견된다는 점을 들어 지배체제 내에 편입되어 왕권에 의해 규제를 받는 지배계층으로서 유작자(有爵者)와 비슷하다고 보기도 한다(이준성, 2016).

한편 소가는 상대적으로 작은 세력집단과 관련되었을 가능성이 크다. 부여 제가의 경우 큰 자와 작은 자가 주관하는 가구의 차이가

10배에 달하는 것을 보면, 고구려도 크게 다르지 않았으리라 여겨지기 때문이다. 다만 대가와 소가의 차이가 세력기반의 양적 측면에만 머물렀던 것 같지는 않다. 소가가 대가와 달리 자체적으로 관인을 두지 못한 것을 보면, 이는 지배권력 성장도에 질적 차이가 있었다고 보는 편이 자연스럽다(임기환, 2004). 그래서 곡(谷) 집단이나 읍락, 혹은 세력이 작은 나국의 수장층이 훗날 소가로 편제되었다고 여기기도 한다(문창로, 1997; 임기환, 2004).

그런데 나부 지배세력만 대·소가였던 것은 아니다. 『북사』 고려전에서는 3세기 중엽 관구검의 침공 시 고구려왕 위궁(位宮), 즉 동천왕이 제가와 함께 피난하였다고 했는데, 『삼국사기』 고구려본기에도 고구려의 독자 전승 기사에 근거하여 같은 사실을 전하고 있다. 후자에서는 유유(紐由)나 유옥구(劉屋句)·밀우(密友) 등의 활동상을 비롯하여 더욱 면밀한 사정이 나오는데, 이들은 나부가 아니라 방위부(方位部) 출신 인물이다. 방위부는 도읍의 행정적 편제로서, 적어도 이 무렵 제가, 즉 대·소가에 방위부의 지배집단도 포함되었음을 알 수 있다. 방위부가 나부에 비하여 왕권과 밀접한 관계를 지녔다는 점을 고려하면, 방위부 인물의 대·소가 구분은 중앙정계에서의 정치적 위상에 기초했을 가능성도 있다(여호규, 2014). 이때 밀우나 유옥구와 달리 유유는 식읍을 받지 못했기에 가 계층이 아니라거나(김광수, 1982), 호민으로 이해하기도 하는데(문창로, 1990), 관등이 추증된 점을 보면 달리 생각할 여지가 있을뿐더러, 그 점을 제쳐 둔다 하여도 제가에 방위부 세력도 존재했음은 인정하여도 좋을 것이다.

대가와 소가 가운데 기록에 자주 언급된 쪽은 상위 지배층이라 할 전자이다. 따라서 초기의 사회구조를 알아보기 위해서는 대가를 중점적으로 살펴볼 필요가 있다.

　대가의 성격은 어떻게 이해해야 할까. 대가가 기록상 왕명에 의하여 특정한 임무를 맡았고, 『삼국사기』 고구려본기에 따르면 대무신왕이 비류부장의 탐학을 제지하였다는 일화가 나오므로 관료로서의 색채를 강조하기도 한다(홍승기, 1974). 다만 사료의 정리 과정에서 수정과 윤색이 이루어졌을 가능성을 고려하지 않을 수 없다. 현재는 이들이 애초 왕권에 대하여 일정한 독자성을 지녔다고 보는 경우가 대개이다. 다시 말해 중앙집권화가 정비된 이후의 신료 혹은 귀족과 같은 선에서 이해하기는 어렵다고 여긴다. 이에 대가 휘하에 관인을 둘 수 있었음과 함께 왕과 별도로 군사조직을 동원할 수 있었던 일이 주목되는데, 다른 측면에서도 그러한 면을 엿볼 수 있다.

　대표적인 사례는 대가 다수가 중앙관서조직의 외곽에 자리하였던 결과, 국정 주요 사항은 제가의 회의체에서 처리하였던 것처럼 보인다는 점이다(노태돈, 1999). 6세기 초 신라의 상황을 전하는 〈포항냉수리신라비〉(503년 건립)에서는 관련 업무를 최종적으로 마무리한 전사인(典事人) 7명 가운데 6명이 관등을 지니지 않았는데, 이는 당시 관등 획득이 직무 수행에 필수적인 요소가 아님을 보여 준다. 아울러 이 비문과 〈울진봉평리신라비〉(524년 건립)에서는 '간지(干支)'라 불린 인물들이 정치 운영의 주역으로 활동하였다. 이때의 간지는 관등이 아니라 유력세력가에게 주어진 호칭으로, 고구려의 '가(加)'와 통한다고 보는 데 별다른 이견이 없다.

　고구려 또한 대략적인 양상은 다르지 않았으리라 상정된다. 『삼국사기』 고구려본기 초기 기록에서는 관등 없이 등장하는 인물들이 확인된다. 이들은 애초 관등을 갖지 않고 중앙의 정치 운영에 참여한 존재로 보인다. 즉 다수의 제가세력은 왕권이 편제한 중앙관등과 한 발짝 떨어져 있었으며, 이는 그들이 지닌 독자적 세력기반에 기인하였을 가능성이 크다(임기환, 2004). 덧붙여 설령 관등이 있었다 하여도 훗날과 같이 뚜렷한 위계 서열 안에 포섭된 것 같지도 않다. 명림답부(明臨答夫)가 그 예이다. 명림답부는 차대왕을 죽이고 신대왕이 즉위하는 데 큰 공을 세웠는데, 이러한 정변은 그가 속한 연나부가 움직였던 일로 이해된다. 따라서 명림답부는 연나부에서 상당한 위치에 있던 인물이다. 그러함에도 차대왕 살해 당시 그는 조의라는 하위 관등에 머물렀다.

제가, 특히 대가는 강고한 지역적 세력기반을 가진 채, 왕권이 주관하는 중앙관등에 편제되지 않은 상황이었다. 당시 왕궁에서 수시로 이루어진 정치행위에 이들이 참여하기는 쉽지 않았기에 제가회의에서 국정 주요 부분이 처리되었던 셈이다(노중국, 1979; 노태돈, 1999; 여호규, 2014). 이미 언급한 것처럼 죄인을 처결할 때 제가가 평의하였던 것이 그 예라 하겠으며, 제천대회 시 공회에 제가가 참석하였던 것도 단순히 제사를 지내기 위해서라기보다는 정치적 결정과 합의를 이루어내고자 하는 데 목적이 있었을 터이다(강진원, 2021). 그와는 달리 제가회의의 역할을 상대적으로 축소하여 이해하기도 하나, 이는 이른 시기에 집권체제가 수립되었다고 본 데 기인한다(김광수, 1982; 이종욱, 1982a; 금경숙, 1994).

요컨대 다수의 연구에서는 대가가 정치적인 영역에서 상당한 독자성을 지녔다고 여기는데, 이는 당시 정치체제, 즉 나부체제와 맞물린다. 나부체제 아래에서는 중앙집권화가 궤도에 오르지 못하거나 왕권 행사에 제약이 뒤따른 결과, 왕실을 제외한 여타 지배집단의 세력기반이 일정하게 유지되는 경향이 있었기 때문이다. 다만 그렇다 하여도 왕권이 어느 정도의 구심력을 발휘하였으므로, 대가는 이상에서 살펴본 측면 외에 다른 면모도 지녔으리라 생각된다.

그 하나가 바로 대가 휘하의 관인이다. 앞서 언급한 것처럼 왕과 함께 대가도 같은 이름의 관등을 둘 수 있었으나, 그 명단을 왕에게 알려야 했을 뿐 아니라, 공회에서 왕의 사자·조의·선인과 대가의 그들은 같은 줄에 설 수 없었다. 아마도 그 과정에서 왕권은 나부 내부의 일을 어느 정도 통제·간섭했으리라 여겨진다(임기환, 2004).

이러한 면모를 제가회의에서 찾기도 한다. 즉 제가회의에 참여하는 제가 가운데 왕이 내린 관등을 가진 존재도 있었으며, 그에 따라 회의에서의 순차가 정해졌을 터인 만큼 근본적으로 왕의 권위 아래 귀속된 존재였다고 파악한 것이다(노태돈, 1999).

이상을 보건대 나부체제 아래에서 제가, 특히 대가의 정치권력은 상당하였으며, 그들이 사회에 미치는 영향도 마찬가지였으리라 생각된다. 다만 그렇다고 하여 그 정도가 왕권을 넘어선 것은 아니었다. 『삼국지』 고구려전에 나오듯 왕실인 계루부의 대가는 모두 고추가라는 존호를 칭할 수 있었으나, 연노부(소노부)나 절노부는 특정 인물에게만 허용된 것을 통해서도 그 점을 엿볼 수 있다. 왕권이 일정한 구심력을 행사하는 이상, 제가는 그 아래에 자리할 수밖에 없었다.

(2) 주부(主簿)

주부는 『삼국지』 등에서 고구려의 관제를 서술할 때 나오는 관등의 하나이다. 하지만 사회적으로 볼 때 대가와 비견되는 존재로 나타나기에 일정한 계층적 성격을 지녔다고 이해된다.

주부는 본디 중국에서 유래한 직명(職名)으로, 한대에는 중앙이나 지방의 실무직인 연사(掾史) 가운데 수석관리로 문서를 관장하고 인신(印信), 즉 도장이나 관인을 감수(監守)하였다. 이에 주부가 현도군 시기의 속리(屬吏) 직임을 변용한 것이라 보기도 하는데(노중국, 1979; 권오중, 1992), 그 연장선에서 문서행정과 왕명출납을 관장하던 관등으로 관직적 성격이 강했으며, 대체로 왕권을 뒷받침했다고 이해한다(김철준, 1975; 노중국, 1979; 이종욱, 1982; 노태돈, 1999; 금경숙, 2004; 임기환, 2004). 앞서 대가 우거와 함께 활동한 주부 연인이 왕권에 협조하여 독자적 세력기반을 지녔던 대가의 군사활동을 통제하였다고 이해한 것 또한 그 때문이다.

이처럼 왕권과 우호적 관계를 유지하였던 주부 세력은 대가와 어깨를 나란히 할 정도의 위상을 가졌던 것 같다. 군사활동 시 대가와 병렬되어 나타날 뿐 아니라, 제천대회 때 행해진 공회에서도 대가와 동등한 옷차림새를 하였기 때문이다(노중국, 1979; 여호규, 2014). 이는 시간이 흐름에 따라 집권력이 강화된 데 따른 결과이다(여호규, 2014). 다만 그러함에도 불구하고 대가와 구별하여 언급한 점은 주부의 본질적인 성격이 대가와 달랐음을 보여 준다. 대가는 이전의 나국과 같은 독자적 세력집단의 수장층과 관련되었다. 반면 주부는 그 관명(官名)이 행정업무와 연계되었기에 왕에 직속된 세력으로서 대가가 아닌 인물군이 편제되었을 가능성이 있다(노태돈, 1999).

요컨대 주부는 왕권에 부응하는 관료적 성격이 강하였다. 즉 독자적인 세력기반을 지녔다기보다는 왕권을 매개로 대가에 버금가는 반열에 올라선 것이므로 대가와 비슷한 수준의 인적 자산을 가지지 않았을 가능성이 크다(노태돈, 1999). 덧붙여 주부가 일종의 계층으로 기능하였다는 점은 인정할 수 있겠으나, 그것이 제가만큼 세대를 이어가며 공고한 신분적 속성을 지녔는지는 확신하기 어렵다. 훗날 고구려 관제에서 대가나 소가에서 유래한 관명을 찾아볼 수 없는 반면, 주부는 그 흔적을 엿볼 수 있을 뿐 아니라 대주부 등으로 분화되기도 했으므로 더욱 그러하다.

(3) 대가(大家)

『삼국지』고구려전에 따르면 '대가'가 농사를 짓지 않아 앉아서 먹기만 하는 이들, 즉 좌식자(坐食者)가 1만여 명이나 된다고 전한다. 또 『태평어람』사이부(四夷部) 고구려전에 인용된 『위략』에서는 '대가'가 생산활동을 하지 않아 하호가 부세(賦稅)를 대니 노객과 같다고 하였다. 이 '대가'의 경우 식읍제가 실시되었다는 전제 아래 노동하지 않고 조세에 근거하여 생활한 자들, 즉 식읍주로 보기도 한다(이인재, 2006). 어떻게 보든 '대가'가 당시 사회 상층부를 이루었다는 점은 짐작할 수 있다.

'대가'의 실체에 관한 견해는 크게 둘로 나뉜다. 하나는 대가(이옥, 1984), 대·소가(김광수, 1982), 혹은 대가를 비롯한 그들의 친족과 사자·조의·선인 등(노태돈, 1999)으로 본 것인데, '대가'의 주된 인적 구성을 대가나 제가로 이해하였다.

다른 하나는 '대가'를 농사짓지 않고 살아간 가구 가운데 규모가 큰 경우로 간주하여 부여의 호민과 비슷한 맥락으로 파악한 것이다(문창로, 1990; 여호규, 2014). 호민은 본디 중국 한대에 부유한 상층민을 가리키는 용어로 쓰였는데, 그들은 지방행정의 재정적 조력자로서 빈민을 구제하기도 하였다(문창로, 1990). 한국 고대 호민의 경우 제가와 동일시하기도 하나(김철준, 1975), 양자는 구별하는 편(김삼수, 1965; 武田

幸男, 1967; 홍승기, 1974)이 일반적이다. 이에 중국과 마찬가지로 재력을 갖춘 민으로 보거나(노중국, 1988; 이인재, 2006), 제가와 연결된 재지세력으로 여기기도 하며(홍승기, 1974), 그 유형을 제가세력과 부유한 상층민으로 양분하기도 한다(문창로, 1990). 어떻게 보든 대가 혹은 제가를 넘어서는 인적 범위를 가리킨다고 이해한다.

이 글에서 주목한 것은 '대가'의 규모이다. 『삼국지』 고구려전에서는 고구려의 호수(戶數)를 3만이라 하였는데, 1호를 5~6명으로 본다면 1만여 명은 당시 인구의 5% 이상이므로, 이들 모두를 정치적 지배자(가)로 상정하기 어렵다는 것이다(문창로, 1990; 여호규, 2014). 즉 '대가'란 나부 지배세력이나 신흥 중앙귀족 등 정치권력을 주도하던 집단 외에 부여의 호민과 같은 경제적 상층민을 포함하는데, 대·소가 이외에 이들 부유층도 피지배층인 하호를 경제적으로 통제하였으며, 오히려 지배층의 다수를 점한 것은 후자라고 보았다(여호규, 2014).

다만 고구려의 '대가'에 부여의 호민과 같은 이들이 상당하더라도, 양자를 완전히 같은 존재로 보지는 않는다. 호민의 경우 '민(民)'이 붙는 이상 인민 중 부유한 계층을 가리킴에 비해(김삼수, 1965; 武田幸男, 1967; 홍승기, 1974), '대가'에는 대·소가도 포함되기 때문이다. 차이점은 다른 데서도 드러난다. 뒤에 다시 언급하겠지만 『삼국지』 고구려전에 따르면 '대가'는 원거리의 하호에게서 식량을 공급받아 생활하였다. 따라서 부여의 호민이 하호와 같은 읍락에 거주한 것과 달리, 고구려 '대가' 세력 상당수는 도읍에 거주하며 하호를 경제적으로 지배했다고 여긴다(여호규, 2014).

한편 '대가' 가운데 부여의 호민에 상응하는 상층민의 경우, 제가세력이 중앙에서 활동하게 됨에 따라 자신들의 읍락에서 친밀한 관계가 있었던 인물을 실질적 지배자로 두면서 출현하였으며, 일부는 재지세력으로 남아 가(加) 계층의 가신으로 종사하였던 반면, 다른 일부는 중앙에 진출하여 대가 휘하의 사자·조의·선인으로 변모하였다고 추정하기도 하며(문창로, 1990), 소가를 호민과 같은 계층으로도 보았다(문창로, 1997).

(4) 하호(下戶)

『삼국지』 부여전의 경우, 백납본(百衲本)·전본(殿本)을 비롯한 대개의 판본에서는 부여의 읍락에 호민이 있으며 하호라 불리는 이들은 노복의 처지였다고 한다. 읍락 구성원이 '호민-하호-노비'의 계층으로 이루어진 것이다(武田幸男, 1967; 홍승기, 1974; 朴燦奎, 2003; 나유정, 2018). 반면 급고각본(汲古閣本)에서는 이 기술에 대하여 '名下戶'를 '民下戶'라 했기에 달리 생각할 여지가 있다. 즉 읍락에 호민·민이 있었고 하호는 노복의 처지였다고 이해할 수 있는 것이다(김삼수, 1965; 이인재, 2006). 그렇게 본다면 읍락에는 '호민-민-하호-노비'의 서열이 존재하게 된다. 다만 오늘날에는 읍락에 호민이 있었고 민은 하호로 노복의 처지였다는 의미로 받아들이는 경향이 우세하다(홍승기, 1974; 김철준, 1975; 이현혜, 1984; 문창로, 1990; 노태돈, 1999; 전덕재, 2006). 따라서 판본에 따른 차이에도 불구하고 '호민-하호-노비'로 읍락이 구성되었다는 점에 대해서 큰 이견은 없다.

『삼국지』 동이전 찬자는 여러 곳에서 유사한 내용이 나올 때 먼저 언급된 쪽에 이를 기술하고, 그 뒤에는 관련 사안을 생략하거나 간략히 기술하였다(전해종, 1980). 고구려와 부여의 풍속에 비슷한 점이 많았으므로, 애초 고구려의 읍락 역시 부여와 확연히 다르진 않았으리라 생각된다. 따라서 고구려에도 호민과 유사한 부유층이 존재했을 텐데(나유정, 2018), 그 점은 앞서 '대가'를 다루며 언급하였다. 따라서 여기에서는 피지배층 다수를 점한 하호에 대하여 살펴보겠다.

하호는 『삼국지』 동이전 곳곳에 나타나며, 특히 고구려와 이웃한 부여와 동예에 관한 기술에서도 나오는데 읍락의 민인(民人)으로 이해하는 것이 일반적이다(이기백, 1967; 홍승기, 1974; 김철준, 1975; 이경식, 1989). 그런데 하호는 본디 중국에서 유래한 표현으로, 한대에는 경제적 상황이 열악했던 소작인 등을 일컬었다. 『삼국지』 동이전 찬자가 만주 및 한반도의 피지배층에게 이러한 용어를 사용한 것은 그들의 처지가 중국의 하호와 비견될 정도로 빈한하게 다가왔거나(武田幸男, 1967; 노중국, 1979; 노태돈, 1999; 여호규, 2014), '대가'에게 물자를 공급하는 모습이 지대를 내는 소작인처럼 여겨졌기 때문이라 생각된다(나유정, 2018).

하호는 여러 지역에서 나타난다. 따라서 소속 공동체에 따라 성격이 달랐다고 보기도 한다. 이는 『삼국지』 동이전에서 하호의 상위에 존재하는 계층을 언급함에 부여는 제가나 호민, 동예는 후(侯)·읍군(邑君)·삼로(三老) 등의 거수(渠帥) 계층, 고구려는 '대가'라 했던 데에서 기인한다. 하호에 대응되는 집단이 각기 달랐으므로, 고구려의 하호를 단순한 읍락민으로만 보기 어렵다는 것이다(여호규, 2014).

동예 사회는 읍락 공동체적 요소가 상당히 남아 있고, 거수는 공동체 수장으로서의 면모를 지녔다. 부여 사회는 동예 사회가 진전된 모습이며, 호민의 경우 읍락의 거수였다고 이해하기도 하나(武田幸男, 1967; 노태돈, 1999), 거수 아래에 자리했다고 보기도 한다(홍승기, 1974). 그런데 이 무렵 고구려 사회의 '대가' 가운데에는 도읍 일대에 거주하는 이들도 존재하였다(여호규, 2014). 고구려의 경우 하호와 '대가'의 관계는 읍락의 범위를 넘어서 맺어지기도 했으므로, 공동체적 면모가 상대적으로 약했다고 볼 여지가 있다.

다만 지역을 막론하고 기본적으로 하호의 성격이 크게 다르지 않았다고 여기기도 한다. 이 글에서는 『삼국지』 동이전에서 피지배층을 일컫는 일반적 용어로 하호가 선택된 점에 주목하여, 사회별로 하호의 성격에 차이가 있었던 것이 아니며, 왕이 아닌 특정 상위 계층에게 통제되고 조세를 바치던 민을 가리킨다고 보았다(나유정, 2018).

하호 아래에는 노비와 같은 천인 계층도 존재했을 텐데, 구체적인 생활상을 알기는 쉽지 않다. 그러나 기본적으로 여느 공동체와 마찬가지로 열악한 처지에 놓였으리라 짐작된다.

2) 읍락의 상황

앞서 살펴본 것처럼 고구려 초기 읍락의 하호는 '대가' 세력과 일정한 관계를 맺었다. 그 실상을 잘 보여주는 것이 『삼국지』 동옥저전이다. 이에 따르면 당시 동옥저는 고구려에 복속된 상태로, 고구려에서는 대인(大人)을 두어 사자(使者)로 삼아 함께 다스리게 했고, 대가로 하여금 조세를 통괄하게 했으며, 여러 물품을 원거리에서 이동케 하고, 미인을 종이나 첩으로 삼는 등 동옥저인을 노복처럼 대우하였다.

이 기록에서 대가가 동옥저의 조세를 관장하였다는 점에 대해서는 이견의 여지가 없다. 다만 대인과 사자의 실체에 관해서는 견해가 나뉜다. 고구려에서 옥저의 대인, 즉 재지 수장층을 사자로 삼아 간접적인 집단지배방식을 행했다고 보기도 하고(武田幸男, 1967; 문창로, 1990;

김기흥, 1991; 하일식, 1991; 김현숙, 2005; 여호규, 2014), 고구려의 대인을 옥저에 파견하여 사자(使者)와 사상(使相)이란 관직을 주어 다스리게 했다고 주장하기도 하며(日野開三郎, 1988), 옥저의 대인을 사자로 삼되 상(相)이 통치케 했다고 여기기도 한다(서의식, 1990; 김미경, 1996; 이인재, 2006). 현재는 대개 동옥저의 대인을 사자로 삼아 토착사회 내부를 관장케 하였다고 보는 설을 수용하고 있으며, 이때의 대인은 호민에 상응하는 계층으로서 대가 휘하에 둔 사자·조의·선인에 비견된다고 이해하기도 한다(문창로, 1990).

다만 어떻게 보든 대가가 동옥저 읍락에서 조세를 징수하는 등 경제적인 지배권을 행사하였다는 사실은 변함없다. 『삼국지』 고구려전에서 하호가 원거리에서 물품을 이송하여 좌식자, 즉 '대가'에게 공급한다고 한 것은 이를 전하는 것으로 보인다. 아울러 그러한 양상은 압록강 중류 유역의 원(原)고구려 지역에서도 크게 다르지 않았던 것 같다. 『삼국지』 고구려전에서 산골짜기에 주거하였다 하고, 『삼국사기』 고구려본기 초기 기록에 '곡(谷)' 혹은 '천(川)'이 붙은 지명이 자주 나타나는 것을 보면, 곡(천) 집단의 성격은 읍락과 통한다고 추정된다(문창로, 1997; 이준성, 2020).

그렇다면 대가는 어떠한 과정을 거쳐 복속지역에 경제적 지배권을 행사할 수 있었을까. 그와 관련하여 주목되는 점은 초기의 군사활동 면모이다. 『삼국사기』에 따르면 태조왕 20년(72년)과 22년(74년) 관나부와 환나부의 패자를 보내 각기 조나와 주나를 병합하였다. 이 사건은 기록상 왕이 주도한 것처럼 보일 수도 있으나, 실상은 나부 지배세력이 왕권의 통제 아래 각기 군사력을 동원하여 정복한 사건으로 이해한다(이종욱, 1982b; 금경숙, 1994; 임기환, 2004). 이처럼 군사활동에 적극적으로 참여한 대가는 조세 수취 권한을 획득했을 것이며, 동옥저 읍락은 그 한 사례로 여긴다(김현숙, 2005; 여호규, 2014).[3]

물론 이러한 정복을 왕이 직접 주도할 때도 있었을 것이며, 왕실과 나부 세력이 함께 출전하는 경우도 있었을 것이라 짐작되는데, 복속지역에 대한 수취도 그에 발맞추어 별도로 행해졌다고 생각된다. 앞서 언급한 『삼국지』 동옥저전을 통하여 그 실마리를 찾기도 한다. 즉 이 기록에서 대가가 조세를 통괄하는 지역은 나부세력이 관장하는 곳으로 식읍과 성격이 유사하며, 대인을 통하여 관리한 것은 왕권의 지배방식이라 본 것이다(김현숙, 2005). 이미 살펴본 것처럼 관련 문구의 해석을 두고 견해가 엇갈리지만, 당시는 중앙집권화가 미비했다고 보는 편이 자연스러우므로 각 읍락의 지배 주체가 일원화되지 않았을 가능성은 상당하다.

비슷한 사례는 『삼국사기』 고구려본기 초기 기록에서도 찾아볼 수 있다. 여기에서는 주변세력을 아우를 때 성읍 또는 군현으로 삼았다는 표현이 나온다. 북옥저·행인국·동옥저 등이 성읍, 개마국이 군현에 해당한다. 성읍은 재지 질서를 인정하거나 부분적으로 재편하여 속민(屬民)이나 집단적 예민(隸民)으로 삼아 조세 수취를 통하여 간접지배한 것으로 이해하고(금경숙, 2004; 임기환, 2004; 김현숙, 2005), 군현은 왕의 직할령이나 계루부 내로 직접 편제된 사실을 반영한다고 보기도 한다(임기환, 2004). 성읍이 된 사례에 동옥저도 있다는 점을 고려하면 타당성이 있다.

---

[3] 이러한 지역에서 조세 수취를 담당한 관인을 사자·조의·선인으로 보기도 한다(김현숙, 2005).

원고구려 지역 읍락의 양상도 지금까지 살펴본 바와 크게 다르지 않았으리라 생각된다. 모본왕을 시해한 모본인(慕本人) 두로(杜魯)의 일화를 통하여 이 점을 엿볼 수 있다. 모본왕이 묻힌 모본원은 왕실 사유지였으므로(조인성, 1980), 그곳 출신인 두로가 죽음의 위협에 떨었던 것은 지배층이 주관하던 읍락의 공동체 구성원이 처한 열악한 상황을 보여 준다(이인재, 2006). 아울러 고국천왕 때 좌가려 등의 외척에게 자녀와 전택(田宅)을 빼앗긴 이들이 하호란 견해(홍승기, 1974)를 수긍한다면, 세력가의 읍락민에 대한 경제적 침탈도 드물지 않게 일어났으리라 추정된다.

요컨대 고구려 초기 읍락은 대·소가와 재지 유력자를 비롯한 '대가'의 경제적 지배를 받았다. 하호와 이들 사이에 일종의 상하관계가 형성되어 있었던 셈이다. 이러한 구조는 조세 수취에만 국한되지 않았으며, 꽤 광범위한 측면에서 통용되었던 것 같다. 『삼국지』 부여전에 따르면 부여에 외침이 있을 때 제가가 몸소 싸우고 하호는 식량을 운송하여 그들을 먹인다고 하였다. 제가가 병력 및 노동력 동원과 관련된 권한을 행사했음을 알 수 있는데,[4] 이때 호민이 실질적 책임자로서 활동했으리라 추정하기도 한다(문창로, 1990). 고구려 초기의 양상도 본질은 다르지 않았다고 이해된다.

다만 그렇다고 하여 왕권이 재지 읍락에 영향력을 전혀 행사하지 못했다고 보기에는 무리가 있다. 『삼국지』 고구려전에 국가 공동체의 호수(戶數)가 기재되어 있으므로 주민 개개인에 대한 파악은 이루어졌을

---

[4] 부여의 하호가 병졸로서 전투를 수행하면서 군수품 운반까지 담당했다고 보기도 한다(홍승기, 1974).

텐데, 아마도 재천대회 때 각 지역집단의 인구와 경제적 현황이 취합되었으리라 여긴다(나유정, 2018).

3) 사회적 변화상

고구려는 시간이 흐름에 따라 여러 방면에서 변화가 촉진되었다. 이는 사회구조적 측면에서도 마찬가지였다. 이러한 움직임은 정치체제의 변모, 즉 왕권강화 및 중앙집권화 움직임과 떼려야 뗄 수 없는 관계였다고 이해된다.

먼저 대가를 비롯한 제가는 왕권 아래의 관료조직으로 편입되어 갔을 것이다. 『삼국사기』 고구려본기에 따르면 대무신왕 때 문제를 일으킨 비류부장, 즉 비류나부의 대가는 별다른 관등이 기재되지 않았으나, 고국천왕 때의 연나부 대가 세력은 패자와 같은 관등이나 중외대부·평자 등의 관직을 지녔다. 시간이 흐름에 따라 중앙관료체계 내로 흡수되어 가는 양상이 나타났음을 알 수 있다(임기환, 2004). 이처럼 지배집단이 중앙귀족으로 변모하게 된 결과, 제가회의 또한 상설화된 귀족회의로 변모하였다고 생각된다(이정빈, 2006b; 여호규, 2014).

다음으로 읍락의 경우 애초 정치적으로 대·소가의 지배를 받을 때도 적지 않았으나, 중앙집권화가 진전됨에 따라 나부의 세력기반이 약해져 하호는 제가보다는 '대가', 즉 읍락의 부유층과 경제적 관계를 형성하는 경우가 늘어났다고 여긴다(여호규, 2014). 기존의 나부체제가 이완되면서 제가, 특히 대가의 왕권에 대한 독립성이 옅어졌고, 그 연장선에서 이들의 읍락에 대한 영향력 역시 줄어든 셈이다.

주목할 점은 '대가' 또한 자신들의 근거지에 머물며 권한을 행사한 것 같지는 않다는 사실이다.『삼국지』부여전과 고구려전에 보이듯, 부여의 호민이 하호와 같은 읍락에 거주했던 것과 달리, '대가'는 원거리의 하호로부터 식량을 공급받았다. 고구려의 '대가'는 부여의 호민과 달리 도읍에 거주하며 하호를 경제적으로 지배했을 가능성이 크다(여호규, 2014).

이러한 변화는 지배세력의 주요 수취대상이 귀금속과 같은 동산(動産)에서 토지와 노동력으로 변한 것과 연관된다. 종래 나부의 지배집단은 동산적인 부를 축적하여 읍락민을 지배하였기에 재지적 성격을 강하게 띠었다. 그러나 2세기 말 이후 농업생산력이 늘어나 토지가 주요 경제기반이 되면서 '대가'는 토지를 매개로 하호와 경제적 관계를 맺고, 재지에서 유리하여 도읍으로 집결할 수 있었다. 그 결과 2세기 말 이후 도읍에 거주하는 지배세력이 점차 증가하기에 이르렀으며, 이는 방위부의 비중 강화 및 중앙귀족의 형성을 초래했으리라 여겨진다(여호규, 2014). 이 무렵 우태 이상의 관등 소지자가 좌·우보나 국상 및 중외대부 등 상위 관직을 역임했던 사례를 통하여 대가가 고위 관등을 독점했을 것이란 견해(임기환, 2004)가 제기되었는데, 이는 대가가 중앙의 관등을 필수적으로 지니지 않았던 이전과는 다른 양상이다.

이러한 흐름은 지배층에만 국한되지 않았다. 당시 농업생산력 증대로 인하여 공동체적 질서가 약해졌다는 점은 널리 알려진 바이다. 이에 따라 읍락민의 처지 또한 여러 갈래로 나뉘게 되었던 것 같다. 미천왕이 즉위하기 전 유랑생활 도중 수실촌(水室村) 사람 음모(陰牟)에게 고용살이를 하였는데, 이를 통하여 같은 민이라 하여도 음모로 대표되는 자급농민과 을불(乙弗)로 대표되는 용작농민이 분화되었음을 알 수 있다(홍승기, 1974). 이때 음모를 호민으로 이해하기도 하지만(문창로,

1990), 어찌 되었든 민이 분화되었다고 본 것은 같다. 아울러 이 두 계층 사이에 진대법으로 관곡(官穀)을 빌려 쓰고 환납하던 즉 소량의 토지를 소유한 이들도 존재했으리라 여긴다(홍승기, 1974). 간과하면 안 될 점은 이러한 격차가 고정불변하지 않았다는 사실이다. 을불이 음모로부터 일정한 대가를 받았고 이를 기반으로 소금장수를 시작할 수 있었던 것처럼, 일반 민의 사회적 처지도 변동 가능성이 있었다(홍승기, 1974).

요컨대 시일이 지남에 따라 기존의 재지 읍락사회는 동요하였다. 이러한 상황을 극복하고자 실시되었던 것이 바로 진대법이다. 『삼국사기』 고구려본기에 따르면 2세기 말 실시된 이 조치는 당시 고구려가 처한 사회적 현실에서 비롯되었다. 나부체제가 해체되면서 각 나부를 구성하는 읍락의 공동체적 관계도 약해졌고, 경제적으로 어려운 하층민은 공동체의 보호를 받기 어려워졌다. 이에 왕권으로서는 그들이 지배집단의 예속민으로 전락하는 것을 막기 위하여 진대법이라는 빈민구제책을 시행한 것이다(김기흥, 1991). 이에 대하여 그전까지 국가권력의 직접적인 지배를 받는 공민(公民) 관념이 굳건히 뿌리내리지 못한 상황이었기에, 진대법은 공민을 새롭게 조성하고자 실시되었다고 여기기도 한다(여호규, 2014). 다만 이러한 조치가 제도적으로 유지되었다 해도 실질적 운영에는 어려움이 뒤따랐으리라 추정하는 설(정동준, 2020)도 제기되었다. 당시 사회상에 대해서는 더욱 면밀한 검토가 이루어져야 할 것이다.

2. 제의의 종류와 특징

1) 제천대회 동맹(東盟)

(1) 의례의 실체와 과정

『위략』 일문이나 『삼국지』 동이전은 3세기 중·후반에 편찬되었으므로(世界書局編輯部, 1984; 윤용구, 1998), 그즈음의 사정을 보여준다. 이에 따르면 고구려에서는 10월에 '동맹'이라는 이름의 제천의례를 치렀다. 이때의 공회에서는 대가와 소가가 차림새에 차이를 둔 채 참여하였고, 도읍 동쪽에 자리한 수혈(隧穴)이라는 굴에 있는 수신(隧神) 혹은 수혈신(䅲穴神)을 맞이하여 물가에서 제사하였는데, 그 신상(神像)은 목제였다.

연구 초창기에는 이 의례를 곡령(穀靈)신앙과 관련된 수확제로 보았다(三品彰英, 1973; 井上秀雄, 1978). 고구려가 기본적으로 농경사회였기에 그렇게 보는 것은 타당하다(금장태, 1992; 노태돈, 1999; 전덕재, 2003; 최광식, 2003). 물론 당시 고구려의 도읍지였던 집안(集安) 지역의 경우 음력 10월이면 입동이라(이정빈, 2006a) 재고의 여지가 있다. 다만 집안과 마찬가지로 기후가 한랭한 풍산 등지에서도 10월에 곡령 제사가 이루어졌고, 이즈음 추수가 완전히 끝나기에 한 해의 수확을 완결한다는 의미에서 행해진 '2차 수확의례'였을 가능성이 있다(강진원, 2021).

그런데 앞서 거론하였던 것처럼 제천대회는 수확제 여부와 무관하게 대가와 소가가 참여하는 공회로 행해져 단순한 민속의례로만 보기 어렵다(최광식, 1994). 다시 말해 국가권력과의 연관성을 살펴볼 필요가 있다. 이는 오늘날 연구자 대부분이 동의하는 바이다. 다만 의례의 실상에 대해서는 다양한 견해가 제기되어 왔다.

먼저 제천과 국중대회(國中大會) 동맹, 그리고 수신 관련 제의, 즉 수신제(隧神祭)의 관계이다. 『삼국지』 고구려전에서는 하늘에 제사하는 국중대회의 이름이 동맹이라고 한 데 이어 공회 시의 복장을 기술한 뒤, 물가에서 이루어진 수신 관련 제의를 전한다. 따라서 각각이 가리키는 바에 대한 검토가 행해졌다.

제천과 국중대회 동맹의 경우, 일반적으로 제천의례가 곧 동맹이라 불린 국중대회라 본다(井上秀雄, 1978; 최광식, 1994; 서영대, 2003; 박승범, 2001; 윤성용, 2005; 이재성, 2008; 강진원, 2021). 하지만 제천이 국중대회 동맹을 이루는 여러 행사 중 하나라고 여기기도 한다(류현희, 2000; 이준성, 2013). 『삼국지』 및 『후한서』 동이전에서는 부여의 제천의례가 국중대회로 치러졌으며 이름을 영고(迎鼓)라 한다고 하는데, 기본적인 문장 구성이 고구려의 사례와 크게 다르지 않기에 참조된다.

아울러 대·소가가 참여한 공회의 경우 대개 제천의례, 즉 국중대회로 이해하지만, 이를 제천과 구별되는 정치집회로 보기도 한다(이정빈, 2006a). 『삼국지』 고구려전에서는 국중대회 동맹에 관한 서술에 연이어 공회 시의 차림새가 나오는 데 반해, 『위략』 일문 및 『후한서』 고구려전에서는 두 기술이 떨어져 있다는 점에 주목한 결과이다. 이에 대하여 공회를 설명할 때 '그 공회(其公會)'라고 표현한 것으로 보아 국중대회를 가리킨다고 여기기도 한다(강진원, 2021).

이때 국중대회의 이름인 동맹의 경우, 종래는 고구려 시조 동명이나 주몽(최광식, 1994; 류현희, 2000; 김기흥, 2002; 김열규, 2003; 서영대, 2007), 혹은 부여 시조 동명(강경구, 2004; 박승범, 2004; 여호규, 2014)을 음차(音借)한 것으로 보는 견해가 많았다. 하지만 부여의 영고 및 동예의 무천(舞天)이 한문식 표현이라는 점을 들어 '나라 동쪽에서 치른 맹회(盟會)'를 뜻한다거나(조우연, 2019), '국도(도읍) 동쪽에서 이루어진 회합'을 의미한다는 견해(강진원, 2021)가 제기되었으며, '동(東)'에 으뜸(首), '맹(盟)'에 희생례라는 뜻이 있다 하여 '나라에서 으뜸가는 희생제'로도 이해하였다(이춘우, 2015).

제천과 수신 관련 제의의 경우, 제천의례 자체가 물가에서 수신을 제사하는 과정으로 이루어진다고 보기도 하나(三品彰英, 1973; 井上秀雄, 1978; 최광식, 1994; 서영대, 2003; 윤성용, 2005), 양자를 별개의 제의로 여기기도 한다(김두진, 1999; 이재성, 2008; 이준성, 2013; 이춘우, 2015). 『삼국지』 고구려전에서 제천과 수신 관련 제의 사이에 공회 시의 차림새에 관한 기사가 나오기에 그렇게 생각할 여지가 없는 것은 아니다. 특히 『한원』 번이부 고려전에 "동맹의 사당에서 천제를 대접하였고, 수혈의 제사에서 신령을 영접하였다(響帝列東盟之祠 延神宗襚穴之醮)"고 한 데 주목하여, 동맹과 수혈에 관련된 제사가 양립했다고 이해하기도 한다(이정빈, 2006a; 조우연, 2019).

다만 『한원』의 기술은 사료적 가치가 떨어지는 『후한서』 동이전에 근거했을 뿐 아니라, 제천과 수신 관련 제의를 별개로 본다면 수신에 관한 의례는 비교적 상세히 과정이 전해진 데 비해, 더욱 중요한 제천의례 관련 서술은 거의 이루어지지 않은 것이 되어 문제라는 지적도 제기되었다(강진원, 2021). 어떻게 보든 해당 의례가 왕권의 주도로 행해진 이상, 당시 고구려에서 거국적인 규모의 제사가 성대히 치러졌다는 점은 인정하여도 좋을 것이다.

다음으로 제천의례의 제사 대상인 '천(天)'의 성격이다. 지금까지는 대개 왕실과 직접 연결된 존재, 즉 조상신의 범주에서 파악하였다. 이는 중국에서 서주 이후 천신과 조상신의 연결고리가 약해졌던 것과 달리, 고대 한국을 비롯한 북방 종족의 신화에서 시조가 천신의 직계존속으로 언급된 데 기인한다. 즉 고구려 또한 크게 다르지 않았기에, 왕은 혈연계보로 천과 연결되었고, 천은 시조의 직계존속이었기에 천신을 시조신의 연장선에서 파악했다는 것이다(노태돈, 1999; 서영대, 2003).

그런데 이처럼 천과 왕실의 혈연적 관계가 직접적인 공동체에서는 제천의례 또한 조상 제사로서의 색채가 뚜렷하였다. 예컨대 신라의 시조 제사는 제천의례적 성격을 지녔고(나희라, 2003), 고대 일본에서는 황실 조상이 천신이었기에 그 제사에 제천의 의미도 함께하였으며(나희라, 2004), 백제 또한 중국식 제천의례인 교사(郊祀) 방식을 수용하되 천신을 조상신으로 여기는 재래의 천 관념 아래 운영하였다(강진원, 2016; 강진원, 2017b). 같은 맥락에서 고구려의 제천의례 또한 그러한 관념에 토대하여 이루어졌을 것이라는 견해(강진원, 2021)가 제기되었다.

반면 이때의 천은 조상신으로서의 인격신이 아니라 천도(天道)의 상징인 자연신, 즉 서주 이래 중국의 천 관념에 근접한 존재이며, 인격신으로서의 면모를 갖추게 되는 것은 4~5세기 이후의 일로 여기기도 한다(이춘우, 2015; 조우연, 2019).[5] 이 글에서는 후대에 왕실 시조의 영향력이 강화된 점을 주목하는데, 논의가 더욱 타당성을 얻기 위해서는 고구려 초기의 천 관념이 다른 인접 공동체의 사례와 달리 자연신적 측면에 토대한 배경에 대하여 면밀하게 검토가 이루어져야 하지 않을까 한다.

다음으로 이목을 끈 것은 수신의 실체이다. 관련 제의가 제천의례의

---

5 인격신과 자연신을 구별하는 요인은 그 신격이 인간의 조상이 되는지의 여부이다(諸戶素純, 1972).

하나든 그와 다른 것이든, 수신에 다가가는 것은 제사의 실상을 밝히는 데 필수적인 사안이었기에 꽤 활발한 논의가 이루어졌다. 수신의 성격을 지모신으로 보는 데 큰 이견은 없다(김철준, 1971; 三品彰英, 1973; 노태돈, 1999; 장지훈, 1999; 서대석, 2002; 서영대, 2003; 조영광, 2006; 채미하, 2006). 다만 구체적인 부분에서는 의견이 갈린다. 수신 관련 제의는 왕실 시조 전승, 즉 유폐된 시조 모친이 일광에 감응하여 주몽을 낳았다는 이야기를 재연한 것으로 보아 수신은 곧 시조 모친이라 하는 견해가 다수를 점하여 왔다(三品彰英, 1973; 大林太良, 1984; 장지훈, 1999; 김기흥, 2002; 나희라, 2003; 서영대, 2003; 전덕재, 2003; 윤성용, 2005; 조영광, 2006; 채미하, 2006; 김창석, 2007; 강진원, 2021).[6] 신화가 의례화하는 경우가 많다는 점(大林太良, 1996)이나, 졸본과 국내를 오가는 시조묘 친사가 행해졌고, 흉노의 농성대제(蘢城大祭)가 선우(單于) 배출 집단의 족조(族祖)를 대상으로 했기에(박원길, 2001), 일정한 타당성을 지닌다.

이와는 달리, 수신을 특정 조상신이 아니라 모든 지배집단에서 공유된 지모계(地母系) 여신으로 여기기도 한다(이준성, 2013; 이춘우, 2015; 조우연, 2019). 만일 그렇다면 수신이 국동대혈에 모셔졌다가 햇빛과 마주한 이상, 압록강 중류 고구려 지역 전체에 동굴이나 일광과 관련된 전승이 폭넓게 침투해 있었다고 볼 만한 근거가 뒷받침되어야 하지 않을까 한다. 아울러 7세기의 상황을 전하는 『구당서』 고려전 및 『신당

---

6 주몽의 모친을 유화로 칭한 것이 고려시대의 산물이라는 지적(조영광, 2006)도 있거니와, 현재 전하는 고구려 당대의 기록에서 시조 모친을 유화로 명명한 사례가 없다. 따라서 이 글에서는 시조(의) 모친으로 표현해 둔다.

서』고려전에도 수신의 존재가 확인되기에, 그에 대한 검토도 함께해야 할 것이다. 또 수신 관련 제의에서 부여 시조 동명의 설화가 재연되었으리라고도 추정하는데(여호규, 2014; 장병진, 2016), 그렇게 본다면 수신은 부여 동명의 모친이 된다. 이외에 소노부가 단군과 관련되었다는 전제 아래 수신을 웅녀로도 여긴다(최일례, 2010). 이에 대해서 부여나 탁발선비의 사례를 들어, 최소한 소박한 형태의 시조 탄생담은 마련되었을 것이라는 설도 제기되었다(강진원, 2021).

그런데 수신을 어떻게 생각하든 제천대회에서 이 신격은 두드러지는 위상을 점한다. 관련 기록에서 중점적으로 언급된 것은 다름 아닌 수신이기 때문이다. 이는 수신 관련 제의를 제천의례와 별개로 본다 하여도 다르지 않다. 따라서 그 이유를 생각할 필요가 있는데, 기본적으로 수확제로서 행해졌던 것과 관련된다. 즉 수확제에서는 작물의 생장과 풍요를 초래한 모신(母神)에 대한 숭배가 이루어졌던 데 기인한다(김철준, 1971; 三品彰英, 1973; 서대석, 1988; 김열규, 1991).

아울러 수신 관련 제의에서 부신(父神)의 존재가 그다지 눈에 띄지 않는다는 사실도 유념해야 한다. 이를 모자신(母子神)신앙의 흔적으로 여기기도 한다(강진원, 2021). 모자신신앙은 각지에서 유례를 찾아볼 수 있으며, 고구려의 경우 시조와 그 모친의 관계가 이에 해당하는데(三品彰英, 1973), 이때 남신(男神)은 부차적인 존재로서 태양신이나 그 아들로 나타난다(松前健, 1998). 다만 이 경우 모신이 중시된 이유는 자신(子神)을 낳았기 때문으로,[7] 수신 관련 제의의 절정이 수신과 일광의

---

7 대표적인 사례가 천주교의 성모(聖母, the Virgin Mary)신앙으로(松前健, 1998), 성모에 대한 강고한 믿음은 예수의 탄생에 그의 역할이 있었기 때문이며, 그 중심에는 그리

감응이라는 점에서 보자면, 제천대회에서 수신의 위상이 확고했던 것 또한 양자의 결합으로 탄생한 신격을 기리는 데 초점이 맞추어졌던 결과로 이해할 수 있다(강진원, 2021). 이 점은 수신을 시조 모친이 아니라 공동의 지모계 여신으로 보아도 다르지 않다. 햇빛과 마주한 이상, 어떠한 존재가 탄생했을 것이기 때문이다.

이처럼 제천대회의 실체와 의례 과정에 관한 입장은 연구자마다 다르다. 특히 제천과 수신 관련 제의를 별개로 보아야 하는지, 그리고 수신 관련 제의가 왕실 시조 전승을 반영한 것인지에 대해서는 추후 검토가 이어져야 한다. 다만 어떻게 보든 이 의례가 왕권을 중심에 두고 이루어졌다는 점은 부인하기 힘들다. 『삼국지』 동이전에서 여러 공동체의 제사의례를 전하면서도 국중대회라 칭한 사례는 고구려와 부여밖에 없는데, 이는 그들의 제의체계가 왕권을 중심으로 통합되었다는 점을 보여주기 때문이다(여호규, 2014). 따라서 제천대회를 왕권의례이자 국가제사로 보는 데 큰 이견은 없다.

(2) 성립 시기와 회합의 역할

이미 언급했듯이, 『삼국지』나 『위략』의 기록은 대략 3세기 중·후반의 사정을 전한다. 이 무렵 고구려 왕권이 강화되기는 했으나 아직 중앙집권체제가 수립되었다고 보기에는 섣부른 감이 있다(노태돈, 1999; 임기환, 2004; 여호규, 2014). 더욱이 두 사서의 제천대회 기록은 그 존재를 알려주는 시기적 하한이기에 이 의례는 그 이전에도 행해졌다고 여

스도가 존재하였다(강진원, 2021).

겨진다. 이와 관련하여 성립 시기를 태조왕 이후(서영대, 2003), 혹은 2세기 후반 신대왕 이후(강진원, 2021)로 보기도 하였는데, 제천대회가 이루어지려면 어느 정도의 왕권이 전제되어야 한다는 데 착안한 결과이다. 어찌 되었든 제천대회는 왕권이 일정 수준의 구심력을 발휘하고 있었음에도, 중앙집권력이 궤도에 오르지 못했을 때 성립되었으리라 여겨진다.[8] 그 연장선에서 관련된 면모를 찾으려는 논의가 이루어졌다.

일단 왕권은 의례 과정에서 구심력을 발휘했다고 여겨진다. 『삼국지』 고구려전이나 『위략』 일문에 나타난 것처럼 제천대회에서는 대·소가를 비롯한 지배층 대개가 참여하였다. 이들의 행동이 순연히 자발적이었다고 생각되지는 않기에, 불참할 경우 왕의 권위에 반하는 것으로 여겨 응징이 이루어졌으리라고 보았다(노태돈, 1999). 신라의 시조묘 제사가 상당한 강제력을 가진 구조 속에 운영되었다거나(전덕재, 2003), 탁발선비나 유연에서도 제천의례 시 여타 지배세력에 대해 강제력을 행사했다는 점(박원길, 2001)을 고려하면 수긍할 만하다.

다만 이때는 여타 지배집단 또한 자신의 목소리를 낼 수 있었다고 이해된다. 즉 고구려왕은 지나치게 무리한 요구를 할 순 없었으며, 지배세력은 제천의례에 참여하여 지지기반을 인정받으며 왕권의 주도 아래에서 적정 수준의 기득권을 추구하려 했다고 생각된다(강진원, 2021).

그렇다면 제천대회에서는 전승의 재연 외에 어떠한 일이 일어났을까. 우선 중대한 정치행위가 결정되었으리라 여겨진다. 구체적인 사례

---

[8] 왕권이 제천대회를 주관하는 것과 별개로 여타 지배집단은 자체적으로 수확제를 행하며 자신들의 조상을 기렸으리라 추정된다(노태돈, 1999; 서영대, 2003). 왕실 또한 거국적인 제천대회가 성립하기 전에는 자신들 집단(계루부)을 중심으로 한 의례를 행하였을 것이다(강진원, 2021).

를 엿볼 수 있는 것이 『삼국사기』 고구려본기의 정치행위 기사, 즉 왕실 인물의 승격 및 관리 임명과 하교 등에 관한 조치이다. 『삼국지』와 『위략』이 대상으로 한 3세기 중·후반을 시기적 하한으로 하여 관련 기사를 살펴보면, 전직자의 죽음이나 퇴임으로 인하여 불가피하게 인사가 처리된 경우를 제외하고, 가장 많은 정치행위가 이루어진 달은 제천대회가 치러진 10월이다. 따라서 왕권은 이때 치러진 거국적인 회합에서 정치적 조치를 함으로써 지배집단을 향하여 정당성을 내보였고, 지배집단 또한 동석하여 중요 사안에 대한 왕의 독단에 일정 정도의 제약을 가하거나, 자신들의 의사가 완전히 배제되지 않도록 했을 것이다(강진원, 2021).

다음으로 공납 물품의 분배행위 또한 이루어졌을 것이다. 본디 의례에는 경제적 교환행위가 뒤따르는 경우가 적지 않았고, 중국에서는 선진시대부터 원회(元會) 등에서 군주가 지방이나 국외의 종족집단으로부터 받은 물품을 지배층에 재분배했으며(渡邊信一郞, 1996; 岡村秀典, 2005), 고대 일본에서도 니나메사이(新嘗祭)나 다이조사이(大嘗祭)를 통하여 거둔 수확물을 다시 나누는 반폐(班幣)가 행해졌다(井上光貞, 1984; 岡田精司, 1993). 고구려의 경우 『삼국사기』 고구려본기에 복속지나 주변국에서 서물(瑞物) 혹은 공물을 보낸 기사가 있는데, 이들 가운데 10월의 일은 제천대회에서 이루어졌을 가능성이 크다(이정빈, 2006a). 중국이나 일본의 사례를 고려하면, 이렇게 받은 물품은 다시 지배집단에게 적절히 배분되었으리라 생각된다. 이는 왕권의 경제권 장악이라는 측면 외에 그들의 기득권을 인정한다는 의미도 지녔을 것이다(강진원, 2021).

요컨대 제천대회는 거국적인 행사를 치를 정도의 왕권 수립을 전제로 한다. 하지만 각 지배집단 또한 이때 이루어진 정치적 결정에 참여하고 공납 물품을 분배받는 등 상당한 세력을 보전하였다. 이로써 당시 제천대회는 고구려인을 통합하는 기능을 했다(노태돈, 1999; 전덕재, 2003).

다만 이러한 양상이 그 뒤, 즉 고구려 중·후기에도 줄곧 유지되었던 것 같지는 않다. 이에 대하여 평양 천도 이후 성격과 기능에 많은 변화가 왔을 것으로 보기도 하고(서영대, 2003), 여러 행사에 가감이 있었다거나(이준성, 2013), 규모가 줄어들어 국중대회로서의 위상을 상실하였으리라고도 추정한다(여호규, 2013). 또 제천대회가 퇴조한 대신 신묘(神廟)가 부상했다거나(이춘우, 2015), 수렵행사의 일부로 축소되었다고 이해하기도 한다(조우연, 2019). 회합적 측면이 감소하고 정치적 기능의 비중이 경감되었을 것이라는 견해(강진원, 2021) 또한 같은 범주에 속한다. 그렇다면 『삼국지』 고구려전과 『위략』 일문에 실린 제천대회의 모습은 중앙집권체제가 확립되기 이전의 시대적 정황이 반영된 것이라 하겠다.

2) 시조묘(始祖廟) 제사

중국 문헌에 전하는 고구려의 대표적 제사가 제천대회라면, 국내 문헌인 『삼국사기』에는 시조묘 제사가 전한다. 독자 전승 기사가 적은 와중에도 관련 기록이 계속 나오는 것은 당시에 그것이 지녔던 무게를 알려 준다. 시조묘 제사에 관한 기본적인 사항은 고구려 중기를 다룰 때 상세히 언급되었다(정호섭, 2020). 따라서 이 글에서는 중복되지 않는 선에서 유의미하게 살펴볼 바를 짚어보고자 한다.

먼저 주신(主神), 즉 제사 대상의 경우 부여 시조 동명(이도학, 2005)

이나 태조왕의 부친으로 전하는 고추가 재사(再思)를 대상으로 했다고도 하나(강경구, 2001) 대개는 시조 주몽을 제사했다고 본다. 다만, 고구려에서 시조로 공인된 인물은 주몽뿐이었다는 점을 고려할 필요가 있다.

다음으로 외양은 종묘와 같은 건축물이라기보다 시조왕릉 주변에 조성된 사당, 이를테면 능묘(陵廟)로 보는 견해가 많다(최광식, 1994; 박승범, 2002; 耿鐵華, 2004; 서영대, 2007; 최일례, 2015). 『삼국사기』에 전하는 고구려의 유화나 태자 해명 등의 전승을 보면, 매장지에 종묘와 구별되는 사당(廟)을 세웠음을 알 수 있기에 타당한 논의라 여겨진다. 그 점에 동의하면서 한 걸음 더 나아가 넓게는 시조왕릉 전체를 아우르는 개념으로도 이해하는데, 이는 『삼국유사』에서 가야 수로왕과 신라 미추이사금의 무덤을 각기 수로왕묘(首露王廟), 대묘(大廟)라 하였고, 『삼국사기』에서 미천왕릉을 미천왕묘(美川王廟)라 한 데 기인한다(강진원, 2021).

한편 소재지의 경우, 환인(桓仁)의 미창구(米倉溝)장군묘로 여기기도 하지만(김기흥, 2002) 시조묘가 시조왕릉과 연계되었다는 점에서 주몽의 매장지를 염두에 두어야 할 것이다. 〈광개토왕비〉에 따르면 주몽(추모왕)은 홀본(忽本) 동쪽 산등성이에 묻혔다고 한다. 이에 홀본, 즉 졸본을 고력묘자(高力墓子) 고분군 일대로 보아, 주몽이 인근 산지에 매장되었다고 추정하기도 한다(양시은, 2014; 최일례, 2015; 강진원, 2021).

『삼국사기』 고구려본기의 시조묘 제사 기사는 모두 왕의 친사에 관한 것이다. 그 첫 사례는 신대왕 3년(167년)의 일이다. 그런데 대무신왕이 세웠다는 동명왕묘는 시조묘로 이해된다(정호섭, 2020 참조). 따라서 시조묘는 건립 이후 한동안 흔적을 전하지 않은 셈이다. 그에 대하여 당시는 왕권의 구심력이 약했던 관계로 시조묘 제사가 국가제사로서 위상을 확립하지 못한 채 계루부 중심의 족조제(族祖祭)로 치러졌을 뿐 아니라, 시행 사례가 주로 구두로 전해졌으며, 그나마 있던 기록도 태조왕계의 집권 과정에서 분실되었던 결과로 여기는 견해(강진원, 2021)가 제기되었다.

아울러 신대왕 시기에 졸본과 국내를 오가는 거국적인 시조묘 친사가 행해진 배경으로, 태조왕 집권 후반기부터 신대왕 즉위까지 이어진 동요를 무마하고 피지배층에게 왕권의 신성함을 드러내고자, 계루부의 조상신인 주몽의 위상을 강화하여 국가 공동체의 시조로 자리매김케 한 조치라 파악하기도 한다(강진원, 2021). 대략 이즈음 시조묘 제사는 국가제사가 되었다고 본 셈이다.

전반기 시조묘 제사는 2월과 9월에 행해졌다. 이를 각기 한 해의 풍요를 기원하는 예축제(預祝祭)와 수확제로 이해하는 데(井上秀雄, 1978) 큰 이견은 없다. 이 논의를 보강하여 9월 제사의 경우, 이때 주몽이 죽었다고 전하는 데 주목하여 주몽을 농경신으로 여기는 측면이 강하여 그의 죽음이 풍작을 초래한다는 믿음에서 의례가 치러졌다는 설(강진원, 2021)도 제기되었다. 나아가 동천왕 2년(228년) 및 중천왕 원년(248년)에 왕실 여성을 태후나 왕후로 삼은 일을 시조묘 제사와 연동된 조치로 보아, 시조의 권위에 힘입어 정치적 결정이 이루어졌다고 여기기도 한다(강진원, 2021).

3) 종묘·사직 제사와 묘제(墓祭)

종묘와 사직은 전통시대 대표적인 의례의 장이었고, 고구려 또한 관련 기록이 단편적으로나마 남아 있다. 따라서 그간 일정 정도의 논의가 이루어졌는데, 초기로 시기적 범주를 한정할 때 이목을 끈 것은 『삼국지』 고구려전에서 왕실(계루부) 외에 연노부(비류나부)도 종묘와 사직을 둘 수 있었다고 한 바이다. 이를 통하여 관련 의례를 왕실 중심으로 통합하여 치르지 못했음을 알 수 있다(정호섭, 2020). 따라서 이 글에서는 그 밖의 사안을 중심으로 짚어보고자 한다.

종묘의 경우, 『위략』 일문이나 『삼국지』 및 『후한서』 고구려전에서 존재가 확인되고, 『삼국사기』에 따르면 동천왕 21년(247년) 묘사(廟社), 즉 종묘와 사직을 옮겼다 하므로 3세기에는 실재했음을 알 수 있다. 다만 그 상한에 대해서는 중국 전한 초기부터 존재했다고 보기도 하고(강경구, 2001), 나부체제가 형성된 태조왕 시기에 주목하기도 하며(조우연, 2019; 강진원, 2021), 산상왕 시기라는 설(이승호, 2016)도 있다.

당시 운영 양상의 경우, 태조왕의 '태조'라는 칭호를 통하여 묘호제(廟號制)의 실시 가능성이 제기되었고(김효진, 2017), 소목제(昭穆制)라 할 신주 배열 원리가 존재했다거나(조우연, 2019), 신대왕 시기 이후 칠묘제(七廟制)가 행해졌다는 논의(최일례, 2019)도 있다. 이는 유교적 색채가 상당했을 것이라는 입장이다. 반면 재래적 토대가 강했고, 신주 자체도 전통에 입각한 조소상일 것이라 유추하기도 한다(강진원, 2021). 그즈음 중국 문물의 수용 및 이해 정도에 관한 면밀한 검토가 요청된다.

사직의 경우 사주(社主)는 목제이며 외양이 부경(桴京)과 비슷했을 것으로 보는데(조우연, 2019), 왕실 이외 집단의 사직은 3세기 중엽 조위의 침공 이후 재건되지 못했다고도 하고(서영대, 2005), 위상이 약해졌어도 존재 자체가 사라졌다고 보기는 힘들다고 여기기도 한다(강진원, 2021). 다만 양자 모두 당시 중앙집권화의 한계로 지배집단이 종묘나 사직을 둘 수 있었다고 보는 데서는 공통점을 지닌다.

그 무렵 묘제도 치러졌는데, 이는 능묘(陵墓)에서 항구적으로 지내는 제사를 의미한다(來村多加史, 2001). 『삼국유사』에서는 신라 미추왕릉과 가야 수로왕릉에서 제사가 행해졌음을 전하기에 한국 고대에 묘제가 이루어졌음을 알 수 있다. 고구려의 경우 『삼국사기』에서 대무신왕이 괴유를 매장하고 제사하게 했으므로 그 흔적이 확인된다. 더욱 확실한 사례는 〈집안고구려비〉에 나타나는데, 수묘인이 주기적으로 제사하였음을 전한다(강진원, 2017a). 이에 따라 관련 논의도 어느 정도 진전되었다.

제의공간의 경우 왕릉급 적석총 가까이에 조성된 석대(石臺)를 제대(祭臺)로 보거나(吉林省文物考古研究所·集安市博物館, 2004), 거리를 두고 세워진 건축지(조우연, 2019) 혹은 묘상건축에 주목하기도 한다(강진원, 2021). 또 제사 시기의 경우 춘하추동 사계(孫仁杰, 2013), 시조묘 제사와 같은 달(조우연, 2013), 묘주의 기일 및 전통 절기(강진원, 2021) 등으로 추정하였다.

종묘와 무덤(왕릉)은 조상제사의 무대이다. 그렇다면 이 둘의 관계는 어떠했을까. 이에 대하여 내세에도 생전의 공과와 무관하게 현세의 삶이 이어진다는 계세사상(繼世思想)의 영향 아래 무덤을 죽은 이의 거처로 여기는 관념이 강했던 결과, 무덤에서의 의례가 종묘에서의 의례

보다 중시되었으며, 이때 묘제는 왕실 일족을 규합하여 혈연적 유대감을 재확인하며 왕권의 위상을 다지는 데 이바지했다는 견해(강진원, 2021)가 제기되었다.

4) 제의의 특징

지금까지 제천대회 동맹, 시조묘 제사, 종묘·사직 제사, 그리고 묘제를 살펴보았다. 각 제의의 구체적인 양상에는 차이가 있으나, 총체적으로 볼 때 특징적인 면모 또한 엿볼 수 있다.

첫째, 왕실 혹은 계루부 차원에서 치르던 제사 가운데 거국적인 위상을 갖는 국가제사가 된 사례가 나타났다. 예컨대 애초 각 지배집단이 자체적으로 수확제를 진행했으나, 어느 순간 왕권이 이를 주관하며 지배층의 참여를 종용하는 제천대회가 성립하였고, 종래 계루부의 족조제로 치르던 시조묘 제사 또한 2세기 후반 무렵 졸본과 국내를 오가며 왕의 친사로 이루어졌다.

둘째, 그럼에도 중앙집권화가 궤도가 오른 것은 아니었기에 지배집단은 독립적 성격을 일정하게 유지했다. 이들은 제천대회에 함께하며 왕권의 정당성을 인정했으나, 대규모 회합을 통하여 여러 정치적 결정에 참여하고 수확물을 분배받았다. 또 이들이 자체적인 종묘와 사직을 세울 수 있었던 것은 중앙권력이 그들의 중추적 성소(聖所)까지 간섭할 수 없었음을 보여 준다.

셋째, 왕권이 제사를 매개로 원하는 바를 이루어내려는 정도가 강하였다. 즉 제의에서의 정치적 비중이 후대보다 컸다. 제천대회 과정을 왕권이 주관하고 지배층을 차등화함으로써 국가 공동체의 중추를 장악하고 있음을 각인시켰으며, 시조묘 제사와 정치행위를 연계하여 왕권의 결정이 초월적 정당성을 확보케 하였다. 또 묘제를 통하여 왕가 일원의 혈연적 유대를 공고히 하며 체제의 미숙함을 보완하였다.

    요컨대 초기의 제의 양상은 당시 정치체제와 일정한 상관성을 갖는다. 중앙권력과 여타 지배집단의 기득권이 적정한 균형을 이루되, 왕권이 나름의 세력 규합을 도모하며 구심력을 확대해 나가려던 움직임이 제사에서도 드러나는 것이다. 의례가 시대와 동떨어질 수 없다는 점에서 보자면 이는 당연한 결과인데. 중앙집권체제가 성립되어가는 과도기의 모습에 대해서는 더욱 면밀한 검토가 행해져야 한다.[9]

---

[9] 『삼국지』 고구려전에 연노부의 종묘·사직만 언급된 것을 통하여 여타 지배집단의 해당 제장이 실질적 기능을 상당 부분 상실하였고,『삼국사기』 고구려본기에서 3세기 후반 이후 10월에 정치적 결정이 이루어진 기사를 전하지 않는 것은 제천대회에서 회합의 기능이 축소된 결과라 여기는 견해(강진원, 2021)가 참조된다.

참고문헌

강경구, 2001, 『고구려의 건국과 시조 숭배』, 학연문화사.
강진원, 2021, 『고구려 국가제사 연구』, 서경문화사.
權五重, 1992, 『樂浪郡硏究 –中國 古代邊郡에 대한 事例의 檢討』, 一潮閣.
琴京淑, 2004, 『高句麗 前期 政治史 硏究』, 高麗大學校 民族文化硏究院.
金杜珍, 1999, 『韓國古代의 建國神話와 祭儀』, 一潮閣.
金烈圭, 1991, 『韓國神話와 巫俗硏究』, 一潮閣.
김기흥, 1991, 『삼국 및 통일신라 세제의 연구–사회변동과 관련하여』, 역사비평사.
_____, 2002, 『고구려 건국사』, 창작과비평사.
김열규, 2003, 『동북아시아 샤머니즘과 신화론』, 아카넷.
金哲埈, 1975, 『韓國古代社會硏究』, 知識産業社.
김현숙, 2005, 『고구려의 영역지배방식 연구』, 모시는사람들.
나희라, 2003, 『신라의 국가제사』, 지식산업사.
盧重國, 1988, 『百濟政治史硏究』, 一潮閣.
노태돈, 1999, 『고구려사 연구』, 사계절.
大林太良 저, 兒玉仁夫·權泰孝 역, 1996, 『신화학입문』, 새문社.
文昌魯, 2000, 『三韓時代의 邑落과 社會』, 신서원.
박원길, 2001, 『유라시아 초원제국의 샤마니즘』, 민속원.
서대석, 1988, 『韓國巫歌의 硏究』, 文學思想.
_____, 2002, 『한국신화의 연구』, 집문당.
여호규, 2014, 『고구려 초기 정치사 연구』, 신서원.
李基白, 1967, 『韓國史新論』, 一潮閣.
李丙燾, 1976, 『韓國古代史硏究』, 博英社.

李玉, 1984, 『高句麗民族形成과 社會』, 敎保文庫.
李賢惠, 1984, 『三韓社會形成過程研究』, 一潮閣.
임기환, 2004, 『고구려 정치사 연구』, 한나래
전덕재, 2006, 『한국고대사회경제사』, 태학사.
全海宗, 1980, 『東夷傳의 文獻的 硏究』, 一潮閣.
조우연, 2019, 『天帝之子: 고구려의 왕권전승과 국가제사』, 민속원.
최광식, 1994, 『고대한국의 국가와 제사』, 한길사.

강경구, 2004, 「高句麗 東盟祭 序說」, 『白山學報』 68.
강진원, 2016, 「백제 天地合祭의 추이와 특징」, 『서울과 역사』 92, 서울역사편찬원.
_____, 2017a, 「「集安高句麗碑文」 건국신화의 성립과 변천」, 『史林』 61.
_____, 2017b, 「백제 웅진·사비도읍기 天地祭祀의 전개와 특징」, 『사학연구』 127.
금경숙, 1995, 「高句麗 初期의 中央政治構造 —諸加會議와 國相制를 中心으로」, 『韓國史硏究』 86.
_____, 2004, 「고구려 전기 중앙정치구조 재론」, 『韓國史學報』 18.
琴章泰, 1992, 「祭天儀禮의 歷史的 考察」, 『大東文化硏究』 25.
金光洙, 1982, 「高句麗 前半期의 「加」 階級」, 『建大史學』 6.
김미경, 1996, 「高句麗의 樂浪·帶方地域 進出과 그 支配形態」, 『學林』 17.
金三守, 1965, 「韓國社會經濟史」, 『韓國文化史大系 II: 政治·經濟史』, 高麗大學校 民族文化硏究所.
金昌錫, 2007, 「신라 始祖廟의 성립과 그 祭祀의 성격」, 『역사문화연구』 26.
金哲埈, 1971, 「東明王篇에 보이는 神母의 性格에 대하여」, 『惠庵柳洪烈博士 華甲紀念論叢』, 探求堂.
김효진, 2017, 「高句麗 王號 '太祖王'의 정립 과정과 의미」, 『韓國史硏究』 178.
나유정, 2018, 「『三國志』 東夷傳에 나타난 대민지배방식과 民·下戶의 성격」, 『韓國古代史硏究』 90.
나희라, 2004, 「7~8세기 唐, 新羅, 日本의 國家祭祀體系 비교」, 『韓國古代史硏究』 33.
南根祐, 1989, 「穀靈의 祭場과 「씨」의 繼承儀禮」, 『韓國民俗學』 22.

盧重國, 1979, 「高句麗國相考(上)-初期의 政治體制와 關聯하여」, 『韓國學報』 16, 一志社.

류현희, 2000, 「高句麗 '國中大會'의 구조와 기능」, 『白山學報』 55.

文昌魯, 1990, 「三國時代 初期의 豪民」, 『歷史學報』 125.

_____, 1997, 「三韓時代 邑落의 渠帥와 그 政治的 成長」, 『韓國古代史研究』 12.

박대재, 2015, 「고조선의 정치체제」, 『東北亞歷史論叢』 47, 동북아역사재단.

朴承範, 2001, 「고구려의 국가제사」, 『史學志』 34.

_____, 2002, 「高句麗의 始祖廟儀禮」, 『東洋古典研究』 15.

_____, 2004, 「祭儀를 通해서 본 高句麗의 正體性」, 『高句麗研究』 18.

서영대, 2003, 「高句麗의 國家祭祀-東盟을 중심으로」, 『韓國史研究』 120.

_____, 2005, 「고구려의 社稷과 靈星에 대하여」, 『고구려의 사상과 문화』, 고구려연구재단.

_____, 2007, 「토착 신앙과 풍속 문화」, 『고구려의 문화와 사상』, 동북아역사재단.

徐毅植, 1990, 「新羅 '中古'期 六部의 部役動員과 地方支配」, 『韓國史論』 23.

양시은, 2014, 「고구려 도성 연구의 현황과 과제」, 『高句麗渤海研究』 50.

여호규, 2013, 「고구려 도성의 의례공간과 왕권의 위상」, 『韓國古代史研究』 71.

윤성용, 2005, 「高句麗 建國神話와 祭儀」, 『韓國古代史研究』 39.

尹龍九, 1998, 「3세기 이전 中國史書에 나타난 韓國古代史像」, 『韓國古代史研究』 14.

李景植, 1989, 「古代·中世初 經濟制度研究의 動向과 「국사」敎科書의 敍述」, 『歷史敎育』 45.

李道學, 2005, 「高句麗와 百濟의 出系 認識 檢討」, 『高句麗研究』 20.

이승호, 2016, 「高句麗 王室의 世系 인식 추이와 宗廟의 변천」, 『인문과학연구』 22.

李仁在, 2006, 「夫餘·高句麗의 食邑制-三國志 東夷傳을 중심으로」, 『東方學志』 136.

李在成, 2008, 「고구려 초기 桂婁部의 神堂과 宗廟」, 『전통문화논총』 6.

이정빈, 2006a, 「고구려 東盟의 정치의례적 성격과 기능」, 『韓國古代史研究』 41.

_____, 2006b, 「3세기 高句麗 諸加會議와 國政運營」, 『震檀學報』 102.

李鍾旭, 1982a, 「高句麗 初期의 中央政府組織」, 『東方學志』 33.

_____, 1982b, 「高句麗 初期의 地方統治制度」, 『歷史學報』 94·95.

이준성, 2013, 「고구려 국중대회(國中大會) 동맹(東盟)의 구성과 축제성」, 『역사와 현실』 87.

_____, 2016, 「고구려 초기 대가(大加)의 성격과 상위 관제(官制)의 작적(爵的) 운영」, 『東北亞歷史論叢』 53.

_____, 2020, 「고구려 초기 읍락의 성격과 '부(部)'의 성립 - '본유오족(本有五族)'의 의미를 중심으로」, 『韓國史研究』 190.

이춘우, 2015, 「고구려 東盟祭·隧神祭와 神廟」, 『韓國古代史研究』 79.

장병진, 2016, 「고구려 출자 의식의 변화와 「集安高句麗碑」의 건국설화」, 『人文科學』 106.

張志勳, 1999, 「韓國 古代의 地母神 信仰」, 『史學研究』 58·59.

전덕재, 2003, 「신라초기 농경의례와 공납의 수취」, 『강좌 한국고대사 2: 고대국가의 구조와 사회(1)』, 가락국사적개발연구원.

정동준, 2020, 「경제적 측면에서 본 고대사회의 진휼」, 『韓國古代史研究』 99.

정호섭, 2020, 「불교 수용과 국가 제의」, 『고구려통사 3: 고구려 중기의 정치와 사회』, 동북아역사재단.

조영광, 2006, 「河伯女신화를 통해서 본 고구려 국가형성기의 상황」, 『北方史論叢』 12.

趙宇然, 2013, 「集安 高句麗碑에 나타난 왕릉제사와 조상인식」, 『韓國古代史研究』 70.

趙仁成, 1980, 「慕本人 杜魯 - 高句麗의 殉葬과 守墓制에 관한 一檢討」, 『歷史學報』 87.

채미하, 2006, 「高句麗의 國母信仰」, 『北方史論叢』 12.

최광식, 2003, 「고대국가의 왕권과 제의」, 『강좌 한국고대사 3: 고대국가의 구조와 사회(2)』, 가락국사적개발연구원.

최일례, 2010, 「고구려인의 관념에 보이는 단군신화의 투영 맥락 - 비류부의 정치적 위상을 중심으로」, 『韓國思想과 文化』 55.

_____, 2015, 「고구려 시조묘 제사의 정치성 연구」, 전남대학교 박사학위논문.

_____, 2019, 「고구려 新大王의 즉위와 시조묘 제사 親行」, 『한국학연구』 70.

洪承基, 1974,「1~3世紀의「民」의 存在形態에 대한 一考察 - 所謂「下戶」의 實體와 관련하여」,『歷史學報』63.

耿鐵華, 2004,『高句麗考古硏究』, 吉林文史出版社.
吉林省文物考古硏究所·集安市博物館, 2004,『集安高句麗王陵 - 1990~2003年 集安高句麗王陵調査報告』, 文物出版社.
世界書局編輯部, 1984,『二十五史述要』, 世界書局.

朴燦奎, 2003,「高句麗之"下戶"性質考」,『東疆學刊』2003-3, 延邊大學東疆學刊編輯部.
孫仁杰, 2013,「集安高句麗碑文識讀」,『東北史地』2013-3, 東北史地雜誌社.

岡田精司, 1993,『古代王權の祭祀と神話』, 塙書房.
岡村秀典, 2005,『中國古代王權と祭祀』, 學生社.
來村多加史, 2001,『唐代皇帝陵の硏究』, 學生社.
大林太良, 1984,『東アジアの王權神話 - 日本·朝鮮·琉球』, 弘文堂.
渡邊信一郎, 1996,『天空の玉座 - 中國古代帝國の朝政と儀禮』, 柏書房.
三品彰英, 1973,『古代祭政と穀靈信仰』, 平凡社.
松前健, 1998,『日本神話と海外』, おうふう.
日野開三郎, 1988,『東北アジア民族史 上』, 三一書房.
井上光貞, 1984,『日本古代の王權と祭祀』, 東京大學出版會.
井上秀雄, 1978,『古代朝鮮史序說 - 王者と宗教』, 寧樂社.
諸戶素純, 1972,『祖先崇拜の宗教學的硏究』, 山喜房佛書林.

武田幸男, 1967,「魏志東夷伝にみえる下戶問題」,『朝鮮史硏究會論文集』3, 朝鮮史硏究會.
三池賢一, 1970,「新羅官位制度(上)」,『法政史學』22, 法政大學史學會.

2

영역 확장과 대외교섭의 전개

3장 영역 확장과 복속지역 지배방식
4장 1~3세기 국제정세와 대외교섭

3장

영역 확장과 복속지역 지배방식

김현숙 ǀ 동북아역사재단 수석연구위원

『삼국지(三國志)』 위서 동이전 고구려전에는 3세기 중엽 고구려의 영역이 사방 2,000리였고, 인구는 3만 호였다고 나온다. 고구려는 왕실인 계루부(桂婁部), 이전 왕실이었던 연노부(涓奴部), 왕비를 배출하던 절노부(絕奴部), 그리고 관노부(灌奴部)와 순노부(順奴部) 등 압록강 중류 유역의 정치세력인 5개 부가 중심이 되어 건국한 나라였다. 계루부 내부에는 졸본부여계와 부여 유이민계 및 국내 지역 세력 등 몇 개의 정치집단이 존재했다. 연노부는 『후한서(後漢書)』에 소노부(消奴部)로 기재되어 있고, 『삼국사기(三國史記)』 고구려본기에는 비류부(沸流部)로 나온다. 이 부에도 구부장(舊部長) 세력과 신부장(新部長) 세력 등 최소 네 개의 세력이 있었다. 또 절노부는 『삼국사기』에 연나부(椽那部)로 나오는데, 여기에도 역시 네 개의 정치집단이 있었다(김현숙, 1993).

이들 세 부보다 규모나 세력면에서 열세였던 관노부와 순노부도 몇 개의 정치집단이 결합하여 성립되었을 것이다. 고대 초기에 독자적으로 운영되는 하나의 정치세력집단이 보통 1만여 명이었다는 점을 고려하면, 연노부나 절노부는 3~4만 명 정도였고, 계루부는 이보다 더 상회하는 규모였으며, 관노부나 순노부는 1~2만 명 정도였을 것이다. 따라서 5부의 총인원은 15만 명 정도였으며, 이는 호수(戶數)로 3만 호 정도에 이른다. 당시 평균 인구증가율이 연 0.1%에 못 미친다는 추산에 따르면 1~2세기에도 고구려의 총인구는 3만 호 전후에 달했다고 볼 수 있다(이현혜, 1984). 그러므로 『삼국지』 고구려전의 3만 호는 5부의 주민만 헤아린 수라는 것을 알 수 있다.

그런데 건국 초기에 3만 호였던 고구려의 인구가 정복전쟁을 거치면서 영역이 확장되었던 3세기 중엽에도 여전히 3만 호에 머물러 있었을까? 3만 호에 2,000리라는 것은 244~245년에 있었던 위(魏) 유주자사 관구검(毌丘儉)의 침공 시 고구려에 예속되어 있던 예(濊) 등의 복속민을 모두 떼어낸 상태의, 5부의 인원과 그들의 거주범위를 말하는 것이다. 고구려는 태조왕대 이후 적극적으로 대외정복활동을 벌여 3세기 중엽 무렵에는 그 영역이 이전에 비해 많이 확장된 상태였다. 이에 따라 새로 편입한 지역과 복속민이 상당히 많았다. 그런데 관구검의 침공 당시 동천왕을 추격한 위군이 남·북옥저 지역을 휩쓸었고, 별도로 낙랑태수 유무(劉茂)와 대방태수 궁준(弓遵)의 군대를 보내 예를 정벌한 후 이들이 고구려의 지배권에서 일시적으로 벗어나게 되었다. 『삼국지』의 고구려 범위와 호수는 이런 상황을 반영한 것이다. 그러나 동천왕이 피난지에서 돌아온 후 얼마 지나지 않아 이탈한 복속민의 상당 부분을 다시 회복했다.

사실 이 시기까지는 영토와 민(民)에 대한 인식이 후대만큼 확고하지 않았다. 4세기 이후의 '민'과는 개념 자체에 차이가 있었다. 법적으로 규정되어 보호를 받으면서 국가에 조세를 납부하고 병사로 복무하는, 국가의 근간인 민으로서의 지위가 아직까지 정립되지 못했기 때문이다. 5부의 하호(下戶)들도 전쟁 시 전투원이 되지 못하고 보급부대 역할만 했다. 이는 5부의 일반민조차도 수탈의 대상으로만 간주할 뿐 나라를 구성하는 근간으로서 그 존재를 인정할 만큼 의식이 성장하지 못했음을 보여준다. 이런 상황이었으므로 복속민은 고구려민이 아닌 집단예민(隸民)으로 인식되었다.

하지만 경제적으로나 정치적으로 하나의 공동체로 운영된다는 점에서 고구려의 지배권이 미치는 범위는 모두 고구려로 간주하는 것이 옳다. 따라서 5부 주민뿐 아니라 정치, 군사, 경제적으로 고구려의 주요 기반이 되는 복속민도 모두 넓은 의미에서 고구려민이라 볼 수 있다. 즉 당시 고구려민은 복속민까지 포괄하는 '광의의 민'과 본래 고구려민인 '협의의 민'으로 구분할 수 있다(김현숙, 1989).

5부의 지역범위는 적석총(積石塚) 집중 분포지로 유추할 수 있다. 초기 적석총의 최대 밀집지는 압록강 중류 유역과 그 지류인 혼강(渾江) 일대, 독로강(禿魯江) 유역 일대이다(지병목, 1987; 여호규, 1992). 이보다는 밀집도가 떨어지지만 압록강 상류의 임강(臨江), 장백(長白) 일대와 청천강 상류와 대동강 상류 일대에도 초기 적석총이 분포해 있다(여호규, 2014). 이 가운데 환인(桓仁), 집안(集安), 통화(通化), 만포, 중강, 자성, 시중, 위원, 초산, 송원, 희천을 포함한 주변 일대의 지역 주민이 바로 5부민이며, 이들이 3세기까지 같은 고구려인이란 공동체의식을 확고하게 보유한 협의의 민, 즉 원고구려민이다.

그런데 태조왕대 고구려의 영역은 남쪽으로 살수, 즉 청천강 이북까지 확장되었고, 3세기 중엽에는 동쪽으로 함흥 일대, 서쪽으로 태자하 유역, 북쪽으로 길림(吉林) 이남 지역까지 이르렀다. 그러므로 원고구려민을 제외한 그 외 주민들도 영역 안에 포함되어 있었다. 이들은 고구려에 새로 편입된 지역민으로서 아직까지 고구려민이란 인식을 확고히 갖지도, 사회적 위상이 확정되지도 못했다. 이들 가운데 집단성을 유지하면서 고구려에 예속되어 있던 사람들은 고구려에 조세가 아닌 공납을 바치고 있었다. 고구려는 집단예민인 이들을 간접지배방식으로 통치했다고 보는 것이 일반론이다. 그러나 이 시기에도 고구려 중앙정부에서 이들을 직접 지배했다고 보는 설도 있다. 초기 고구려의 영역 범위와 복속민에 대한 지배방식은 당시 고구려의 국가 성격을 규정하는 데 관건이 되는 중요한 사안이다.

1. 초기 정복활동과 진출범위

1) 북옥저 지역으로의 진출

『삼국지』에 의하면, 고구려는 "큰 산과 깊은 골짜기가 많고, 들과 못이 없어 산골짜기를 따라 살면서 계곡물을 마신다. 좋은 밭이 없어 애써 농사를 지어도 배를 채우기에 부족하다"라고 묘사되고 있다. 이러한 환경 때문에 고구려의 존립과 발전 과정에서 외부와의 전쟁과 노획물 획득은 필수불가결한 생산활동의 하나였다. 압록강 중류 유역에 성립되어 있던 정치세력의 연맹체로 출발한 고구려는 계루부의 권한이 점차 강화되면서 주변의 토착정치세력들을 부로 편제하는 한편, 그 외곽지역에 대한 정복활동도 활발히 수행했다. 초기 고구려의 대외진출은 정복활동 위주로 진행되었는데, 그 목적은 삶의 터전 확보와 부족한 물산 획득에 있었다(김현숙, 2005).

압록강 중류 유역을 벗어난 외부로의 진출은 건국 시조인 동명왕대부터 시작되었고, 본격적인 정복활동은 태조왕대부터 이루어졌다. 『삼국사기』 고구려본기에 따르면 고구려가 가장 먼저 진출한 곳은 북옥저(北沃沮) 지역이었다. 오늘날의 혼춘(琿春)이 중심지였던 북옥저 지역은 양질의 철제와 목재를 얻을 수 있는 곳이었을 뿐만 아니라 북으로 읍루(挹婁)와 부여, 남으로 남옥저(南沃沮)와 접하고 있어 전략적으로도 중요한 곳이었다. 이곳으로 가는 교통로는 고구려 성립 이전, 창해군(滄海郡) 설치 시기에 이미 개척되었다. 고구려는 동명왕대에 압록강을 따라 올라가는 고대 교통로를 따라 백두산에 이르러 그 동남쪽에 있던 행인국(荇人國)을 정벌한 후, 그곳을 진진기지로 삼고 4년 뒤에 부위염(扶尉猒)을 보내 북옥저를 멸망시키고 그 지역을 부분적으로 재편하였다. 하지만 이때 북옥저를 완전히 정복하지는 못했다. 대무신왕대에 매구곡인(買溝谷人) 상수(尙須) 등이 투항해옴으로써 이곳으로의 진출을 완성했다. 매구곡은 치구루(置溝婁)와 같은 곳이며 혼춘에 비정되고 있는 책성(柵城)이다(박진석, 1985).

북옥저에 대한 보다 적극적인 지배는 태조왕대부터 이루어졌다. 태조왕대에는 이곳에 군대를 주둔시키고 지역을 비교적 안정적으로 통치했다. 국왕이 수차례 이곳으로 순수(巡狩)를 갔고, 장기 체류하기도 했으므로 왕이 일정 기간 머물면서 지역 통치를 살필 수 있도록 행궁도 설립되었을 것이다(김현숙, 1996). 산상왕대에는 투항해온 평주(平州)

출신 하요(夏瑤) 등 1,000여 호의 한인(漢人)을 이곳에 집단적으로 안치했다. 한인의 사민은 발달된 농업기술을 가진 한인들을 이식함으로써 이 지역의 농업생산력을 높이고 지역 개발을 도모하기 위해 이루어졌다(여호규, 1995).

『삼국지』고구려전에 의하면 244년 관구검이 고구려를 침공하였을 때 비류수(沸流水), 즉 혼강 유역에서 1차전을 벌였는데, 이때 고구려가 2만 명의 대군을 동원하여 방어전을 편 끝에 승리를 거두었다. 그러자 위군이 양맥(梁貊)의 거주지였던 태자하 유역으로 퇴각하여 전열을 정비한 후 다시 고구려 수도로 쳐들어왔는데, 이를 막아내는 데 실패함으로써 도성이 함락되었다(여호규, 2007a). 전투에서 패배한 동천왕은 옥저 방면으로 도망갔다. 다음 해인 245년에 왕기(王頎)를 보내 고구려군을 쫓게 하니 동천왕은 남옥저를 거쳐 북옥저까지 쫓겨 갔고 마침내 숙신 땅으로 피신하였다. 위군은 '숙신남계(肅愼南界)'에 이르렀다가 그곳에서 회군하였다.

이후 동천왕도 곧 환궁하여 전사자와 공훈자에게 포상을 하는 등 사후 처리를 한 다음 다시 국가체제를 정비해 나갔다. 동천왕은 북옥저에서 남은 군대를 모으고 세력을 회복하기 위한 구상을 마친 후 환궁했다. 당시 북옥저는 고구려의 중요한 세력기반의 하나로 기능하고 있었다. 동명왕대 이 지역을 차지한 후 지속적으로 지역을 집중 관리한 결과였다. 북옥저를 다른 지역보다 이른 시기에 정복해 강도 높게 지배했던 것은 이 지역의 경제적, 군사적 중요성을 감안했기 때문이다.

2) 동옥저 지역으로의 진출

고구려가 다음으로 진출을 기도한 곳은 북옥저의 남쪽에 있는 남옥저, 즉 동옥저 지역이었다. 고구려는 서변과 북변 두 방향에서 동옥저를 압박해 들어갔다.『삼국지』동옥저전에는 동옥저가 고구려 개마대산(蓋馬大山)의 동쪽에 있었다고 나온다. 이때의 개마대산을 실학자인 이익, 안정복, 정약용 등은 백두산이라 보았는데, 오늘날 북한과 중국의 학자들이 상당수 이에 동의하고 있다. 그와 달리 유형원과 김정호, 그리고 이병도는 개마대산을 낭림산맥으로 보았다. 동옥저의 중심지가 함흥 지역이었으므로 그 동쪽에 있었다면 백두산보다는 개마고원 또는 낭림산맥일 가능성이 더 크다. 고구려는 개마국(蓋馬國)과 구다국(句茶國)을 먼저 병합하여 동옥저의 서쪽 방면에 전진기지를 마련했다.

또 다른 전진기지는 개마국과 구다국을 발판으로 삼아 획득한 최리(崔理)의 낙랑국(樂浪國)이다.『삼국사기』고구려본기 대무신왕 15년(32년) 4월조에 항복한 호동왕자와 낙랑공주의 비극적인 사랑 이야기가 담긴 설화 속의 낙랑국은 호동왕자가 옥저로 놀러갔다가 그 왕인 최리를 만났다고 하므로 한의 낙랑군은 아니었다.

당시는 낙랑군 동부도위(東部都尉)를 철폐하고 영동지역의 정치세력들을 후국(侯國)으로 삼아 기미통치(羈縻統治)를 하던 때였다. 따라서 최리의 낙랑국도 그런 소국 가운데 하나였다. 낙랑국 자체가 곧 동옥저였다고 본 견해도 있다. 낙랑군이 직접 지배를 포기하고 대신 고구려가 이 지역을 장악하기 위해 들어오려는 가운데 그간 낙랑군의 지배를 받아 한화(漢化)가 많이 된 영동지역 정치세력들이 낙랑국을 칭했다고 본 것이다(이종록, 2016).『삼국지』동옥저전에는 여러 세력들을 통주할 큰 세력이 없었다고 나온다. 따라서 이 설을 뒷받침해줄 결정적인 다른 근거가 없는 한 선뜻 수긍하기 어렵다. 지금으로서는 동옥저의 동변은 바다고 북변은 이미 고구려에 예속되어 있는 북옥저와 맞닿아 있었고 또 남변에는 예가 있었으므로 그 서변의 어느 곳, 즉 고구려 왕도에서 동옥저로 가는 교통로 상에 소국(小國) 혹은 후국(侯國) 정도의 낙랑국이 있었을 것으로 보는 선에 그쳐야 할 것 같다.

동옥저는 북변과 서변 양쪽에서 고구려로부터 압박을 받게 되었는데, 그 남쪽에는 또 동예의 소국들이 위치하고 있으므로 진퇴양난의 상황이었다. 그러나 동옥저는 지역 기반도 양호하고 또 일찍부터 한군현과의 교류가 빈번했으므로 비교적 문화수준이 높고 강대한 정치세력이었기 때문에 계루부 병력만으로 일거에 정복할 수는 없었다. 그래서 주변세력을 먼저 정복하는 등 장기간에 걸쳐 단계적으로 준비를 마친 후 태조왕대에 계루부와 다른 부의 병력을 동원해 대대적으로 공격한 후에야 비로소 항복시킬 수 있었다. 이곳은 해산물과 농산물이 풍부했으므로 물산이 부족한 고구려로서는 생산기반 확보를 위해 꼭 필요한 지역이었다. 게다가 동옥저는 예로 진출하기 위해 반드시 복속시켜야 할 곳으로 전략적, 군사적 가치도 큰 지역이었다.

3) 예 지역으로의 진출

고구려는 태조왕대에 예 지역으로 진출했다. 예는 동옥저와 오늘날의 함경남도 영흥(永興) 계선에서 서로 접경하고 있었다. 이 정치세력은 『삼국지』에 예전(濊傳)이 독립적으로 설정될 정도로 세력을 유지하고 있었지만 통일국가를 세우지 못했다. 예 또는 동예로 지칭되고 있지만, 『삼국지』 동옥저전에 남으로 예맥과 접해 있다고 표현한 것에서도 알 수 있듯이 종족 구성이 단일하지 않았으며 예족과 맥족이 각각 부락별로 거주하고 있었다. 고구려에 정복될 당시 예는 낙랑군 동부도위가 폐지된 후 여러 정치세력으로 분리되어 있었다. 영동 7현 가운데 옥저인 부조(夫租)를 제외한 동이(東暆), 잠태(蠶台), 불이(不而), 화려(華麗), 사두매(邪頭昧), 전막(前莫) 6현이 예 가운데 가장 유력세력이었다. 고구려가 이 6현을 모두 병합한 것은 118년을 전후한 시기였다(日野開三郞, 1988). 고구려는 이때 한편으로 현도군을 공격하면서 한편으로는 함경남도 영흥에 있던 화려(華麗)를 공격했다(이병도, 1976). 『삼국사기』에는 태조왕 4년(56년)에 동옥저를 점령했다고 나오고, 『삼국지』 동옥저전에는 동옥저가 후한대에 고구려에 예속되었다고 나온다.

고구려는 옥저를 완전히 차지한 후 그곳을 기반으로 삼아 예 지역으로 진출했다. 예는 광범위한 지역에 거주하고 있었다. 정평(定平) 이남의 함경남도 지역을 위시하여 황해도 동부지역과 강원도 및 '진솔선예백장(晉率善穢佰長)'이란 동인(銅印)이 출토된 영일군에 이르기까지 넓은 지역에 분포해 있었다. 따라서 고구려가 한 말에 이미 이 지역 전체를 정복했다고 보기는 힘들다. 동해안 북부지역 일대에 해당하는 영동 6현을 중심으로 예속시켰을 것이다.

6현 가운데 동부도위의 치소인 불이, 즉 불내예(不耐濊)에 대해서는 덕원, 안변, 영흥 설이 있고, 사두매는 강원도 삼척 부근으로 추정하고 있다. 그런데 〈광개토왕비문〉에는 안변으로 비정되는 비리성에서 차출한 수묘인을 '구민(舊民)'이라 부르고 있다. 구민은 광개토왕 이전에 복속했던 지역의 주민이었다(김현숙, 1989). 수묘인 출자지는 안변 이남 지역에서는 확인되지 않으므로 광개토왕 이전까지 고구려의 동변은

이 부근이었을 것이다. 따라서 2세기에 고구려가 예속시킨 지역도 이 선 이하로는 내려오지 못했을 것이다.

요컨대 동옥저와 예 지역의 정복은 생산물 수탈과 교역권 확보 등 경제적인 면과 주변 정치체 경계를 위한 후방기지 확보라는 군사적 의미에서 대단히 중요했으며 이후 고구려의 부강과 세력 팽창에 가장 중요한 역할을 했다. 동옥저와 예는 관구검의 침략 이후 고구려의 예속에서 일시적으로 벗어났다. 하지만 고구려가 곧 전열을 정비하고 중국 군현에 대해 투쟁을 지속한 결과 서천왕대인 3세기 말에는 다시 이 지역에 대한 지배권을 회복하게 되었다. 그뿐만 아니라 고구려의 내부 역량 강화와 지방통치방식의 변화에 따라 일부 주요 거점 지역에는 중앙으로부터 지방관을 파견했다. 서천왕 19년(288년)에 어둠 속에서도 빛이 나는 '경어목(鯨魚目)'을 바친 해곡태수(海谷太守)는 동해안 주변 지역에 파견된 지방관이었으며, 이는 4세기 이후 본격적으로 파견되는 고구려 지방관의 시원적인 존재였다.

4) 서북 방면으로의 진출과 현도군과의 각축

고구려의 서쪽 및 서북 방면으로의 확장 과정에서 가장 걸림돌이 된 것은 고조선 멸망 이후 설치된 한군현 세력이었다. 고구려는 건국 과정에서부터 중국 군현세력과의 각축을 통해 근거지를 안정되게 확보하고 터전을 넓혀 나가야 했다. 2000년 이후 요동군과 현도군에 대한 연구가 진행되면서(권오중 외, 2008), 현도군과 고구려현의 위치와 성격, 그리고 변화 등에 관해서도 다양한 견해가 제시되었다(김미경, 2002; 여호규, 2005; 2007a; 2015; 윤용구, 2006; 서영수 외, 2008; 이성제, 2011; 장병진, 2015; 2017; 2020; 공석구, 2021a; 2021b). 초원(初元) 4년 낙랑군 호구부라는 새로운 자료의 출현과 국내외 연구환경의 변화가 맞물리면서 군현 지배 및 고구려와 현도군 간의 관계가 구체적, 집중적으로 논의되었다. 이 글에서는 관련 논의 가운데 영역 확장 과정과 복속민 지배 서술에 필요한 사안만 언급하도록 하겠다.

고조선 멸망 당시 압록강 중류 유역에는 이미 '고구려'라 불리는 정치세력이 존재했다. 이들은 적석총이라는 독특한 묘제를 가지고 있었으며 주변세력과 구별되는 고유한 문화를 가지고 있었다. 초기 적석총의 조성 시기와 군집양상을 근거로 이 무덤을 축조한 사람들이 기원전 2세기경에 이미 압록강 중류 유역에서 정치적 결집을 이루고 있었고, 이들이 고구려라 불렸던 것으로 보고 있다(지병목, 1987; 김현숙, 1996). 최근에는 기원전 3세기 말~기원전 2세기 초에 주변의 다른 예맥사회 세력집단들과 구분되는 고구려가 성립되었을 것으로 보는 견해도 나왔다(장병진, 2020). 북한 학계에서는 예 또는 예맥의 땅인 고조선 영역에서 단일한 주민으로 살던 부여와 구려가 기원전 14세기를 전후한 시기에 서로 분기하여 독자적인 고대국가로 등장하면서 지역적, 국가적 차이를 가지게 되었다고 보았다. 이 고구려를 기원전 277년에 건국한 고구려와 구분하여 구려국이라고 부른다(손영종, 1990; 2006; 공명성, 2004).

한은 기원전 108년 고조선 영역에 낙랑군, 임둔군, 진번군을 설치했고, 그 다음해에 현도군을 추가로 두었다. 이 현도군 아래 고구려현이 존재했다. 고구려현은 다른 예맥과 구분되는 존재로 성장한 고구려를 통치대상으로 삼았다. 그러면 기원전 2세기에 정치적 결집을 이루고 있던 이른바 고구려가 모두 현도군 고구려현의 지배 아래 들어간 것일까? 고구려가 한 현도군 경내에서 건국했고, 고구려현의 지배를 받았다면서 한의 지방정권이었다는 주장도 있다(馬大正·楊保隆·李大龍, 2001). 고구려현의 존재로 인해 한국과 일본 학계에도 고구려가 현도군의 관할 아래 있었다고 보는 연구자가 있었다. 그러면서도 지배양상이 다른 군현처럼 직접통치가 아니었고 시기적으로 짧은 기간에 불과했다고 보았지만, 고구려현에 속했다고 보거나, 지배의 구체적인 내용에 관심을 갖지 않았다.

그러나 최근 진한의 군현 지배에 대한 연구가 성행하면서 현도군과 고구려의 관계에도 관심이 집중됨에 따라 새로운 견해가 제시되고 있다. 그중 하나가 고구려는 건국 당시부터 현도군의 관할권에 들어있지 않았다는 것이다(기수연, 2007; 이성제, 2011). 즉 고구려현이 비록 고구려라 불리는 사람들을 대상으로 설치되기는 했지만, 그 현에 속해 있던 사람들과 『삼국사기』 고구려본기의 고구려인들과는 별개의 존재라는 것이다. 이와 약간 차이가 있긴 하지만, 현도군 지역은 군현 설치 이전에 고조선의 정치적 영향력에서 벗어나 있었고, 토착사회의 정치적 결집도 상당히 진전된 상태였기 때문에 다른 세 군과 달리 토착 대군장과의 타협을 통해서 군현이 설치되었다고 본 설이 있다(김기흥, 1987). 이로 인해 대군장의 지배구조가 온존할 수 있었으므로 고구려는 현도군에 속국과 유사한 형태로 속해 있었지만 독립국으로서 외번과 같은 대우를 받았으며 사실상 내치의 대상이 아니었다고 본 설도 있다(장병진, 2015). 이 경우 고구려현은 토착 고구려국의 지배 주체가 아닌 외교창구 정도의 기능을 담당한 것으로 보았다.

아직까지는 현도군과 고구려의 관계에 대해 더 많은 사실이 밝혀져야 하지만, 왕망(王莽)이 고구려 병사를 동원하려 할 때 그를 피해 새외

(塞外)로 도망친 고구려인들이 있었고, 그들을 부추긴 인물로 추(騶)가 지목된 것을 볼 때, 고구려로 불리는 정치세력이 고구려현 아래 들어간 집단과 그렇지 않은 집단으로 나뉘져 있었던 것은 분명하다. 그럼에도 불구하고 고구려가 현도군 치하에 있었다고 보는 시각이 많았던 것은 구려(句麗), 고구려(高句麗, 高句驪)로 중국 사서에 기록된 존재들을 모두 하나의 정치집단으로 보아왔기 때문이다. 여기에 고구려의 건국 중심지인 환인과 집안에 한의 군현 치소였던 평지토성이 있었다고 한 고고학 방면의 연구가 신빙성을 더 보태주었다. 또 그동안 고조선 멸망 이후 고구려가 건국되기까지의 상황에 대한 연구가 많이 이루어지지 않았다는 것도 이유 가운데 하나다.

그러나 1990년 중·후반부터 한국 학계에서 중국 사서와 『삼국사기』의 관련 사료들을 심층 분석하고 최신 고고학 성과를 이용하여 초기 고구려사 연구를 집중적으로 진행한 결과, 고구려와 원고구려 세력, 소수맥(小水貊)과 양맥 등 고구려 건국 이후 편입된 세력들의 실체를 구분할 수 있게 되었다. 그리고 고구려 유적을 유네스코세계유산으로 등재하기 위해 환인과 집안 지역 소재 고구려 유적에 대한 발굴조사가 진행되어 그동안 한의 치소성(治所城)으로 보아왔던 하고성자성(下古城子城)과 국내성(國內城)이 한이 축조한 토성이 아니라는 것이 밝혀졌다(吉林省考古文物硏究所·集安市博物館, 2004; 2012; 李新全·梁志龍·王俊輝, 2004). 이에 따라 고구려와 현도군의 관계를 이전과 달리 볼 수 있게 되었다.

현도군은 고조선시기에 이미 정치적 존재를 드러낸 고구려를 통치하기 위해 설치했다고 보는 것이 일반적인 시각이다. 그런데 압록강을 지나 동해안에 이르는 교통로상에 현도군을 설치함으로써 낙랑군 외한의 지배권을 실현할 또 다른 길을 마련한 것으로 본 설(이성제, 2011)과, 한에서 추진하기 시작한 염철전매사업과 관련하여 소금을 굽고 철을 녹이기 위해 필요한 땔감용 목재를 조달하기 위해서라고 본 설(공석구, 2021b)이 나왔다. 현도군의 치소성으로 보아왔던 평지토성이 한대에 축조된 것이 아니었다는 조사 결과가 나온 만큼 향후 이런 점을 바탕에 두고 연구가 더 진행되어야 할 것이다.

현도군은 기원전 107년에 설치되었고, 두 차례에 걸쳐 이치(移置)되었다. 『삼국지』 동옥저전에는 현도군이 후에 이맥(夷貊)의 침략을 받아 구려 서북으로 옮겼다고 나온다. 현도군을 옮기게 한 이맥은 고구려였고 그 시기는 한 소제(昭帝) 연간인 기원전 75년이었다. 이때 구려 서북은 오늘날의 신빈(新賓) 지역에 해당하며 이곳에 있는 영릉진고성(永陵鎭古城)의 남성과 북성이 바로 현도군과 고구려현의 치소성이라고 보고 있다(여호규, 2020). 이곳을 제2현도군이라 한다. 현도군이 고구려 서북으로 옮겨가면서 환인과 집안을 중심으로 한 고구려의 활동 영역은 이전보다 확장되었다.

제2현도군은 뒤에 다시 혼하 유역의 무순(撫順)으로 옮겨졌다. 이를 제3현도군이라 일컫는데, 다수의 연구자들이 그 치소성을 무순의 노동공원에 비정하고 있다. 제3현도군으로 이동한 시기에 대해서는 1세기 초반경으로 보는 설(김현숙, 1996)과 97년을 전후한 시기로 보는 설(여호규, 2015)이 있다. 전자는 『삼국사기』 고구려본기에 14년인 유리왕 33년에 태자하 상류 유역에 있던 양맥(박시형, 1966; 여호규, 2007a)을 정벌한 후 병(兵)을 진격시켜 고구려현을 쳐서 취했다는 기사를 근거로 한다. 그리고 후자는 선비가 후한을 공격하기 시작함으로써 후한의 대내외 정세가 악화된 것을 제3현도군 설치의 배경으로 보고 있다. 모본왕 2년인 49년에 고구려는 우북평(右北平), 어양(漁陽), 상곡(上谷)은 물론 서쪽 내지인 태원(太原)까지 공격했다. 이것은 전략적 필요에 따른 일시적 공격이었으므로 영역 확보와는 관계가 없다. 하지만 고구려군의 공격 지점이 이미 무순 일대를 넘어서고 있던 상황임을 고려하면, 1세기 중·후반까지 현도군이 신빈 지역에 계속 머물러 있었는지 여부를 더 살필 필요가 있다. 이것은 고구려현과 고구려의 경계에 세워졌던 책구루(幘溝婁)의 위치가 어디인가 하는 문제, 그리고 고구려의 영역범위가 어디까지였는가 하는 문제와도 관련이 있다.

원흥(元興) 원년, 즉 태조왕대인 105년에는 제2현도군과 요동군의 군계(郡界)였던 요동고새(遼東故塞)를 넘어 요동군 관내까지 공격하여 6개 현을 초략하는 등 한에 대한 공격을 강화했다. 그러자 후한은 다음 해인 106년에 혼하 유역에 제3현도군을 설치하고 요동군 소속의 고현(高顯), 후성(侯城), 요양(遼陽) 3개 현을 이곳으로 이관하였다. 이전보다 관할 현을 늘린 현도군은 요동고새를 수리하고 방비를 강화하여 고구려의 공격을 저지했다. 이로 인해 현도군을 넘어 더 진격을 계속할 수 없게 되자, 고구려는 111년에 사신을 후한에 파견하여 공헌하고 현도군에 내속(內屬)하기를 스스로 요청했다. 당시 후한은 선비(鮮卑)와 강족(羌族)으로부터 침공을 받고 있었으므로 고구려와의 전쟁까지 병행하기 힘들었기 때문에 고구려의 요청을 받아들였다. 이로 인해 고구려는 요동 지역에 대한 공격을 유보하는 대신 제3현도군 변새의 외곽, 곧 요동 동부 산간지대에서 세력 확장을 할 수 있게 되었다(여호규, 2015). 그리고 후한은 제2현도군 시기에 비해 국경선을 요동 방면으로 크게 후퇴시켜야 했지만 여러 방면에서 동시에 적의 침공을 상대해야 하는 부담을 덜 수 있었다.

고구려와 후한은 118년부터 다시 전쟁에 돌입했다. 118년에 소자하 유역의 예맥을 동원하여 현도군을 공격하면서 한편으로는 영동 7현 가운데 하나인 화려를 쳤다. 그리고 146년에는 요동을 공격하면서 서안평을 공격해 도상(道上)에서 대방령(帶方令)을 참살하고 낙랑태수의 처자를 사로잡았다. 그리고 121년 봄에 후한이 먼저 공격해오자 선비와 연합하여 맞대응했다. 고구려는 현도군을 친 다음 후성과 요대(遼隊)를 동시에 공격한 후 평평곽(平郭: 현재 開州)과 양평(襄平: 현재 遼陽) 사이에 있는 신창(新昌)까지 진격했다. 요동군의 중심지인 양평의 서남쪽에 해당하는 곳을 공격한 것이다. 후한은 121년 가을에 부여의 도움을 받아 겨우 현도군을 공격한 고구려군을 물리칠 수 있었다. 고구려는 그 후 122년에 현도군에 자청하여 내속했다가 다시 공격하는 등 각축전을 벌였다(여호규, 2015).

요컨대 2세기 전반까지 고구려는 서북 방향으로는 소자하 유역, 서쪽으로는 단동(丹東) 지역까지 공격하면서 세력권을 확장시켜 갔다. 그러나 동천왕대에 관구검군의 침입을 받아 수도가 함락되는 위기를 맞이함으로써 영역 확대 노력이 잠시 주춤해졌다. 하지만 봉상왕대에 모용선비군의 침략에 대비해 지방통치제를 정비한 곳이 후기까지도 고구려의 가장 중요한 서변 요충지로 유명했던 신성(新城)임을 보면 현도군을 축출하는 과정에서 비교적 이른 시기에 무순 지방으로의 세력 침투가 이루어졌다는 것을 알 수 있다.

5) 북부여 지역으로의 진출

고구려는 북쪽으로의 진출도 도모했다. 고구려 북방에는 〈광개토왕비문〉에 시조 주몽의 출생지로 명기되어 있는 북부여가 있었다. 전성기인 4~5세기 고구려에서는 시조와 왕실의 출자지로서 북부여를 신성시했다. 그런데 『삼국사기』에는 주몽과 그 친구들인 오이, 마리, 협보 등이 동부여에서 온 것으로 되어 있고, 중국 정사에 실린 고구려 건국신화에는 모두 부여(夫餘)로 기록되어 있다. 이에 따라 부여와 북부여는 동일한 나라이고 동부여는 고구려의 동쪽에 존재했던 나라인데 고구려의 시각에서 위치상 구분해서 부른 것이라고 보거나, 부여·북부여·동부여를 모두 같은 나라라고 보는 등 서로 다른 견해가 있다. 전자는 한국 학계, 후자는 중국 학계의 주류설인데, 한국 학계의 설은 다시 주몽의 출자지를 두고 북부여로 보는 설과 동부여로 보는 설 등 다양한 설로 나눠져 있다.

현재로서는 고구려의 시각에서 북부여, 동부여라는 국명이 나왔다고 보는 입장에서 주몽의 출자지인 부여가 곧 북부여이고, 285년 북부여가 모용황(慕容皝)의 침공을 받아 왕이 서거하는 상황에 이르자, 왕족의 일부가 북옥저로 옮겨가 건국한 것이 동부여였다고 보는 설이 가장 다수설에 해당한다. 『삼국사기』에 동부여 출자의 건국신화가 수록된 것은 후대에 동부여 출신이 고구려에서 크게 활약하게 되면서 동부여 출자 신화로 윤색되었다고 본다(노태돈, 1999b).

부여는 고조선 이래 고구려, 옥저, 예 등 예맥계의 가장 선진 정치세력이었다. 국가 형성 시기나 발전 정도 등 모든 면에서 앞섰다. 부여는 요동세력이나 한 왕조와도 긴밀한 관계를 맺고 있었고, 이 세력들과 고구려 사이에서 중요한 변수 역할을 맡기도 했다. 즉 부여는 한때 만주 지역 일대에서 정세와 역학관계 변화의 한 축을 담당한 정치세력이었고, 같은 정치세력에서 분기한 고구려와 갈등을 겪는 관계였다. 고구려는 초기에 부여로부터 압력을 받았지만 4세기 중엽 이후 부여 지역을 장악함으로써 부여가 가지고 있던 상징과 권위를 모두 이어받게 되었다. 〈광개토왕비〉에 북부여 출자 건국신화를 새긴 데에는 이런 배경과 자부심이 깔려 있는 것이다. 이런 점을 종합적으로 고려해 볼 때 주몽의 출자지는 고구려 북쪽에 있던 부여라고 보는 것이 합리적이다. 이때 부여의 중심지는 오늘날의 길림 지역이었다.

초기 고구려에게는 중국 군현에 버금가는 최대 관심 대상이 부여였다. 두 나라 사이에는 외교적 마찰이 빈번하게 일어났고 신경전도 많았으며 실제 전쟁이 벌어지기도 했다. 고구려는 국가의 성립 시기와 발전 정도에서 부여보다 열세였다. 부여는 선진국으로서 고구려에 압박을 가하며 굴복을 요구했으나 어린 무휼(無恤)로부터 오히려 수모를 당하자, 유리왕 14년 11월 왕 대소(帶素)가 5만 명을 거느리고 침입했으나 큰 눈을 만나 후퇴했다. 유리왕 32년 11월에 다시 고구려로 쳐들어왔는데, 왕자 무휼이 학반령(鶴盤嶺) 아래에서 격퇴했다. 두 나라의 관계는 대무신왕 4년 12월부터 5년 2월에 걸친 부여 공략을 기점으로 변화되었다. 고구려군은 비류원(沸流源)과 이물림(利勿林)을 거쳐 부여 남쪽에 도착하였고 부여와 싸워 대소왕을 죽이는 성과를 거뒀다. 하지만 부여군이 고구려군을 포위하고 완강하게 버티는 바람에 장기간 굶주리다가 겨우 탈출할 수 있었다. 이 과정에서 고구려군의 희생이 상당했기 때문에 대무신왕은 자신의 허물을 자책했고, 이후 대외정복의 방향을 동남쪽으로 돌렸다.

그렇지만 이때 부여가 입은 타격은 상당했다. 이로 인해 부여왕 대소의 동생은 압록곡(鴨淥谷)으로 옮겨 가 갈사국(曷思國)을 세웠고, 그 종제는 만여 명을 이끌고 고구려로 투항해온 후 연나부에 안치되었다. 왕족이 대거 분열하여 흩어졌으므로 부여 세력은 약화될 수밖에 없었다. 이후 고구려는 대부여 관계에서 자신감을 갖게 되었고 실제 군사적으로도 승기를 잡게 되었다. 그러나 부여로의 본격적인 진출은 3세기 말에야 이루어졌다.

고구려는 서천왕 11년 10월 왕제 달가(達賈)를 보내 북변을 침략해 변경 주민들에게 해를 끼쳐오던 숙신을 정벌하여 그 추장을 제거했다. 그리고 지배층을 비롯한 주민 600여 가를 부여의 남쪽으로 옮기고 항복한 부락은 부용(附庸)으로 삼았다. 이때 숙신을 부여의 남변 근처로 옮긴 것은 이들을 본거지에서 떼내 지역공동체의 결속력을 약화시킴으로써 지배를 쉽게 하려는 의도에서였다. 또 이들을 부여 남쪽에 이식함으로써 부여를 견제하면서 그 지역으로 진출하기 위한 교두보를 마련한다는 의미도 있었다.

부여 지역으로의 진출은 고구려에게 특별한 의미가 있다. 건국 초기 선진세력으로서 압박을 가하던 부여는, 고구려가 왕도 함락이라는 위기에 처했던 관구검의 침입 시 위군(魏軍)에 군량을 제공함으로써 적대감을 불러일으켰다. 그런데 중원과 요동의 정세가 급격히 변화되면서 부여는 회복하기 어려운 타격을 받게 되었다. 3세기 중·후반 세력을 키워 서진(西晉)의 통제에서 벗어나 요동 북쪽으로 근거지를 옮긴 모용선비가 부여와 경계를 접하게 되었다. 그리고 285년 모용외(慕容廆)가 부여를 침공하였다. 이때 부여의 왕성이 함락되었고 왕인 의려(依慮)는 자결했다. 그 자제는 옥저로 달아나 겨우 목숨을 보전할 수 있었다. 여기서의 옥저는 북옥저를 말하는데 당시 북옥저 지역인 혼춘과 연길을 포함한 지역은 고구려 영역으로 편입되어 있었다. 이에 부여왕의 자제가 달아나 세운 것이 동부여이고, 그 동부여는 고구려의 인도 아래 고구려 영역인 북옥저 땅 연길로 와서 나라를 세울 수 있었던 것으로 보았다(김현숙, 2000). 후에 부여 세력은 진(晉)이 부여 왕실을 재건시켜 줌에 따라 북부여로 돌아갔으나, 일부가 그대로 남아 있었고 그것이 〈광개토왕비〉에 나오는 동부여였다고 본다.

한편 북부여 지역인 길림 일대는 왕성 함락 이후 원래 상태로 회복할 수가 없었다. 진이 부여 왕실을 재건할 때, 원래 근거지인 길림 지역이 아닌 연(燕)에 가까운 서쪽 지역인 지금의 농안(農安) 지역으로 부여 잔존세력을 옮겼다. 연의 침공을 받았던 부여를 오히려 연 가까운 곳으로 옮겼다는 것은 그만큼 길림 지역이 회복 불가 상태였다는 것을 말해준다. 연은 이후에도 수시로 부여를 침공하였고 부여인을 잡아 노예로 팔기도 했다. 예맥계의 대표 주자로서 국력을 과시하던 부여가 이처럼 힘이 약화되고 길림 지역이 공백상태가 되자, 그 전부터 부여 남쪽에 항복한 숙신 집단을 옮겨 놓으며 부여 지역으로의 진출을 도모하고 있던 고구려 역시 기회를 놓칠 수가 없었다. 이에 고구려는 길림 지역으로 세력을 확장하고자 했고 그 과정에서 연과 충돌하기도 했다.[1]

346년에 전연이 농안 지역에 있던 부여를 공격한 뒤 계속 동진하여 길림 일대를 침공했다는 것은 이때 고구려가 이곳에 진출해 있었다는 것을 보여준다. 그렇다면 285년과 346년 사이 어느 때에 고구려가 길

---

[1] 이런 점에서 모두루(牟頭婁) 가문의 중시조격인 염모(冉牟)가 이때 연과의 전쟁에서 공을 세웠고 그 결과 고구려가 북부여 지역에 근거지를 확보할 수 있었다고 보는 설이 있다(김현숙, 1996). 하지만 염모가 공을 세운 것은 346년에 부여를 함락시킨 전연이 계속 동진하여 길림 일대를 침공해왔을 때 그것을 막는 과정에서의 역할 때문이라고 보는 것이 더 다수설이다(武田幸男, 1981; 1989; 盧泰敦, 여호규). 285년으로 보는 근거는 『고구려통사 3: 고구려 중기의 정치와 사회』(동북아역사재단 한국고중세사연구소 편, 2020)의 5장 「지방제도의 구조와 대민 지배」(김현숙) 참조.

림 일대, 즉 북부여 지역으로 진출했고, 346년 이후 이 지역을 완전히 차지했다고 볼 수 있다. 즉 3세기 말까지 고구려는 북쪽으로 길림 일대까지 활동범위를 넓혔다. 당시 이 지역이 고구려 영역으로 안정되게 편입되었다 할 수는 없겠지만, 일시적으로라도 고구려의 세력권이 이 선까지 확장되었다고 보아도 무리는 없을 것이다.

6) 대동강 이북 지역으로의 진출

한편 남쪽으로의 진출도 진행되었다. 『삼국사기』 고구려본기 태조왕 4년 7월조에는 "동옥저를 정벌하고 그 땅을 빼앗아 성읍(城邑)으로 삼았다. 영토를 넓혀 동쪽으로 창해(滄海)에 이르고 남쪽으로 살수(薩水)에 이르렀다"고 나온다. 여기에서 창해는 동해, 살수는 청천강이다. 즉 태조왕대인 56년에 고구려의 남쪽 경계는 청천강이었다는 것이다. 313년인 미천왕 14년 10월에 낙랑군, 다음해인 미천왕 15년 9월에 대방군을 침략했다는 기사가 나온다. 314년에 황해도까지 고구려의 남쪽 경계선이 내려간 것이다. 하지만 3세기 말까지 고구려가 남부지역으로 진출하는 과정을 보여주는 사료가 많지 않다. 따라서 고구려 초기 고구려 남경이 어디까지 확장되었는지 정확하게 알 수는 없고, 단지 몇 개 사료를 통해 남진 과정을 유추할 수밖에 없다.

고구려 남진 상황을 살펴보는 과정에서 눈에 띄는 존재가 낙랑이다. 『삼국사기』 고구려본기에는 대무신왕 15년 4월에 왕자 호동(好童)이 낙랑왕 최리의 딸에게 고각(鼓角)을 찢게 한 뒤 그 나라를 쳐 항복을 받았다고 나온다. 그리고 5년 뒤인 대무신왕 20년에 낙랑을 멸망시켰다고 한다. 그런데 앞에서 서술했듯이 한사군의 하나인 낙랑군은 미천왕대에 가서야 축출할 수 있었다. 그렇다면 대무신왕대에 낙랑국의 항복을 받고 낙랑을 멸망시켰다는 것은 어떻게 이해해야 할까?

태조왕대에 고구려의 남경이 살수, 즉 청천강에 이르렀다고 『삼국사기』 태조왕기에 나오는 것을 보면 대무신왕대에 나오는 낙랑국, 낙랑이 낙랑군과 별개의 정치세력임이 분명하다. 대무신왕은 재위 4년에 부여를 공격했다가 부여군의 완강한 저항에 부딪혀 그 지역을 확보하지 못하고 퇴각한 뒤, 재위 9년 10월에 개마국을 쳐 왕을 살해하고 그 지역을 군현으로 삼았다. 그러자 같은 해 12월에 개마국이 정복되는 것을 본 구다국이 자진해서 항복해 왔다. 그리고 호동왕자는 옥저로 놀러 갔다가 낙랑왕 최리를 만났다. 이때의 옥저는 북옥저가 아닌 동옥저였다. 개마국과 그 근처에 있던 구다국은 평안북도와 함경남도 사이에 있던 소국으로 동옥저로 가는 교통로상에 있었던 것으로 본다. 그렇다면 앞에서 보았듯이, 최리의 낙랑국은 동옥저 근처에 있던 소국이었을 가능성이 크다(김현숙, 2005).

사료에 나타나는 낙랑국과 낙랑군을 다른 정치적 실체로 보는 것에 대해 혼란을 느낄 수도 있지만 중국 군현이 설치된 가운데 토착세력이 세운 소국도 병존했었다는 점(손진태, 1954)과 청천강을 경계로 한 남북 일대가 모두 낙랑으로 총칭되었을 것이라 본 견해(이강래, 1994) 등을 참조하면 불가능한 가정은 아니다. 낙랑군 외에도 '낙랑(樂浪)'으로 지칭되는 소국이 있었다고 볼 수 있다(김현숙, 2005; 이종록, 2016).

즉 고구려는 대무신왕대에 이미 청천강 이북 지역까지 영향권을 확대했고, 태조왕대에 지역 지배를 강화하여 영역으로 안정시킬 수 있었다. 고국천왕대에는 요동의 공손씨(公孫氏)가 낙랑군을 분할, 정비하여 황해도 둔유현(屯有縣) 이남에 대방군(帶方郡)을 설치했는데, 이는 고구려의 남하에 따라 대동강 이북 지역을 포기한 것이었다고 본 견해가 있다(金美旲, 1996). 중국 본토와의 연계가 끊어진 채 재지세력만으로 유지되는 상태이긴 했지만 미천왕대까지도 평양 지역의 낙랑군 세력이 독자적으로 존립한 것으로 보아 고국천왕대에 둔유현 이북 지역이 완전히 고구려의 지배권 아래 들어갔다고 보기는 힘들다. 다만 평양을 중심으로 한 낙랑군에 대한 고구려의 공격이 집요하고 치명적이어서 대방군을 설치함으로써 둔유현 이남 지역만이라도 지배를 강화하고자 했을 가능성은 있다. 고구려는 관구검의 침략으로 심대한 타격을 입었을 때 남쪽으로의 진출을 한동안 중단했지만 곧 다시 공격을 재개해 낙랑군 지역을 점차 해체시켜 나갔다. 그 결과 미천왕대에 마침내 낙랑군과 대방군을 완전히 축출할 수 있었다.

요컨대 3세기 말까지 고구려는 동북으로 혼춘 일대, 동남으로 안변 부근까지 진출했으며, 서쪽으로 신성, 남쪽으로 대동강 이북선까지, 그리고 북쪽으로 길림 일대까지 활동범위를 넓혔다. 이 범위가 모두 당시 고구려 영역으로 안정되게 편입되었다고 할 수는 없지만, 고구려 세력권이 이 선까지 확장되었다고 보아도 무리는 없다. 고구려인 자신과 이 범위 안에 드는 지역의 주민들이 어디까지를 실제 고구려 영역이라고 생각했는지 여부는 별개 문제다. 당시까지는 영역과 민에 대한 개념 자체가 정립되지 않은 상태였기 때문이다.

2. 복속지역에 대한 지배방식

　고구려가 5부 지역 외 새로 편입한 지역의 민, 즉 광의의 민을 어떤 방식으로 통치했는지에 대해서는 크게 원래의 지역 질서를 유지시켜 자치를 해나가게 하면서 고구려에 대한 복속의 표시로 공납을 바치도록 하는 간접적인 집단지배를 시행했다고 보는 설과 직접지배를 했다고 보는 설로 나뉘져 있다. 이처럼 견해차가 발생한 것은 초기 고구려의 정치운영체제와 영역지배방식, 정치적 발전 정도에 대해 다른 인식을 갖고 있기 때문이다. 건국 초부터 국왕 중심으로 집권체제가 구축되어 있었다고 보는 경우, 처음부터 지방통치가 이루어졌고 각 지역은 국왕이 지방관을 파견하여 직접통치를 했다고 본다. 반면 5부가 중심이 되어 일종의 연맹체국가를 형성한 후 계루부 왕실 중심으로 힘을 결집해나갔다고 보는 경우, 복속된 지역에는 그 지역 수장을 통한 간접통치가 실시되었고, 3세기 말에 비로소 시원적인 성격의 지방관이 전략요충지에 파견되기 시작했으며, 4세기 이후가 되어서야 전체 영역에 왕의 명을 대행하는 지방관을 보내 직접통치를 하는 것이 일반화되었다고 본다.

　『삼국사기』, 『삼국지』, 『후한서』를 통해 당시 권력양상을 보면 초기 단계에는 국왕권이 절대적이라 보기 힘들다. 초기 고구려의 통치체제는 중앙집권체제가 완비되지 않은 상태였다. 고구려 건국 주체 세력인 5부에는 각각 자체 관인조직과 병력이 있어서 국왕 아래 일원적으로 편제되지 않았다. 그러므로 대외전쟁 시에도 부의 대가들이 각각 자신의 병력을 동원하여 공동 출병하는 형태를 띠었다. 국왕은 최고 통수권자로 전쟁 과정에서 명령권과 통제권을 가졌고, 전쟁 종료 후 전리품

분배 과정에서 주도권을 행사했지만 자신의 병력을 거느리고 참여한 대가(大加)에게 그에 상당하는 대가를 줄 수밖에 없었다.

3세기 중엽까지의 고구려 영역은 원고구려민 거주지역과 집단예민 거주지역으로 구분되었다. 이 중 집단예민은 전쟁에 패배하여 고구려의 지배권 아래 편입되었는데, 이때 정복전쟁은 다양한 방법으로 이루어졌다. 예컨대 규모가 크고 정치적 역량이 큰 지역일 경우 여러 부의 군대가 공동으로 출병했지만, 규모가 작은 경우 계루부와 한두 개의 다른 부 병력이 동원될 때도 있었다. 계루부 병력이 공동 출병하지 않고 부 하나만 단독 출병하는 경우도 있었다. 그리고 이른 시기의 정복 기사 가운데에는 5부체제가 완성되기 전에 소국 단계에서 개별적으로 수행한 전쟁도 있었다.

이 가운데 하나의 부가 자체 병력만을 동원해 복속한 지역은 그 부에만 예속되었을 것이다. 그러나 여러 부의 병력이 공동 출병했을 경우에는 복속지에 대한 수취권도 서로 분배했을 것이므로 동일한 정치체가 여러 부에 예속되어 공납물을 바쳤을 수 있다. 복속지의 경제적 가치나 정치세력의 규모, 군사전략적 가치 유무, 복속지 주민의 생활방식과 문화적 성장 정도 등 여러 요인에 따라 수취권 분배의 내용도 달라졌다.

이러한 다양한 면모는 『삼국사기』 고구려본기에 나오는 기사를 통해 살펴볼 수 있다. 『삼국사기』에 나오는 행인국, 선비, 양맥에 관한 내용은 부체제가 성립되기 이전에 원계루부가 단독으로 정복한 지역과 주민에 관한 것이다. 행인국은 백두산으로 보이는 태백산의 동남쪽에 있으므로 5부의 외곽에 있었다. 선비는 소국이라 표현되어 있지만 선비족 전체라기보다는 그 일부 부락을 복속시킨 것이다. 또 양맥은 태자하 상류 유역에 거주하던 맥족의 일파다. 이들은 모두 부체제가 성립되기

전에 이미 계루부에 정복되어 고구려에 부족한 물산을 공납으로 바치고 또 노동력도 제공해야 했던 집단예민이었다.

이들에 대한 지배방식을 속민-공납지배 혹은 이종족집단-공납지배라 부른다. 어느 쪽이든 틀린 건 아니다. 하지만 속민은 〈광개토왕비문〉에 나오는 존재로 동부여, 신라, 백제, 숙신 등을 지칭하는 용어다. 이들은 고구려 호적에 등재되어 직접통치를 받는 대상은 아니지만 고구려왕의 은덕을 받으며 그 천하 안에 들어있는 존재였다. 속민은 3세기까지 고구려에 집단적으로 예속되어 있으면서 고구려인들에 비해 차별 대우를 받으며 고구려민으로서의 위상도 갖지 못하고 수탈에 가까운 조부를 부담해야 했던 집단예민과 성격이 달랐다.

이종족집단이라는 용어도 재고할 필요가 있다. 물론 이들은 맥, 예맥처럼 문화적, 종족적 유사성을 가지고 공통의 역사 경험을 같이함으로써 공동체의식을 가지고 있는 사람들과는 달랐지만, 종족적으로 차이가 난다고 해서 반드시 차별대우를 받지는 않았다. 이런 점에서 원고구려민 외 집단적으로 고구려에 예속된 존재에 대해서는 집단예민 혹은 집단예속민이란 용어가 더 적절하다.

『삼국지』에 나오는 것처럼 고구려는 자체에서 나는 생산물만으로는 자급자족이 어려웠기 때문에 대외정복전쟁을 통해 복속지를 늘리고 그곳의 산물과 인력을 이용해야 했다. 그래서 외부인들에게 인성(人性)이 흉급(凶急)하고 침략과 노략질을 좋아하는 민족으로 인식되었으며, 나라 사람들이 모두 기력이 있고 전투에 능하다는 평을 들었다. 이는 정복전쟁을 하나의 생산활동처럼 활발하게 전개했다는 것을 말해준다. 따라서 계루부뿐 아니라 다른 부들 역시 부로 편제되기 이전이나 그 이후에도 자체 병력을 동원해 단독 혹은 공동으로 정복전쟁을 치러 복속지역을 늘리고 집단예민을 보유하여 그를 통해 부족한 물자를 공급받을 수밖에 없었다.

계루부 외의 부가 수행한 전쟁과 그 결과 복속한 집단예민도 있다. 조나(藻那)와 주나(朱那)는 압록강 중류 유역에 있던 정치집단임을 알 수 있다. 강이나 계곡 등 물가에 형성된 평지를 근거로 독립적인 정치체를 이루고 있던 소국 또는 지역정치집단을 지칭하는 용어인 '나(那)'를 칭하고 있기 때문이다. 그러나 고구려의 건국 주체가 되지 못했으므로 '부'로 지칭되지는 않았다. 환나부가 정벌한 주나의 경우, 그 왕자 을음(乙音)이 고추가(古鄒加)에 봉해졌다. 고추가는 전 맹주국인 연노부의 대가, 대대로 왕비를 배출한 절노부의 대가, 계루부의 대가에게만 주어진 관등이었다. 이런 점에서 이를 5부가 성립되는 과정으로 보고 조나와 주나의 주민들도 역시 5부원이 되었다고 이해해 왔다.

그런데 『삼국사기』에는 관나부와 환나부가 이미 부로 편제되고 난 후 중앙정부의 명령을 받아 각각 조나와 주나를 정복한 것으로 되어 있다. 이런 점에서 조나와 주나의 주민도 압록강 중류 유역에 있는 지역정치집단 가운데 하나이긴 하지만, 5부민들과 사회, 경제적 처지가 동일했다고 보기는 어렵다. 주나의 왕자는 중앙정부에 의해 고추가가 될 수 있었지만, 그 주민들은 관나부와 환나부에 예속되어 공납을 바치는 집단예민이 된 것으로 보인다.

발기(拔奇)와 이이모(伊夷模)의 왕위쟁탈전 과정에서 이이모에게 반기를 들었다는 항호(降胡) 500가도 집단예민의 한 예다. 이들은 계루부에 속해 있던 집단예민으로 지역 자체가 편입된 것이 아니었으므로 농업생산물이나 지역특산물, 포(布) 등의 공납물을 바치지는 못하고 주로 노동력을 제공하거나 군사적으로 동원되었다. 차대왕을 제거하고 신대왕을 옹립한 명림답부(明臨答夫)는 그 대가로 국상(國相)이 되면서 패자(沛者)로 관등이 올라갔다. 그리고 내외병마(內外兵馬)를 관장하면서 양맥부락을 통치하는 권리를 갖게 되는 파격적인 대우를 받았다. 그는 국상으로 재임하면서 한의 침략을 물리치는 공을 세움으로써 좌원(坐原)과 질산(質山)을 식읍으로 받았다. 이때 명림답부에게 주어진 양맥부락, 좌원, 질산은 곧 그가 소속된 연나부의 관할지역이 되었다. 이 중 좌원과 질산은 고구려 서부 변경지역이었다. 양맥은 계루부가 단독으로 정복하여 집단예민으로 관리하고 있던 태자하 유역의 정치세력이었는데, 명림답부에게 이 지역에 대한 지배권을 부여한 이후로는 그가 이 지역에서 생산물과 노동력을 수취했다. 이는 연나부의 세력강화에 필요한 기반이 되었다. 따라서 명림답부의 입신 과정은 곧 연나부의 세력강화 과정을 보여주는 일면도 있다.

그런데 이때 한 가지 주목되는 점이 있다. 양맥에 대한 지배권의 소속이다. 양맥은 유리왕대에 정복된 정치집단으로 계루부의 정치·경제·군사적 기반이 되었다. 이후에도 양맥은 집단을 온존하면서 부락별로 생활했지만, 일부 부락의 경우 공을 세운 귀족에게 식읍으로 사여되기도 했다. 명림답부에게 양맥을 겸하여 다스리게 했다는 것과 서천왕 11년(280년) 숙신을 정벌하는 데 공을 세운 달가(達賈)에게 양맥과 숙신의 여러 부락을 겸하여 다스리게 했다는 것은 곧 이 지역의 민과 토지에 대한 수취권과 지배권을 주었다는 의미다. 즉 계루부의 집단예민인 양맥의 여러 부락 가운데 일부 부락에 대한 권리를, 왕을 옹립하거나 외적을 물리치는 데 공을 세운 명림답부와 달가에게 포상으로 준 것이다.

이들에게 주어진 지배권이 명림답부와 달가 당대에 한정된 것인지,

세습적으로 보유할 수 있었던 것인지는 알 수 없다. 그렇지만 양맥의 여러 부락 가운데 일부를 떼어 각각 두 사람에게 주었다고 볼 수 있으므로, 명림답부에게 주었던 권리를 회수하여 달가에게 주었다고 볼 필요는 없다. 이런 점으로 보아 비교적 단위가 큰 복속민의 경우 부락별, 단위지역별로 공납을 바치는 대상이 다른 경우도 있었음을 알 수 있다.

이처럼 한 복속민 집단의 여러 부락들이 각각 다른 정치세력에게 예속되어 있는 경우는 다른 원인을 통해서 발생할 수도 있다. 예컨대 독자적인 실체로 기록이 남을 만큼 넓은 영토와 인구를 보유한 정치세력에 대한 정복은 국왕의 군대뿐 아니라 여러 부의 병력이 공동으로 출병했을 것이다. 그럴 때에는 병력을 낸 부세력에게 전후 복속지 재편 과정에서부터 공납 수취권을 나누어주었을 가능성이 크다. 이때 전리품과 복속지 분배를 총괄했던 국왕이 복속지 지배 과정에서 일정 부분 간여했을 수도 있지만, 분여받은 부의 대가에게 그 지역에 대한 지배권을 주기도 했다. 대가는 그곳에서 공납을 받았고 자신이 통치하는 부의 경제기반으로 삼았다. 그런 예는 동옥저 지배에서 찾아볼 수 있다.

동옥저에 대한 지배방식은 고구려의 집단예민 지배방식의 전형으로 간주되고 있다. 따라서『삼국지』동옥저전에 나오는 기사를 두고 다양한 논의가 이루어졌다. 동옥저전에는 동옥저가 나라가 작아 큰 나라 사이에서 핍박을 받다가 마침내 고구려에 복속되었다며, 그에 대한 고구려의 지배방식에 대해 서술해놓았는데, 내용상 세 단락으로 나눠진다.

① 구려는 그중 대인을 사자로 삼아 서로 다스리게 했다(句麗復置其中大人爲使者 使相主領).

② 대가로 하여금 그 조세를 책임지고 통괄토록 하였다. 맥포와 생선,

소금, 해초류 등을 천리나 떨어진 곳에 져나르게 하였다(又使大加統責其租賦 貊布魚鹽海中食物 千里擔負致之).

③ 또 미녀를 보내게 하여 노비나 첩으로 삼았는데, [고구려 사람들이] 그들을 노복처럼 대우했다(又送其美女以爲婢妾 遇之如奴僕).

이 가운데 가장 논란이 되고 있는 내용은 ①이다. ①에 대한 이해는 크게 둘로 나눠진다. 하나는 고구려에서 옥저의 대인을 고구려의 사자로 삼아 서로 다스리게 했다고 해석하는 설이다. 고구려에서 옥저를 차지한 후 그곳의 재지수장들을 사자로 삼고 함께 다스리게 했다는 것으로 복수의 기존 지배자들을 사자로 삼아 반자치적으로 옥저를 통치하도록 하되, 서로 견제하게 한 것으로 이해했다. 즉 고구려가 옥저를 집단예민으로 삼고 토착유력층을 통해 간접지배했다고 본 것이다(武田幸男, 1967; 하일식, 1991; 김현숙, 1992; 임기환, 1995). 다른 하나는 옥저의 대인, 즉 거수(渠帥)들을 사자(使者)로 삼고, 고구려 중앙에서 파견한 상이 그들을 다스렸다고 보았다. 이것은 고구려 중앙정부가 옥저 토착지배층들의 도움을 받아 직접통치를 실시했다고 보는 것이다. 이 설은 다시 상(相)을 왕의 대리자인 국상(國相)으로 본 설(김미경, 2000), 행정조직을 통괄하는 중앙정부의 상이라고 본 설(서의식, 1990), 중앙에서 파견한 지방관으로 본 설(김남중, 2013; 장병진, 2017)로 나눠진다.

전자의 경우, ①을 "구려는 다시 그중 대인을 두고 사자로 삼아 서로 다스리게 했다"고 해석한다. 그러나 후자의 경우에는 "구려는 다시 그중 대인을 사자로 삼고, 상으로 하여금 주령(主領)하게 하였다"로 해석한다. 상을 '서로'로 보느냐, '국상' 혹은 '지방관'으로 보느냐에 따라 고구려의 동옥저 지배방식뿐 아니라 전체 지방통치방식에 대한 이해가 달라진다. 상이 고구려 중앙에서 파견한 지방관이라고 본다면, 3세기까지 고구려의 영역지배방식이 주로 간접지배, 집단지배였다가 3세기 말 부의 반독립적 위상이 소멸되고 전국에 국왕을 대신하는 지방관이 파견되면서 직접통치체제로 전환되었다고 본 기존의 이해(임기환, 1995; 김현숙, 1996, 2005)를 전면 수정해야 한다.

현재까지는 두 가지 설 가운데 전자가 더 다수설에 해당하지만 후자의 해석을 주목할 필요가 있다. 상을 중앙에서 파견한 지방관으로 보는 입장은 한사군이 생각보다 훨씬 정치하게 군현지배를 직접 실현했다고 보는 연구성과(김병준, 2013; 2015)에 힘입은 바 크다. 또 동옥저의 사자가 〈포항중성리신라비〉, 〈울진봉평리신라비〉, 〈영천청제비〉, 〈단양신라적성비〉 등 6세기 신라 금석문에 나오는 사인(使人)과 역할이나 성격이 유사하다고 볼 수 있다는 데 의거했다. 즉 신라가 현지유력자인 촌주(村主)를 사인으로 삼아 중앙에서 파견된 도사(道使)를 도와 지역지배를 하게 한 것처럼(하일식, 2009), 고구려도 동옥저의 재지유력층을 사자로 삼고 중앙에서 파견한 상이 그들을 통괄하면서 직접지역지배를 수행했다고 본 것이다.

낙랑군의 통치 내용이 아직까지 구체적으로 밝혀지지 않았기 때문에 현재로서는 비교가 불가능하지만, 낙랑군의 영동지역 지배와 고구려의 동옥저 지배가 반드시 유사했다고 볼 수는 없다. 또 신라의 경우와 고구려의 경우는 400년 가까운 시간차가 있어 정치, 사회 발전을 고려할 때 유사성이 발견된다고 해서 동일한 성격이었다고 단정하기 어렵다. 또한 중앙에서 파견된 상이 재지유력층을 사자로 삼고 그들의 협조를 받아 옥저 지역민들을 통치한다고 그것을 직접통치라고 볼 수는 없다. 중앙에 상대되는 의미로서의 명실상부한 지방이 성립하고, 그 지방민들을 모두 호적에 등재한 후 인두세와 호세, 부역 등의 조세를 개별적으로 수취할 수 있어야 직접통치라 할 수 있다. 물론 중앙집권적 통치체제가 완비된 후 전국에 지방관을 파견해 직접통치를 실시한 이후에도 주민의 존재양상, 생활유형, 환경 등에 따라서 특수한 집단지배를 용인하는 것이 고구려의 영역지배방식이었다(김현숙, 2005). 그러나 1~3세기 동옥저와 예는 그러한 경우에 해당되었다고 보기 어렵다. 이 시기까지는 공민(公民)이란 개념도 정립되지 않은 시기였다. 따라서 압록강 중류 유역의 원고구려 지역민들도 국왕의 백성으로서 보호받으며 조세를 납부하는 공민이 되지 못했다(김현숙, 1999).

그러므로 동옥저에 대한 고구려의 지배방식에 대해서는 한 구절만 잘라서 해석하기보다는 관련 사료 전체를 종합적으로 검토할 필요가 있다. 그런 점에서 다음 구절인 기사 ②를 살펴보기로 하자. 이 구절은 동옥저에 대한 고구려의 경제적 수취 내용에 해당한다. 동옥저는 고구려에 맥포와 어염, 그리고 해중식물을 천리나 지고 가서 바쳤는데, 그것을 대가가 책임졌다. 기사에는 동옥저가 바치는 것을 '조부(租賦)'라고 표현했지만, 내용상으로 볼 때 특산물에 가깝다. 즉 동옥저의 경제 상황, 환경적 요인을 고려하여 일반적인 조용조의 내용과 달리 주로 특산물을 고구려에 납부했던 것이다.

여기에서 조부 납부의 책임자는 대가였다. 상을 '서로'가 아닌 '관직자'를 지칭하는 것으로 보는 경우, 정치·행정적 통치를 담당한 상과 경제적 통치를 담당한 대가로 나눠져 있었다고 보았다(서의식, 1990). 이렇게 본다면 앞에 인용된 사료의 ①, ②와 병렬적으로 서술된 ③에서 "또 미녀를 보내 비첩으로 삼았는데 그를 노복과 같이 대우했다"고 했는데, 이 업무는 지방관인 상과 대가 중 누가 담당한 것인지 궁금하다.

또 미녀를 보내는 것도 지방관이 파견된 지역의 주민들이 국가에 지고 있던 일반적인 조부의 내용으로 보아야 되는지 의문이 생긴다.

동옥저는 지역특산물인 맥포와 물고기, 소금 등 해중식물을 짊어지고 천리 길이나 되는 고구려로 갖다 바치고, 또 미녀를 보내 비첩으로 삼게 했다. 그런데 고구려에서는 그 미녀를 노복과 같이 대우했다고 한다. 이것은 중앙에서 왕명을 대행하는 지방관을 파견하여 지역주민들로부터 조세를 거두고 지역 방위를 맡아 지역민을 보호하고 지역의 안정된 통치를 도모하는 중앙집권체제하의 지방통치와 성격이 다르다. 이런 의무를 지닌 동옥저는 고구려의 민, 즉 공민으로서의 위상을 갖고 있다고 보기 어렵다. 고구려왕은 아직 이들을 자신이 돌봐야할 민이자 국가의 근간인 공민으로 인식하지 않고 있다. 따라서 이때 동옥저에 왕명을 대행한 지방관인 상을 파견하여 통치했던 것으로 보이지는 않는다.

'낙랑군 호구부'의 발견으로 인해 한의 군현통치가 기존의 이해보다 훨씬 더 정치하고 직접적인 통치였다는 것이 밝혀졌다(윤용구 외, 2010). 그리고 동부도위가 설치된 것도 한의 지배 강도가 약화된 것을 의미하는 것이 아니라 낙랑군의 지배에 군사적 지배가 더해진 것이라는 연구도 나왔다(김병준, 2015). 현재로서는 ①에 대한 해석 가운데 다수설인 전자가 여전히 더 타당한 것으로 보인다. 하지만 동옥저와 예에 대한 지배 내용을 지금까지와는 다른 방향에서 정밀하게 더 살펴봐야 한다는 필요성은 충분히 인정된다.

한편 앞에 인용된 사료의 ②에서 대가(大加)가 공납물 수취를 책임졌다는 내용에 대한 이해에도 약간 다른 해석이 있다. 일반적으로 고구려의 대가가 이를 책임졌다고 이해하는데, 이를 좀 더 구체적으로 보는 경우 계루부와 다른 부의 대가들이 동옥저 정복에 기여한 대가로 수취권을 받아 공납물을 수취한 것으로 이해했다(김현숙, 1996).

『삼국지』 고구려전에는 대가(大加), 대인(大人), 대가(大家)와 같이 조금씩 달리 표현된 존재들이 나온다.

① 왕의 종족(宗族)으로 그 대가(大加)는 모두 고추가를 칭한다.
② 이전 국주였던 연노부의 적통대인(適統大人)이 고추가를 칭했다. 종묘를 세우고 영성사직에 제사를 지낼 수 있다.
③ 여러 대가(大加)는 스스로 사자(使者), 조의(皁衣), 선인(先人)을 두었는데, 그 명단은 모두 왕에게 보고한다. [사자, 조의, 선인은] 경대부(卿大夫) 가신과 같은데 회동할 때 좌석 차례에서 왕가의 사자, 조의, 선인과 같은 열에 설 수 없었다.
④ 그 나라의 대가(大家)는 농사를 짓지 않는다. 좌식자(坐食者)가 만여 명으로 하호(下戶)가 먼 곳에서 식량과 물고기 및 소금을 짊어지고 와서 그들에게 공급한다.

①, ②는 고추가를 칭할 수 있는 대상에 대해 서술했다. 왕의 종족인 대가, 연노부의 적통대인이 그 대상이 된다. 여기서 대인은 큰 사람, 최고 어른, 제일 높은 사람이라는 뜻으로 볼 수 있다. 아마도 연노부의 장(長)이 이에 해당될 것이다. 위 인용에서는 생략했으나, 이 기사 뒤에는 절노부에 대한 내용도 나오는데, 절노부는 대대로 왕실과 혼인을 하였으므로 고추의 칭호를 더하였다고 한다. 즉 왕족인 대가와 전 국주였던 연노부, 대대로 왕비를 배출한 절노부의 최고 어른이 고추가를 칭할 수 있었다. ③에 나오는 대가는 자체 관인을 휘하에 둘 수 있었지만

그 명단을 왕에게 보고했고, 경대부 가신과 같지만 회동 시 같은 열에 서지 못했다고 하는 것으로 보아 계루부 왕실이 아닌 다른 부의 대가로 볼 수 있다. 연노부, 절노부, 관노부, 순노부의 장이 바로 여기서 말하는 대가다. ④에 나오는 대가(大家)는 좌식자로서 만여 명이었다고 하는 것으로 보아 계루부와 4부의 장을 지칭하는 것은 아니고 부와 권력을 가진 세력자를 의미한다.

이렇게 보면, 대인(大人)과 대가(大家)는 높은 사람, 최고 어른, 혹은 세력가를 의미하는 일종의 보통명사로 볼 수 있다. 그러나 대가(大加)는 좀 다른 의미를 갖고 있는 것으로 보인다. 왕의 종족인 대가와 자체 관인을 둘 수 있는 대가는 모두 고구려 왕권과 공적 관계가 있는 사람들이다. ①에 나오는 대가의 경우, 단순히 왕의 종족으로만 나오므로 공적 관계가 아닌 사적 관계라고 볼 수도 있겠지만, 왕의 형제, 자손, 친인척이 왕조의 통치체계 안에서 공적 역할을 수행하는 경우가 많은 것을 볼 때, 왕족이라고 하여 혈연으로 인한 사적관계일 뿐이라고 보는 것은 맞지 않다. 대인(大人), 대가(大家)와 달리 대가(大加)가 국왕의 통치권과 관계가 있는 존재라고 본다면 앞의 동옥저 지배 관련 기사에 나오는 대가도 다른 방향에서 이해할 수 있다.

즉 동옥저에서 식량, 어염 등을 거두어 고구려로 가져오는 임무를 맡았던 대가(大加)는 분명 고구려 왕의 통치권 아래에서 역할을 수행하는 존재였다고 보아야 한다. 그리고 그 대가는 계루부의 대가일 수도 있고, 각 부의 대가일 수도 있다. 3세기 중엽 당시의 고구려 통치체계를 함께 고려하면 동옥저에 대한 수취권을 계루부 왕실과 전쟁에 참여한 여타 부에서 나누어 가졌다고 볼 수 있다.『삼국지』고구려전에 의하면 대외전쟁 시에 고구려는 대가와 주부가 함께 군사를 이끌고 출정했다.

이는 부의 장인 대가와 국왕의 직속 관인인 주부가 각각 병사를 이끌고 공동 출정한 것이다. 따라서 인용한 『삼국지』 동옥저전 기사에서 조부의 수취를 책임진 대가는 계루부의 대가일 수도 있고, 다른 부의 대가일 수도 있는 것이다.

그리고 여기서 보다 중요한 점은 이 공납물이 고구려 중앙정부로 귀속되는 것이 아니라 바로 대가들에게로 귀속된다는 점이다. 앞서도 언급했지만 이들이 동옥저로부터 공납물을 거둘 수 있었던 것은, 동옥저를 정복할 때 그들도 자신의 병력을 거느리고 출정함으로써 전리품의 일종으로 수취권을 이양받았기 때문이다. 대가는 계루부와 다른 4부에 모두 존재할 수 있다. 동옥저 자체가 독자적인 운동성을 가진 다수 읍락의 결합체였으며, 다른 읍락에 대한 국읍의 지배권이 고구려나 부여만큼 강력하지 못한 상태였음도 감안할 필요가 있다(김현숙, 1996).

이런 점들을 모두 염두에 두면, 동옥저에 대한 지배방식을 보다 다면적으로 분석해 볼 수 있다. 즉 동옥저의 여러 읍락 가운데 어떤 읍락은 계루부에, 어떤 읍락은 연노부, 절노부, 관노부, 순노부에 각각 공납을 바쳤던 것으로 이해할 수 있다. 물론 이때에도 동옥저에 대한 전체적인 통치는 중앙정부에서 관장했지만, 그 지역을 할당받은 각 부의 대가가 개별 읍락에서의 공납물 수취에 대한 권리와 책임을 전적으로 가지고 있었다고 볼 수 있다(김현숙, 1996; 임기환, 2012).

이상과 같이 본다면, 고구려의 동옥저 지배는 재지지배층을 통해 간접적으로 집단지배를 하면서 특산물과 미녀를 상납받는 일종의 공납지배를 시행했다고 볼 수 있다. 즉, 동옥저 자체가 고구려에 집단적으로 예속된 것이므로 이들을 집단예민이라 할 수 있다. 아마도 중앙집권체제가 구축되고 중앙에서 본격적으로 지방관을 지역에 파견하여 직접통치를 하는 단계로 가기 전에는 새로 편입된 지역민에 대해 주로 이런 방식의 지배를 적용했을 것이다.

동옥저에 대한 이런 지배방식을 통해 부체제기 권력의 성격, 기본적인 정치운영원리, 그리고 국왕과 대가 양자의 역학관계 등을 엿볼 수 있다. 동시에 동옥저가 한의 지배에서 벗어난 후 바로 고구려에 예속되었고, 또 관구검의 침략을 받은 후 고구려의 지배에서 일시적으로 벗어났으면서도, 끝내 독립을 유지하지 못하고 얼마 있지 않아 다시 고구려에 편입된 이유도 짐작할 수 있다. 요컨대 한이나 고구려가 동옥저를 지배할 때 읍락별, 종족별로 분리하여 통치했으므로 그 여파로 독립 후에도 정치적 통합을 이루기 어려웠던 것이다. 이런 지배방식과 그로 인해 나타난 현상은 예에서도 동일하게 나타난다.

지금까지 계루부를 비롯한 여러 부에 각각 예속된 집단예민이 있었다는 것과 그 원인에 대해 살펴보았다. 어떤 부에 속해 있는 복속민이건 그 내부의 지배는 기존의 재지지배층이 여전히 담당했으며, 그 위에 고구려의 통치권이 설정되는 집단적이고 간접적인 통치가 주를 이루었다. 기존의 집단성을 해체하지 않고 또 각 공동체의 자체 운동성을 해체하지 않는 상태에서의 지배권 설정이었던 것이다. 따라서 3세기 말까지는 5부민과 복속민 모두 고구려 중앙정부로부터 기존 공동체를 온존한 위에서 간접통치를 받는다는 점에서는 같았음을 알 수 있다.

그런데 일반적으로 간접통치 또는 공납지배라고 일컬어지는 복속민 통치도 단일한 내용으로 나타나는 것은 아니다. 구체적인 지배 내용을 보면 의외로 다양한 측면이 발견되고 있다. 지금까지의 서술 과정에서 부분적으로 언급한 바 있지만, 3세기 말까지의 복속민에 대한 지배방식도 몇 가지로 유형화할 수 있다.

첫 번째 유형으로는, 지역 전체와 재지지배층을 온존시킨 상태에서 복속의 의미로 공납물만 바치게 할 뿐 지역사회를 전혀 재편하지 않고 거의 완전하게 자치를 보장하는 경우를 생각할 수 있다. 구체적인 사료가 나오지는 않지만 이런 식의 지배가 행해졌으리란 것은 신라의 예를 통해서 충분히 상정할 수 있다(朱甫暾, 1995; 1998). 물론 이때도 외부세력과의 접촉이나 고구려 영향권으로부터 벗어나려는 행동에 대해서는 감시할 필요가 있으므로 수시로 국왕이 순수를 하러 가거나 감찰관을 파견하기도 했다. 그러나 내부 통치에서의 제제는 거의 하지 않았다.

두 번째 유형으로는, 지역을 부분적으로 재편해 지배하는 경우를 들 수 있다. 이는 첫 번째 방식보다 더 적극적인 지배 의도가 엿보이는 경우다. 고구려는 행인국, 북옥저, 개마국, 동옥저를 정복한 후 그 땅을 성읍이나 군현으로 만들었다. 이때 성읍으로 만들었다는 것이 지역의 기존 질서를 완전히 파괴하여 전체적으로 재편했다는 의미는 아니다. 군현으로 삼았다는 것도 실제 군이나 현 등의 행정단위로 편제했다는 의미가 아님은 두말할 필요가 없다. 그러나 성읍이나 군현으로 만들었다 함은 곧 재지(在地)질서를 전혀 변경시키지 않았던 첫 번째 경우와 달리 부분적으로라도 지역을 재편했던 것으로 보아야 한다. 이 경우 지역 정치체의 자치를 완전히 보장해 주지는 않았다.

이처럼 직접통치를 시행하지 않으면서 지역을 부분적으로 재편한 것은 소기의 목적이 있었기 때문이다. 그 목적은 두 번째 유형의 복속민 지역들이 가진 공통점에서 찾을 수 있다. 즉 그 주변에 있는 정치체를 정복하기 위해 필요한 전략거점이라는 것이다. 행인국은 백두산의 동남쪽이므로 혼춘으로 가는 길목에 있다. 4년 뒤 북옥저를 침략한 것으로 보아 행인국 정복 이후 부분적으로 재편하여 행인국에 대한 감시 체계를 구축함과 동시에, 북옥저와 가까운 전략요충지에 군대를 주둔시켜 북옥저 정찰과 지형 파악 등 침략을 위한 사전작업을 했을 가능성이 있다. 또 개마국을 정복하자 그 인근에 있던 구다국이 자진 투항한 것으로 보아 개마국 정복이 곧 주변 소국들을 편입하기 위한 포석이었음을 알 수 있다.

북옥저는 북쪽으로 읍루, 서북쪽으로 부여, 남쪽으로 동옥저와 접해 있는 주요 지역이다. 동옥저는 북옥저와 접해 있으므로 남옥저라고도 불리었으며, 그 남쪽에 동예가 있었다. 동옥저가 태조왕대에 정복된 것에 비해 북옥저는 동명왕대에 이미 복속되었다. 동옥저보다 북옥저로 먼저 진출한 것은 왜일까? 옥저의 정복과 예속은 경제적 목적과 정치, 군사적 목적이 모두 있었을 것이나, 동옥저는 이 가운데서도 전자가 더 우선했고, 북옥저는 후자가 더 컸다. 건국 초 고구려의 최대 강적은 부여였으므로 그에 대한 견제를 위해 부여와 접하는 지역집단을 우선적으로 장악할 필요가 있었기 때문이다. 북옥저는 남쪽에 있는 동옥저 정복을 위한 전진기지로서의 의미도 컸다. 반면 동옥저는 고구려의 부족한 식량과 해산물을 충당키 위한 경제적 기반으로서의 의미가 무엇보다 큰 곳이다. 물론 동옥저 정복에 예로 진출하기 위한 전략기지 확보란 목적도 있었다.

『삼국지』 예전과 고구려전에 의하면, 예 역시 태조왕대에 고구려에 예속되었지만 동옥저와 달리 구체적인 지배 내용이 사료상에 나타나지 않는다. 예는 동해안을 따라 길게 퍼져 거주하고 있었다. 영동 7현 가운데 6현으로 지칭되었던 주요 세력들이 터전을 잡고 있었는데, 이들 가운데 가장 큰 세력이 불내예였다. 불내의 대표자는 불내예후를 칭하다가 위(魏)에 항복한 후 불내예왕에 봉해지기도 했다. 예는 낙랑군 예하에 있다가 동부도위 지배 아래 들어갔고 다시 고구려에 속하게 되었다. 예 전체가 하나로 통합되지 못했기에 독립성을 유지하면서 고대국가로 성장하지 못했지만, 군현체계를 경험하였으므로 행정체계에는 어느 정도 익숙한 집단이었다.

예 지역민들은 전작(田作) 중심의 농업을 생산기반으로 삼았지만 어업과 제염업도 상당 수준에 이르러 있었다. 이곳에서 나는 어피(魚皮), 반어(班魚), 반어피(班魚皮) 등의 해산물은 한군현에 공물로 납입됨으로써 예의 특산물로 중국에까지 널리 알려졌다. 고구려에 복속된 이후에도 동옥저와 함께 해산물과 소금, 농산물 등을 공납함으로써 중요한 경제적 기반으로 기능했다. 예와 옥저는 모두 어로생활을 영위하여 중국을 비롯한 이웃 나라에 널리 해산물을 공급했다.

평안북도의 위원이나 강계, 자강도의 전천 등에서는 연(燕)의 명도전(明刀錢)이 대량으로 발견되었다. 명도전의 출토는 이곳이 압록강 중류 유역으로부터 영동 해안 방면을 잇는 교통의 요충지였음을 보여주며, 전국시대부터 중국과 연결되는 고대상업로였음을 증명한다. 『삼국사기』고구려본기에 나오는 동해안 지역에서의 특산물 진상 기사는 곧 공납물을 수취했던 상황을 보여준다. 따라서 예 지역으로 진출한 것은 농산물과 해산물 등 고구려에 부족한 물자를 지속적으로 안정되게 확보하려는 목적이 강했다. 물론 중국과의 무역품을 확보하려는 의도도 컸고, 한반도 남부지역 정치세력과의 교역권에도 관심이 있었을 것이다. 그러나 정치·군사적인 면에서도 중요했다. 그 남쪽에 진한이 있었으므로 예 지역도 인접한 곳에 있는 정치세력을 정복하기 위한 전진기지였다.

이와 같이 정치·군사적 전진기지로서 비중이 큰 주요 지역에는 단순히 재지지배층을 통한 간접지배에 그치는 것이 아니라 지역을 재편한 후 고구려 군대를 일정 기간 주둔시키기도 했다. 이런 지배방식의 가장 전형적인 예로 군사적 의미가 다른 곳보다 특히 강했던 북옥저의 중심지인 책성을 들 수 있다.

북옥저는 남옥저로부터 800리 떨어져 있었다. 그 중심 국읍은 치구루, 즉 책성이었다. 관구검의 침입 시 동천왕이 남옥저를 거쳐 북옥저로 도망갔기 때문에 그를 추격한 위나라 군대는 남·북옥저의 읍락을 모두 파괴했다. 이는 남·북옥저가 모두 상당 기간 고구려의 중요한 정치·경제·군사적 기반으로 기능해 왔다는 것을 보여준다. 위의 침략 후 영동의 정치세력들을 후국으로 삼아 기미정책을 실시했을 때에도 북옥저에 대해서는 위가 통치권을 행사한 흔적이 보이지 않는 것으로 보아 여전히 고구려의 예속하에 있었음을 알 수 있다.

물론 이에 대해 부여가 북옥저에 진출하여 그 세력권 아래 넣었고, 그에 기반하여 모용세력의 침략을 받은 부여 왕실의 일부가 이곳으로 도망 와 동부여를 건국할 수 있었다고 보는 견해도 있다(日野開三郎, 1988). 그러나 3세기 말경에는 고구려가 북부여 지역으로의 진출을 기도하고 있었고 이미 세력을 부식시킨 지역도 있었다. 또 위의 침략 이후 북옥저 지역이 고구려로부터 독립해 부여에 예속되었다는 직접적인 증거도 없다. 이런 상황을 고려하면 북부여 지역의 중심지인 길림에서 혼춘까지의 긴 행로 도중에 고구려의 제제가 전혀 없었다고 보는 것은 현실성이 없다.

따라서 동부여가 북옥저의 중심지인 책성 인근 지역에 건국할 수 있었던 것은 고구려의 양해와 적극적인 주선이 있었기 때문이라 보는 쪽이 더 타당하다. 즉 고구려로서는 일종의 통치책의 하나로 이전부터의 복속지역에 부여의 지배집단들을 안치시켜 독립적으로 생활할 수 있게 한 것이다(김현숙, 2000). 이때 북옥저로 망명한 것은 지배집단과 피지배층 일부일 뿐 부여의 구성원 전체가 이주해 온 것은 아니었으므로, 동부여의 피지배민은 이전부터 고구려의 복속민이었던 북옥저민이었다. 〈광개토왕비문〉에서 동부여가 원래 고구려의 '속민'이었다고 하는 것은 바로 건국 당시의 이런 상황에서 기인한 것이다.

그런데 북옥저 지역에 북부여의 망명집단을 안치해 동부여를 건국할 수 있게 했다는 것은 고구려가 이 지역을 확고하게 지배하고 있었다는 사실이 전제되어야 한다. 지역 내부를 고구려의 통치 목적에 맞게 적절하게 재편한 이후라야 하고, 주민들에 대해서도 밀착지배가 행해졌어야 가능한 일이다. 단순히 재지지배층을 통한 간접적인 집단통치, 공납통치의 수준이었다면 불가능할 것이다.

실제로 책성 지역에 대한 고구려의 관심은 지대했으며, 일찍부터 적극적으로 지배하기 위해 여러 노력을 아끼지 않았다. 다른 지역에 비해 비교적 빈번하게 국왕의 순수가 이루어졌으며, 왕의 체류 기간도 상당히 길었다. 그리고 한의 평주인(平州人) 하요(夏瑤) 일행을 집단안치하여 지역 개발을 도모하기도 했다. 그뿐만 아니라 책성수리(柵城守吏)를 두고 지키게 했으며 그들의 노고를 위로하는 연회를 베풀기도 했다.

이때의 책성수리는 중앙에서 파견한 수(守)와 재지지배층 가운데에서 임명한 이(吏)를 지칭하는 것으로 보인다. 그렇지만 이 책성수를 지방관으로 보기는 어렵다. 책성수는 이 지역에 상주하는 소규모 군대를 지휘하는 장수로서 북옥저의 재지지배층과 주민의 동향을 감시하는 역할도 했지만, 주된 임무는 인접한 미복속 소국에 대한 정찰과 방어였다. 그러므로 지방관의 고유 업무를 수행하는 3세기 말 이후의 태수

(太守)나 재(宰)와는 성격이 달랐다. 책성수리가 북옥저에 주둔한 군대의 지휘관이었다면 다른 전략요충지에도 고구려 군대를 주둔시켰을 가능성이 있다.

초기 고구려의 복속민 통치방식 세 번째 유형으로는, 정복 지역을 고구려 관인에게 식읍(食邑)으로 주어 관할케 한 지배방식을 들 수 있다. 식읍주는 자신의 식읍으로부터 토지세와 호세, 부역 등을 모두 거두었는데, 그런 수취를 지속하기 위해 식읍민들을 자신의 힘으로 관리했다. 따라서 식읍 사여도 지방지배의 한 방식으로 볼 수 있다.

식읍의 내용에 대해서는 그 지역의 주민과 토지 등 전반적인 면에 대한 권리를 주었다는 설(강진철, 1965)과 그 지역에 대한 수취권만을 주었다는 설(李景植, 1988)로 나뉘어져 있다. 고구려 초기에는 토지 소유보다는 노동력 보유가 더 중요했을 것이므로 앞의 설이 더 타당해보인다. 시간이 흐를수록 중앙정부에서는 가혹한 수탈을 감시하고 제제를 가하는 등 식읍주의 권한을 점차 축소시켜 나갔다. 그러다가 나중에는 수조권만을 부여하고 경제 외적인 지배권은 모두 차단했으므로 식읍 자체가 경제적 의미만을 지니게 되었다.

식읍은 전쟁에서 큰 공을 세웠을 때 전투 결과 획득한 지역이나 종족의 부락 집단 전체를 공훈자에게 주는 예가 많지만, 국왕의 특별 은사품이 필요하다거나 할 때 국왕이 보유하고 있던 지역을 주는 경우도 있었다. 명림답부나 차대왕의 태자 추안(鄒安) 등에게 주어진 지역과 부락 등은 계루부가 관할하고 있던 지역이다.

식읍을 보유하게 되면 식읍주는 그 지역 주민과 토지에 대한 제반 관할권을 모두 가지게 되어 식읍민으로부터 조용조에 해당하는 각종 물자를 수취하고 부역을 강제할 수 있었다. 이것은 부의 대가가 자체 관인을 두고 반독자적으로 부민을 통치했던 것과 유사하다. 이런 점에서 다물후(多勿侯) 송양(松讓)에게 비류국(沸流國)이었던 다물도(多勿都)를 계속 다스리게 한 것을 식읍의 시원으로 볼 수 있다. 즉 식읍은 정복지나 계루부 관할지역을 공훈에 대한 포상으로 받는 경우도 있지만, 자신이 통치하던 소국이나 부에 대한 지배권리를 국왕에게 재인정받아 그대로 보유하는 형식을 취하는 경우도 있었다.

식읍주의 식읍지 관리는 재지지배층을 통해 수취를 하되 수시로 자신의 가신(家臣)을 파견해 감시, 감독하는 방식이 가장 보편적이었다. 그러나 식읍으로 하사하기 전에 그 지역의 지배층 일부를 제거하거나 다른 지역으로 이주시키는 경우도 있고, 중앙관직을 주어 왕도(王都)로 옮겨 가게 하는 경우도 있었다.

숙신은 계절성 이동을 하며 부락생활을 하는 등 예맥이나 한(韓)과는 생활방식이 달랐지만, 고구려와 일찍부터 접촉이 있었으며 말기까지도 긴밀한 관계를 맺고 있던 산림족이었다. 『후한서』와 『삼국지』 읍루전과 『진서(晉書)』 숙신씨전에 의하면 이들은 지상가옥을 짓지 않고 지하주거를 했다. 그런데 서천왕 11년인 280년 10월에 고구려에 쳐들어와 변방의 백성을 살해한 숙신은 그 중심 근거지가 단로성(檀盧城)이었다. 이들에 대해 송화강(松花江) 유역에 분포해 있던 종족으로서 예맥족과 빈번하게 접촉하며 생활하는 과정에서 성을 구축하는 등 문화적인 변화를 부분적으로 겪은 사람들이라고 보는 설(김현숙, 1992)과 연해주 중부 및 삼강평원에 거주한 종족집단으로 봉림(鳳林)문화와 관련지어 볼 수 있다는 설(이정빈, 2019)이 있다.

북부여와 고구려의 인접지역에 거주하던 숙신에 대한 정복은 고구려가 북부여 지역으로 진출해 들어가는 과정에서 이루어졌다. 고구려는 단로성을 공략한 후 그 추장을 죽이고 600여 가를 부여의 남쪽지역에 있던 오천(烏川)으로 옮기는 한편, 항복한 부락 6~7개소는 부용(附庸)으로 삼았으며, 가장 공을 세운 달가에게 숙신 부락에 대한 지배권을 주었다. 무공이 뛰어났던 달가에게 항복한 숙신 부락을 식읍으로 주어 숙신의 이탈을 방지하고 저항을 막도록 한 것이다.

그런데 부여 남쪽으로 옮겨진 사람들은 주로 단로성과 그 주변에 거주했던 주민들로서 지배층이 많았을 것이다. 그 추장을 죽이고 600여 가를 부여의 남쪽으로 옮긴 일차 목적은 재지지배층을 제거함으로써 숙신 부락 자체에 대한 지배를 원활하게 하기 위해서였다. 이와 동시에 부여에 대한 방파제이자 공격거점으로 삼기 위해 부여와의 경계지점으로 사민했다고 볼 수도 있다. 즉 고구려 중앙정부에서는 달가에게 숙신 부락에 대한 경제적 권리와 함께 변경 방어와 복속민 관리라는 의무도 함께 부과했던 것이다. 요컨대 복속지를 식읍으로 사여함으로써 경제적 수취권을 주는 동시에 지역지배를 맡기는 것도 고구려의 영역지배 방식 가운데 하나였던 것이다.

이 외 고구려의 복속민 지배방식으로는 복속민의 대표자에게 고구려 관직을 주어 지역통치를 일임하거나, 구 지배자를 제거한 후 새로운 지배자를 선임하여 그를 통해 간접통치를 하는 경우도 있었다. 개별적으로 포로화한 경우에는 그들만으로 특수천민부락을 조성해 수탈하는 경우도 있었고 노비로 만든 다음 개별적으로 귀족들에게 분여하기도 했다. 이것은 다른 나라의 복속민 지배방식에서도 나타나는 보편적인 방법으로 고구려에서도 많이 사용했을 것이다.

이상에서 살펴온 바와 같이 고구려는 건국 이후 편입한 집단예민과 포로 등 복속민에 대해 재지지배층을 통한 간접통치, 집단지배를 일반적으로 실시했다. 그 내부를 면밀히 검토하면 상당히 다양한 지배방식이 적용되고 있었으며, 재지지배층에게 전적으로 지배권을 일임하지는 않았다는 것도 알 수 있다. 이때의 기본적인 지배 형태는 다원적이고 간접적인 통치였지만, 중앙정부에서 궁극적으로 지향한 것은 국왕에 의한 일원적이고 직접적인 지배였다. 간접지배에서 직접지배로의 전환은 3세기 말에 이루어졌다. 영토 확장과 내부 생산력의 발전으로 인한 국력의 성장, 문화적 성장, 이런 여러 방면에서의 성장을 제도적으로 반영한 체제 정비 등이 영역지배방식의 변화를 이끌어낸 동인(動因)이었다. 왕권 강화와 함께 국왕의 대민관(對民觀)이 변화됨으로써 민의 사회적 위상이 정립되었고, 그와 동시에 복속민도 민으로 인식하게 되었다.

참고문헌

강인욱 외, 2008, 『고고학으로 본 옥저문화』, 동북아역사재단.
공석구, 1998, 『고구려 영역확장사 연구』, 서경문화사.
권오중, 2012, 『요동왕국과 동아시아』, 영남대학교출판부.
권오중 외, 2008, 『요동군과 현도군 연구』, 동북아역사재단.
金基興, 1991, 『삼국 및 통일신라 세제의 연구-사회변동과 관련하여』, 역사비평사.
金瑛河, 2002, 『韓國古代社會의 軍事와 政治』, 高麗大學校 民族文化硏究院.
김현숙, 2005, 『고구려의 영역지배방식 연구』, 모시는사람들.
노태돈, 1999a, 『고구려사 연구』, 사계절.
박시형, 1966, 『광개토왕릉비』, 사회과학원출판사.
朴眞奭·姜孟山 外 공저, 1995, 『中國境內高句麗遺蹟硏究』, 예하.
서영수 외, 2008, 『요동군과 현도군 연구』, 동북아역사재단.
손영종, 1990, 『고구려사 1』, 과학백과사전종합출판사.
_____, 2000, 『고구려사의 제문제』, 사회과학원출판사.
_____, 2006, 『조선단대사(고구려사 1)』, 과학백과사전종합출판사.
송호정, 2015, 『처음 읽는 부여사』, 사계절.
윤용구 외, 2010, 『낙랑군 호구부 연구』, 동북아역사재단.
여호규, 2014, 『고구려 초기 정치사 연구』, 신서원.
이병도, 1959, 『한국사(고대 편)』, 진단학회.
_____, 1976, 『韓國古代史硏究』, 集文堂.
李賢惠, 1984, 『三韓社會形成過程硏究』, 一潮閣.
주보돈, 1998, 『신라 지방통치체제의 정비과정과 촌락』, 신서원.
중앙문화재연구원, 2020, 『고구려 고고학』, 진인진.

강인욱, 2018, 「기원전 4~3세기 초기 옥저문화권의 성장과 대외교류」, 『한국상고사학보』 99.

姜晉哲, 1965, 「韓國土地制度史(上)」, 『韓國文化史大系』 Ⅱ.

공명성, 2004, 「구려사연구」, 『조선고대사연구 1』, 사회과학출판사.

공석구, 2021a, 「현도군위치 옥저지역설을 다시 검토한다」, 『한국고대사연구』 102.

_____, 2021b, 「현도군설치에 대한 새로운 인식」, 『高句麗渤海研究』 70.

권오중, 2015, 「고대 중국 正史에서의 예맥 – '요동예맥'의 자취에 관한 검토로서」, 『동북아역사논총』 49.

기수연, 2007, 「玄菟郡과 高句麗의 건국에 대한 연구」, 『고구려발해연구』 29.

金慶浩, 2012, 「秦·漢初 周邊民族에 대한 戶籍制度의 運營: 秦漢簡牘資料를 中心으로」, 『中國史研究』 81.

김기흥, 1985, 「夫組薉君에 대한 고찰 – 漢의 對土着勢力 施策의 一例」, 『韓國史論』 12.

_____, 1987, 「고구려의 성장과 대외교역」, 『韓國史論』 16.

김남중, 2013, 「위만조선과 고구려 초기의 相」, 『한국고대사탐구』 14.

金美炅, 1996, 「高句麗의 樂浪·帶方地域 進出과 그 支配形態」, 『學林』 17.

김미경, 2000, 「고구려의 沃沮服屬과 그 성격」, 『한국사의 구조와 전개』(하현강교수정년기념논총).

김병준, 2006, 「중국 고대 簡牘자료를 통해 본 낙랑군의 군현지배」, 『歷史學報』 189.

_____, 2013, 「진한제국의 변경 이민족 지배와 부도위」, 『전통시대 동아시아의 외교와 변경기구』, 동북아역사재단.

_____, 2015, 「낙랑군 동부도위 지역 邊縣과 군현지배」, 『한국고대사연구』 78.

金錫亨, 1958, 「삼국시대의 양인농민」, 『朝鮮封建時代 農民의 階級構成』, 과학원출판사(신서원, 1993).

김종은, 2017, 「압록강 유역 고구려 초기 적석묘의 출현과 분포양상의 성격」, 『역사문화연구』 61.

金昌錫, 2004, 「高句麗 초·중기의 對中 교섭과 교역」, 『신라문화』 24.

金賢淑, 1989, 「廣開土王碑를 통해 본 高句麗 守墓人의 社會的 性格」, 『韓國史研究』 65.
_____, 1992, 「高句麗의 靺鞨支配에 관한 試論的 考察」, 『韓國古代史研究』 65.
_____, 1996, 「高句麗 地方統治體制 研究」, 경북대학교 박사학위논문.
_____, 1999, 「고구려왕의 對民觀의 변화와 그 의미」, 『大丘史學』 58.
_____, 2000, 「延邊地域의 長城을 통해 본 高句麗의 東夫餘支配」, 『國史館論叢』 88.
_____, 2007, 「고구려의 종족기원과 국가형성과정」, 『대구사학』 89.
김효진, 2018, 「高句麗 慕本王代 4郡 공격 배경과 영향」, 『한국고대사탐구』 29.
나유정, 2018, 「『三國志』 東夷傳에 나타난 대민지배방식과 民·下戶의 성격」, 『한국고대사연구』 90.
盧重國, 1989, 「韓國古代의 邑落의 構造와 性格 – 國家形成科程과 관련하여」, 『大丘史學』 38.
노태돈, 1975, 「三國時代의 '部'에 關한 硏究」, 『韓國史論』 2, 서울대학교 국사학과.
_____, 1999b, 「고구려의 기원과 국내성 천도」, 『한반도와 중국 동북 3성의 역사문화』, 서울대학교출판부.
문안식, 2008, 「옥저의 기원과 대외관계의 변화」, 『역사학연구』 32, 호남사학회.
박경철, 2003, 「高句麗 異種族支配의 實狀」, 『韓國史學報』 15.
_____, 2011, 「압록강 상류 臨江–長白地區 적석총 축조집단의 존재양태」, 『역사문화연구』 38.
박노석, 2000, 「서기 3세기의 고구려의 동해안 지역 진출」, 『전북사학』 23.
_____, 2004, 「고구려 서천왕대의 숙신 점령에 대한 고찰」, 『全州史學(朱明俊敎授華甲紀念論叢)』 9.
徐毅植, 1990, 「新羅 中古期 六部의 賦役動員과 地方支配」, 『韓國史論』 23.
여호규, 2002, 「高句麗 初期의 梁貊과 小水貊」, 『韓國古代史研究』 25.
_____, 2005, 「高句麗의 國家形成과 漢의 對外政策」 『군사』 54.
_____, 2007a, 「고구려 초기 對中戰爭의 전개과정과 그 성격」, 『동북아역사논총』 15.
_____, 2007b, 「3세기 전반 동아시아 국제정세와 고구려의 대외정책」, 『역사학보』 194.

_____, 2015, 「2세기 전반 高句麗와 後漢의 관계 변화」, 『東洋學』 58.
유은식, 2018, 「고고학자료로 본 沃沮와 挹婁」, 『한국상고사학보』 100.
윤선태, 2013, 「동옥저와 예지역의 역사지리적 변천」, 『삼국지동이전의 세계』, 성균관대학교출판부.
윤용구, 2006, 「高句麗의 흥기와 幘溝婁」, 『고구려의 역사와 대외관계』, 서경.
_____, 2007, 「새로 발견된 樂浪木簡 – 樂浪郡 初元四年 縣別戶口簿」, 『韓國古代史研究』 46.
이강래, 1994, 「삼국의 성립과 영역확장」, 『한국사』 3, 한길사.
李景植, 1988, 「古代·中世의 食邑制의 構造와 展開」, 『孫寶基博士停年紀念韓國史學論叢』, 知識產業社.
李基白, 1985, 「高句麗의 國家形成 問題」, 『韓國古代의 國家와 社會』, 一潮閣.
李丙燾, 1976, 「玄菟郡考」, 『韓國古代史研究』, 博英社.
이성제, 2010, 「낙랑의 군현재편과 濊」, 『낙랑군 호구부연구』, 동북아역사재단.
_____, 2011, 「玄菟郡의 改編과 高句麗 – '夷貊所侵'의 의미와 郡縣의 對應을 중심으로」, 『한국고대사연구』 64.
이승호, 2014, 「漢의 沃沮 지배와 토착 지배층의 동향 – 夫租薉君 사례에 대한 검토를 중심으로」, 『동국사학』 57.
_____, 2018, 「夫餘 政治史 硏究」, 동국대학교 박사학위논문.
李龍範, 1967, 「高句麗의 成長과 鐵」, 『白山學報』 1.
이정빈, 2019, 「양맥·숙신의 난(難), 변경에서 본 3세기 후반 동아시아와 고구려」, 『韓國史研究』 187.
이종록, 2016, 「高句麗의 東沃沮 정벌과 樂浪郡」, 『先史와 古代』 49.
_____, 2018a, 「北沃沮의 기원과 실체에 관한 高句麗의 두만강 유역 進出」, 『한국고대사연구』 91.
_____, 2018b, 「高句麗와 玄菟郡의 관계와 幘溝漊 설치 배경 검토」, 『선사와 고대』 55.
_____, 2020, 「1~3세기 고구려의 두만강 유역 지배방식과 책성(柵城)」, 『역사와 현실』 116.
이종수, 2011, 「三江平原地域 초기철기문화의 특징과 사용집단 분석 – 挹婁 勿吉

과의 관련성을 중심으로」, 『고구려발해연구』 41.
이준성, 2019, 「濊君 南閭의 동향과 滄海郡·玄菟郡 설치」, 『백산학보』 116.
이현혜, 1997, 「옥저의 사회와 문화」, 『한국사(4)』, 국사편찬위원회.
_____, 2010, 「沃沮의 기원과 문화성격에 대한 고찰」, 『한국상고사학보』 70.
임기환, 1987, 「高句麗 初期의 地方通治體制」, 『慶熙史學』 11.
_____, 1995, 「고구려 集權體制의 성립과정 연구」, 경희대학교 박사학위논문.
_____, 1996, 「광개토왕릉비문에 보이는 '民'의 성격」, 『高句麗研究』 2.
_____, 2000, 「3세기~4세기초 魏 晉의 동방정책 - 낙랑군 대방군을 중심으로」, 『역사와 현실』 36.
장병진, 2015, 「초기 고구려의 주도세력과 현도군」, 『한국고대사연구』 77.
_____, 2017, 「고구려의 영동지역 진출과 관할방식」, 『동북아역사논총』 58.
_____, 2019, 「고구려본기의 부여관계 기사와 '동부여'의 실체」, 『사학연구』 136.
_____, 2020, 「기원전 4~2세기 요동정세와 고구려의 성립」, 『역사와 실학』 71.
趙法鍾, 1994, 「한국고대신분제연구」, 『國史館論叢』 52.
지병목, 1987, 「高句麗 成立過程考」, 『白山學報』 34.
_____, 1997, 「遼東半島와 鴨綠江 中·下流地域 積石墓의 관계-高句麗 積石墓의 기원에 관한 試論」, 『史學研究』 53.
_____, 2005, 「고구려 성립기의 고고학적 배경-묘제의 변화과정을 중심으로」, 『고구려의 국가형성』, 고구려연구재단.
하일식, 1991, 「6세기 新羅의 地方支配와 外位制」, 『역사와 현실』 10.
_____, 2009, 「포항 중성리 신라비와 신라 관등제」, 『한국고대사연구』 56.

耿鐵華·孫仁杰 共編, 1993, 『高句麗研究文集』, 延邊大學出版部.
耿鐵華·李樂營, 2012, 『高句麗研究史』, 吉林大學出版社.
吉林省文物考古研究所·集安市博物館, 2004, 『國內城』, 文物出版社.
朴燦奎, 2000, 『"三國志·高句麗傳"研究』, 吉林人民出版社.
_____, 2003, 『高句麗史研究』, 黑龍江朝鮮民族出版社.
孫進己·馮永謙, 1989, 『東北歷史地理』 1·2, 黑龍江人民出版社.

國家文物局 主編, 2001, 「吉林通化萬發撥子遺址」, 『1999中國重要考古發現』, 文物出版社.
吉林省文物考古研究所·集安市博物館, 2012, 「集安國內城東南城垣考古淸理收穫」, 『邊疆考古研究』11.
吉林省文物管理委員會, 1960, 「吉林通化市江口村和東村考古發掘簡報」, 『考古』1960-7.
梁志龍, 1993, 「梁貊略說」, 『遼海文物學刊』1993-1.
馬大正·楊保隆·李大龍, 2001, 「高句麗與兩漢至南北朝中央王朝的關係」, 『古代中國高句麗歷史叢論』.
朴眞奭, 1985, 「高句麗柵城遺址考」, 『朝鮮問題研究叢書』, 延邊大學朝鮮問題硏究所.
王禹浪·王俊錚, 2015, 「近百年來國內挹婁研究綜術」, 『黑河學院學報』3.
王臻·金星月, 2000, 「高句麗'三貊說'」, 『延邊大學學報(社會科學版)』33-2.
遼寧省文物考古研究所 等, 2016, 「遼寧桓仁縣馮家堡子積石墓群的發掘」, 『考古』2016-9.
李新全, 2009, 「遼東地區積石墓的演變」, 『東北史地』2009-1.
李新全·梁志龍·王俊輝, 2004, 「關于高句麗兩座土城的一点思考」, 『東北史地』2004-3.
李殿福, 1983, 「吉林省西南部燕, 秦, 漢文化」, 『社會科學戰線』1983-3.
_____, 1986, 「兩漢時代的高句麗及其物質文化」, 『遼海文物學刊』創刊號.
集安縣文物保管所, 1984, 「集安縣上·下活龍村高句麗古墓整理簡報」, 『文物』1984-1.

池內宏, 1951, 『滿鮮史研究(上世篇 第1冊)』, 吉川弘文館.
和田淸, 1955, 『東亞史研究 滿洲篇』, 東洋文庫.

岡崎敬, 1968, 「「夫租薉君」銀印をめぐる諸問題」, 『朝鮮學報』46.
武田幸男, 1967, 「魏志東夷傳にみえる下戶問題」, 『朝鮮史研究會論文集』3.
肥後政紀, 1998, 「『漢書』地理支記載の戶口統計の年代について」, 『明大アジア

史論集』3.

野口優, 2012,「前漢邊郡都尉府の職掌と邊郡統治制度」,『東洋史研究』71-1.

日野開三郎, 1988,「東濊考」,『東北アジア民族史(上)』, 東洋史學論集 14.

━━━━━, 1988,「沃沮考」,『東北アジア民族史(上)』, 東洋史學論集 14.

田中俊明, 1994,「高句麗の興起と玄菟郡」,『朝鮮文化研究』1, 東京大學文學部 朝鮮文化研究室.

田村晃一, 1979,「樂浪郡地域の木槨墓」,『(三上次男博士頌壽記念) 東洋史·考古學論集』, 朋友書店.

池內宏, 1940,「樂浪郡考」,『滿鮮地理歷史研究報告』16.

和田淸, 1951,「玄菟郡考」,『東方學』1.

4장

1~3세기 국제정세와 대외교섭

윤용구 | 경북대학교 인문학술원 HK교수

고구려는 1세기 말 제2현도군을 축출하여 중국 군현세력의 직접적인 압박을 막아내고, 4세기 초에는 중국의 동방 지배거점인 요동군·현도군과 낙랑군·대방군을 점령하여 그 지역을 영역화하였다. 중국 군현의 설치와 소멸은 연(燕)·진(秦)·한(漢)으로 이어진 고대 중국에 있어서 동방 진출의 성쇠를 상징한다.

고구려의 국가적 성장은 전한 후기부터 서진대까지 지속되었다. 이 시기에는 고구려뿐만 아니라 중국 주변 이민족이 변경 요새 안으로 이주와 진출을 본격화하였다. 전한 무제(武帝)대와 같은 중국의 영토적 팽창은 정체되었으며, 이민족에 의한 대분열의 시대로 가는 과도기였다(谷川道雄, 1989).

물론 후한 초기, 요동에서의 공손씨(公孫氏) 정권 등장과 자립, 그리고 조위(曹魏)와 서진(西晉)으로 이어진 중국 왕조의 교체마다 고구려에 대한 압박과 대외관계의 파동은 계속되었다. 고구려는 중국 왕조 및 유목민족과의 관계 설정에서 시행착오를 겪으면서 대외관계의 방향을 체득하였다.

이 글에서는 1~3세기 고구려의 대외관계 추이를 다음과 같은 순서로 서술하였다.

1절에서는 전한 무제대와 달라진 후한의 방어적 대외정책 속에서 고구려가 제2현도군을 무순(撫順) 방면으로 몰아내는 과정을 살펴보았다. 이는 후한이 흉노·오환·선비 등 유목민족을 정벌하고 회유하는 과정에서 고구려가 능동적으로 대처한 결과였다.

2절에서는 후한 말 50년간 지속된 공손씨 정권과의 관계 속에서 고구려의 대외관계 변화상을 살펴보았다. 이 시기 고구려는 요동을 중심으로 자립한 공손씨 정권이 조위와 손오(孫吳)의 대립을 이용하여 벌인 외교교섭에 직·간접적으로 관여했다.

3절에서는 북중국을 통일한 조위와 이어 삼국을 재통일한 서진이 팔왕(八王)의 난을 계기로 멸망하기 전까지 고구려와의 대외관계를 살펴보았다. 특히 240년대 조위의 고구려 침략 의도와 서진 무제대 동방정책에 대한 고구려의 대응을 살펴보았다.

1. 후한의 변군 운용과 고구려의 제2현도군 축출

1) 후한의 변경 지배

고구려를 비롯한 동이(東夷) 제국(諸國)과 후한의 교섭에 대해서 『후한서』 동이전 서문은 다음과 같이 기록하고 있다.

> 왕망(王莽)이 찬탈하여 황제가 되자, 맥인(貊人)이 변경에 쳐들어와서 노략질하였다. 건무(建武) 초에는 다시 와서 조공하였다. 이때 요동태수 채융(祭肜)의 위세가 북방을 떨게 하고 명성이 해외에까지 진동하니, 이에 예맥(濊貊)·왜(倭)·한(韓) 등이 만 리 밖에서 조공하였다. 그리하여 장제(章帝)·화제(和帝) 시대 이후로 사절이 왕래하다가 영초(永初) 연간에 다난(多難)하게 되자 드디어 중국을 침입하여 노략질하였으며, 환제(桓帝)·영제(靈帝)가 실정(失政)하여 국내가 어지럽게 되니 그런 일이 점점 잦아지게 되었다.

위 사료는 왕망대부터 후한 말까지 '동이' 교섭에 대한 통사적 서술을 시도하고 있다(吉本道雅, 2010). 여기에는 상투적이거나 사실과 부합하지 않는 내용이 들어 있지만, 두 시기로 나누어 볼 수 있다. 먼저 후한 광무제(光武帝) 건무 초부터 화제까지의 기간이다. 후한 건무 8년(32년) 고구려왕의 통교로 시작된 교섭은 비교적 평온한 것처럼 서술하고 있다. 반면, 안제(安帝) 영초 연간부터 공손씨 정권이 요동에서 자립하던 영제 말까지는 고구려가 후한과 치열한 공방을 벌인 기간이었다.

후한 전반기인 광무제부터 화제까지(25~104년) 고구려를 비롯한 주변의 동향을 관련 사료를 통해 정리하면 표1과 같다. 이를 통해 볼 때, 광무제에서 화제에 이르는 시기 후한과 고구려는 직접적인 전쟁이나 분쟁 기록이 확인되지 않는다. 고구려와의 교섭 기록은 건무 8년(32년)에 이르러서야 처음 나타난다. 이때 왕망에 의해 강등되었던 고구려의 왕호를 광무제가 회복한 것을 『후한서』에서는 특별히 강조하였지만, 이후로도 교섭 기록이 이어지지 않고 있다. 앞서 살펴본 『후한서』 동이전 서문에 기록된 대로 평온한 통교와 교섭이 지속된 것처럼 보인다.

그러나 실상은 그렇지 못했다. 건무 원년(25년) 적미(赤眉)의 잔당이 요동으로 들어오자 맥인(貊人)에 의해 전멸되었고, 그림1에서 보는 대로 건무 5년(29년)에는 현도군과 낙랑군에 대사조서(大赦詔書)가 내려졌다(張德芳, 2021). 낙랑군에 사면령을 내린 것은 토인(土人) 왕조(王調)의 반란과 할거가 수년간 지속되다가 진압한 후의 일로, 실제 집행은 조서를 내린 이듬해(30년)에 이루어졌다.[1] 현도군에도 유사한 일이 있었음을 추정해 볼 수 있다. 요동군 또한 이 당시 정상적인 군현 운영이 곤란한 시기였다(권오중, 1993). 『후한서』 광무제기에 따르면, 건무 16년(40년)까지도 유주(幽州) 소속 군현에는 대성(大姓)·군도(群盜)가 곳곳에서 일어나 관아를 공격하고 장리(長吏)를 살해하는 일이 빈번하였다.

---

1 『후한서』 광무제기, "(建武六年) 初. 樂浪人王調據郡不服. 秋, 遣樂浪太守王遵擊之, 郡吏殺調降. 秋九月庚子, 赦樂浪謀反大逆殊死已下."

八月戊辰張掖居延城司馬武以近秩次行都尉文書事以居延倉長印封丞邯下官縣承書從事下
當用者上敕者人數罪別之如詔書到言毋出月廿八
掾陽守屬恭書佐況 EPF22:68

大司空罪別之州牧各下所部如詔書到言 EPF22:67

及齋乘傳者南海七郡牂柯越雟益州玄菟樂浪至旁近郡以縣廄置
驛騎行臣稽首請 EPF22:69

| 그림1 | 건무 5년(29년) 대사조서 실행문서(居延新簡 EPF:69·67·68)
광무제가 남해(南海) 7군과 장가·월수·익주, 그리고 현도·낙랑 등 16개 변경 군현에 내린 대사조서에 따른 장액군 거연현의 실행 관련 문서이다(張德芳 編, 2015, 『甘肅秦漢簡牘集釋: 居延新簡集釋(7)』, 甘肅文化出版社, 19~20쪽).

표1 후한 전반기 고구려와 주변 동향

연호(연도)	내용	문헌
경시 2(24)	유수(劉秀)가 유주(幽州) 10군(요동…낙랑·현도)의 군병(郡兵) 동원.	『후한서』 경감전 『자치통감』 회양왕 경시2년조
건무 1(25)	[적미(赤眉) 등] 적이 요서·요동으로 들어가니, 오환과 맥인(貊人)에 의해 초격(鈔擊)되어 전멸.	『후한서』 경감전
건무 5(29)	남해 7군과 현도·낙랑 등 12개 변경 군현에 대사조서(大赦詔書)를 내림.	거연신간(居延新簡) EPF22 : 69·67·68
건무 6(30)	모든 군의 도위(都尉)를 없애고, 태수가 그 직임을 겸했으며, 도시(都試) 폐지.	『후한서』 광무제기 『속한서』 백관지5
	낙랑군 동부도위가 폐지되고, 영동 7현은 토착 거수(渠帥)를 후(侯)로 삼아 후국(侯國)이 되자 해마다 조공.	『삼국지』 동옥저전, 예전 『후한서』 동옥저전, 예전
	경시제(更始帝)가 패한 이래 낙랑군에서 할거하던 왕조(王調)가 신임 낙랑태수와 현지 토착 한인들에 의해 진압되고, 전해 내려진 조서에 따라 사면과 포상이 이어짐.	『후한서』 광무제기, 왕경전
건무 8(32)	12월, 고구려왕이 사신을 보내 조공.	『후한서』 광무제기
	고구려가 사신을 보내 조공하므로 왕호(王號)를 회복시킴.	『후한서』 고구려전
건무 17(41)	요동태수 채융(祭肜)[2] 부임.	『후한서』 채융전
건무 20(44)	가을, 동이(東夷) 한국인(韓國人)이 무리를 이끌고 낙랑에 내부함.	『후한서』 광무제기
	한인(韓人) 염사인(廉斯人) 소마시(蘇馬諟) 등이 낙랑에 와서 공헌하자, 광무제가 '한염사읍군(漢廉斯邑君)'에 봉함.	『후한서』 한전
건무 22(46)	선우의 사망과 기근으로 약해진 흉노가 오환의 공격을 받아 북쪽으로 이동하자, 변경 군현의 정후이졸(亭候吏卒)을 모두 철수시킴.	『후한서』 광무제기

---

2   요동태수 '祭肜'은 '祭肜' 혹은 '蔡肜' 등으로 사료마다 다양하게 표기되고, 학자마다 이를 제융·제동·채융·채동 등으로 제각각 읽고 있다. 『후한서』 이현주(李賢注)에 '祭音側界反'이라 하였다. 또한 송대 운서(韻書)에 읍명(邑名)과 성씨로 쓸 경우 역시 '채'로 발음한다는 기록이 있다(김효진, 2018). 또 '肜'과 '肜'은 서로 통하는 글자인데, 『후한서』 송본(宋本)과 『한원(翰苑)』에 '肜'으로 되어 있다. 따라서 '祭肜'으로 쓰고 '채융'으로 독음하였다.

연호(연도)	내용	문헌
건무 23(47)	10월, 고구려가 종인(種人)을 거느리고 낙랑에 내속.	『후한서』 광무제기
	겨울, 구려(句驪) 잠지락(蠶支落) 대가(大加) 대승(戴升) 등 1만여 명이 낙랑에 내속.	『후한서』 고구려전
	10월, 잠우락부(蠶友落部) 대가(大家) 대승(戴升) 등 1만여 가가 낙랑에 투항.	『삼국사기』 민중왕 4년조
건무 25(49)	요동요외(遼東徼外) 맥인이 우북평·어양·상곡·태원을 노략질하니 요동태수 채융이 불러 항복시킴.	『후한서』 광무제기
	구려가 우북평·어양·상곡·태원을 노략질하자 요동태수 채융이 은신(恩信)으로써 부르니, 모두 변경을 두드림.	『후한서』 고구려전
	요동요외 맥인이 변경을 노략질하니 태수 채융이 이들을 불러서 항복시킴. 또한 선비대도호를 어루만지고, 그로 하여금 다른 종족을 초치하게 하였더니 연이어 변경 요새에 닿게 되었음.	『자치통감』 광무제 건무25년조
	선비 이종(異種)인 만리(滿離)와 고구려[에 딸린] 무리가 변경 요새를 두드려 초구(貂裘)·호마(好馬)를 바침.	『후한서』 채융전
	부여왕이 사신을 보내 봉헌, 광무제가 후하게 답을 하니, 이로부터 해마다 조공이 이어짐.	『후한서』 광무제기, 부여전
건무 27 (51)	장궁(臧宮)이 흉노 제압을 위해 고구려·오환·선비를 동원하자는 상서를 올렸으나, 황제가 받아들이지 않음.	『후한서』 장궁전
건무중원 2 (57)	왜노국(倭奴國) 사승(師升)이 조공하자 광무제가 인수(印綬)를 내림.	『후한서』 광무제기, 왜전
영평 1(58)	요동태수 채융의 명성에 따라 서쪽 무위(武威)부터 동쪽 현도와 낙랑까지 호이(胡夷)의 내부가 잇따름.	『후한서』 채융전
영평 2(59)	명당(明堂)의 광무제 제사 때 오환·예맥이 함께 받듦.	『후한서』 명제기
영원 16 (104)	요동군 동부도위와 서부도위를 다시 설치함.	『후한서』 화제기

『삼국사기』에 따르면, 고구려 유리왕은 부여와 선비, 그리고 양맥(梁貊)에 대한 정복전쟁을 시도했으며, 대무신왕은 낙랑과 옥저를 복속시켰다(여호규, 2015). 변경 군현의 운영이 혼란한 후한 건국기를 이용해 고구려가 주변지역으로 지배력을 확장해 나간 것이다. 특히 건무 6년(30년) 후한은 낙랑군 동부도위를 폐지하고 관할하던 영동 7현을 토착거수가 다스리는 후국으로 전환하였다. 이는 고구려 대무신왕대 옥저방면으로의 세력 확대에 따른 불가피한 조치로 보인다(이종록, 2022).

하지만 채융이 건무 17년(41년) 요동태수로 부임하면서 고구려의 세력 확대는 새로운 국면으로 접어들었다. 채융은 30년 가까운 기간 동안 요동태수로 있으면서 흉노·오한·선비의 결집을 방지하는 한편 회유와 정벌로 그들을 제압하였다(蘇衛國, 2017). 『후한서』 채융전에 따르면, 건무 21년(45년) 선비 1만여 기병이 요동을 침략하자, 수천 명의 적은 병력을 이끌고 3,000여 명을 참수하고 수천 필의 말을 노획하는 전과를 올렸는데, 선비가 공포에 떨고 채융을 두려워하여 다시는 새(塞)를 넘보는 일이 없었다고 한다.

하지만 전술한 대로 이 시기 후한과 고구려는 전쟁 등 물리적인 충돌이 보이지 않는다. 후한의 북변에 흉노와 오환·선비가 있어 방어를 해야 했기 때문이다.

> 이때 흉노·선비 및 적산오환(赤山烏桓)은 연화(連和)하여 강성해져서 자주 새(塞)에 침입하여 이인(吏人)을 살해하였다. 조정은 근심하여 변경의 병사를 더욱 늘리니, 변군에 수천 명이 있게 되었고, 또한 여러 장수를 보내어 장새에 분둔(分屯)하게 했다. _『후한서』 채융전

즉 당시는 흉노·선비·오환이 연합하여 침입하는 것이 문제였기 때문에 채융은 이러한 변환(邊患)을 해결할 적임자로 발탁되었던 것이다(권오중, 1993). 채융의 대책은 이들 간의 연화를 막아내고 이간시키는 한편 선비로 하여금 흉노와 오환을 공격케 하는 것이었다. 이에 따라 선비대도호 편하(偏何)를 재물로 회유하여 건무 25년(49년)에 흉노를 공격하게 하였는데, 자신이 획득한 흉노의 수급에 따라 상사(賞賜)를 받았다. 편하는 영평 원년(58년) 마침내 적산오환을 격파하기에 이른다.

한편, 비슷한 시기인 건무 23년(47년) 고구려의 잠지락(蠶支落) 대가(大加) 대승(戴升)이 무리를 이끌고 낙랑에 내속했고, 건무 25년(49년)에는 선비 이종(異種) 만리(滿離)와 고구려[에 딸린] 무리가 이탈하였다. 같은 해 부여왕의 조공이 이어졌다.

잠지락은 『삼국사기』에 '잠우락부(蠶友落部)'로 되어 있는데, 영동 7현 가운데 하나인 잠태(蠶台)현에 해당한다. 건무 6년(30년) 동부도위 폐지를 전후한 시기부터 고구려의 지배를 받다가 다시 환속한 것이다. '만리(滿離)'의 경우, 뒤에 붙은 '高句麗之屬'을 수식하는 표현으로 보아 고구려에 예속된 것으로 해석해 왔다. 하지만 이재성의 문제 제기로 이를 '선비 이종 만리와 고구려의 무리'로 해석하는 것이 최근 추세이다(이재성, 2002; 김효진, 2018). 이에 동의하지만 '고구려의 무리'를 고구려 그 자체로 보기는 어려울 듯하다(이병도, 1977).

표1을 보면 고구려는 이미 건무 8년(32년) 고구려왕이 사신을 보내 조공하면서 왕망에 의해 후로 강등된 작호를 왕으로 회복한 바 있다. 건무 23년(47년) 고구려가 낙랑에 내속하였다 했지만, 실상은 고구려에 예속되어 있던 영동 7현의 하나인 잠지락 대가 대승이 낙랑으로 이

탈한 것이다. 또한 건무 25년(49년) 『후한서』 고구려전에는 우북평·어양·상곡·태원을 공격한 구려가 요동태수 채융의 회유로 모두 변경에 조공하였다 했지만, 『후한서』 광무제기에는 '요동요외 맥인(遼東徼外貊人)'의 일로 기록하고 있다. 고구려 혹은 구려라 하였지만, 고구려 자체를 가리키는 것이 아니었다.

따라서 『후한서』 채융전에 기록된 '고구려의 무리(高句麗之屬)'라 표현된 집단은 고구려 '잠지락 대가가 이끈 종인(種人)'이나 '요동요외 맥인'과 같이 고구려처럼 인식되던 고구려의 예속민들로 생각된다. 좀 더 추측한다면 '고구려의 무리'는 선비 만리와 지리적으로 인접한 지역의 고구려계 주민으로 생각해 볼 수 있다. 만리 집단과 고구려 무리의 조공이 선비대도호 편하의 주선에 따라 연이어 이루어졌기 때문이다.

『후한서』 부여전은 같은 해(49년) 부여왕이 보낸 사신에 대하여 '광무제가 후하게 보답하니, 이에 사절이 해마다 왕래하였다'고 기록하고 있다. 이 역시 요동태수 채융의 회유에 따른 조공이었지만, 낙양으로 보낸 황제의 상사를 이끌어낸 것이다. 이는 전한대 부여왕의 장례에 제후의 옥갑(玉匣)을 내려 후대한 것을 이은 조치라 하겠다(田中俊明, 2021). 선비와 고구려·예맥 사이에 끼어 있는 부여의 역할을 중시한 것이다. 곧, 부여에 대한 후대는 오환·선비 등 유목민족과 고구려·예맥 간의 연결을 차단하려는 후한의 이이제이(以夷制夷)에 따른 조치였다.

이처럼 후한은 고구려의 왕호를 복원하여 정상적인 교섭을 이어가되, 요동 맥인, 선비 만리와 그 주변 고구려 무리, 구려 잠지락, 부여 등을 회유하여 고구려와의 결속과 지배력을 무력화시키고자 하였다. 나아가 요동군을 중심으로 선비와 동이 제족 등 이민족에 대한 지배가 효과를 발휘하자 고구려에까지 군사 동원을 계획하였다.

> [건무 27년 5월 낭릉후 장]궁(臧宮)이 양허후 마무(馬武)와 함께 편지를 올려 말하였다. 흉노는 이익을 탐하며 예의와 신의를 갖고 있지 않으니, 궁색하게 되면 머리를 조아리고 편안하면 침략하여 도적질을 합니다. … 지금 장군들에게 요새지역으로 나아가도록 명령하고 현상금을 후하게 내걸고, 고구려·오환·선비에게 그 왼쪽을 공격하도록 타이르십시오. 하서(河西) 4군과 천수(天水)와 농서(隴西)의 강족(羌族)과 호족(胡族)을 발동하여 그 오른쪽을 치십시오. 이와 같이 한다면 북쪽 오랑캐가 멸망하는 데 불과 몇 년밖에 걸리지 않을 것입니다.
> _『후한서』 장궁전

건무 27년(51년) 장궁과 마무는 오환·선비와 함께 고구려를 동원하여 흉노를 공격할 것을 건의하였다. 당시 흉노는 건무 23년(47년)부터 시작된 계승분쟁에서 패배한 호한야선우(呼韓邪單于)가 무리를 이끌고 장성(長城) 부근으로 내려와 남흉노를 칭하면서, 건무 25년(49년) 북흉노를 공격해 멀리 물러나게 한 다음 후한에 투항하여 번병(藩屛) 역할을 하던 시기였다(이재성, 2002; 吉本道雅, 2009).

결국 장궁과 마무의 계획은 남흉노의 공격으로 쇠약해진 북흉노를 완전히 소멸시키자는 것이었다. 이를 위해 흉노의 좌비(左臂)에 해당하는 동역(東域)의 선비·오환과 더불어 고구려병을 동원하자는 것이라 하겠다. 이 계획은 광무제의 반대로 무산되었지만, 당시 후한의 고구려에 대한 이해를 가늠해 볼 수 있는 대목이라 하겠다.

전한 이래 흉노의 좌방(左方)은 대체로 대흥안령을 기준으로 그 남부의 시라무렌하·노합하·요하 상류 유역으로, 그 동쪽은 조선·예맥에 접하였다(王海·劉俊, 2017).『후한서』오환선비전에 의하면, 166년 선비 단석괴(檀石槐)가 흉노 고지(故地)를 차지하면서 좌방에 해당하는 곳을 동부(東部)라 부르고 역시 부여·예맥과 접하였다. 흉노의 좌방과 선비의 동부는 조선·부여·예맥 등 동이계 세력이 유목국가와 접촉하던 경계라 하겠다.

따라서 장궁과 마무의 계획은, 전한 무제가 고조선을 정복하고 낙랑군·현도군을 개설한 것을 가리켜 흉노의 '왼팔(左臂)'을 잘랐다고 일컫고,[3] 왕망대 흉노 정벌의 동역에 해당하는 정벌군으로 고구려병을 동원하여[4] 흉노의 왼쪽 겨드랑이(左掖)를 자른다는 것도 같은 인식 아래 나온 것이다. 고구려 등 동이 지역은 흉노·선비와 결속할 수도 있으며, 반대로 그를 이용해 흉노를 측면에서 공략하게 할 수도 있었던 것이다. 따라서 건무 27년(51년) 장궁·마무의 고구려병을 동원한 북흉노 정벌 계획은 고구려에게 이이벌이(以夷伐夷)의 역할을 기대한 것이었다. 이는 이적불신론(夷狄不信論)에 기반한 기미정책(羈縻政策)이었다(김한규, 1988; 保科季子, 2007; 홍승현, 2011).

이처럼 왕망대에 이어 광무제 시기에도 흉노 정벌과 적미와 같은 반란세력의 진압을 위해 고구려 병사의 동원이 강제되고 있었다. 표1을 보면 경시 2년(24년) 광무제는 대장군 경감(耿弇)으로 하여금 유주 10군의 군병(突騎)을 동원하고 있다. 유주 10군에 포함된 요동군·현도군도 동원 대상이었다.『자치통감』의 해당 기록에는 이것이 강행된 것

---

3 『한서』위현전.
4 『한서』왕망전(중).

으로 나타난다. 실제 이듬해 요동에 들어온 적미의 잔당이 맥인에 의해 전멸된 것은 이에 따른 것으로 이해된다. 동원된 맥인은 기록에 따라 '고구려'로 표현되기도 하였지만, 요동군과 현도군 내(塞內)의 예맥 집단이 대상이었다. 물론 새외(혹은 徼外) 예맥의 경우도 군현의 회유에 따라 참가하였을 것이다. 이는 제2현도군의 변경 방비와 이민족 지배의 중요한 기능 중 하나였다.

2) 고구려의 제2현도군 축출과 세력 확장

앞서 인용한 『후한서』 동이전 서문을 보면, 광무제부터 화제대까지 고구려와 후한 간의 교섭은 비교적 평온한 것처럼 서술한 반면, 안제부터 영제 말까지는 치열한 공방이 오간 기간이었다.

표2는 화제 원흥 원년(105년)부터 영제 희평 3년(174년)에 이르는 시기 고구려와 후한의 교섭 및 그 주변세력(부여·예맥·선비 등)의 동향을 정리한 것이다. 전반기와 달리 후반기에는 고구려와 후한의 요동군·현도군과 대규모 전쟁이 계속되었다.

먼저 『후한서』 고구려전에 따르면, 원흥 원년(105년)에 고구려가 요동군의 경계를 넘어 6개 현을 침범하자, 요동태수 경기(耿夔)가 반격에 나서 고구려의 거수를 참수하였다 한다. 106년에는 요동군의 3개 현(고현·후성·요양)을 현도군 관할로 삼았다. 이때의 현도군 개편을 두고, 전해인 105년에 고구려가 요동 공략과 함께 제2현도군을 점령했으며, 이때 소자하 유역에 있던 제2현도군이 혼하 방면으로 축출되었는데, 이를 제3현도군으로 이해해 왔다.

표2 후한 후반기 고구려와 주변 동향

연호(연도)	내용	문헌
원흥 1(105)	① 춘정월, 고구려가 [요동]군의 경계를 노략질함. 9월, 요동태수 경기(耿夔)가 맥인을 쳐서 깨트림.	『후한서』 화제기
	② 맥인이 [요동]군의 경계를 노략질함. 경기가 추격해 거수를 참살함.	『후한서』 경기전
	③ 요동맥인(遼東貊人)이 반란을 일으켜 [요동의] 6개 현을 노략질하자, 상곡·어양·우북평·요서의 오환을 시켜 토벌함.	『속한서』 천문지
	④ 봄, [고구려인이] 다시 요동에 들어와 6개 현을 노략질하자, 태수 경기가 격파하고 거수를 참살함.	『후한서』 고구려전
	⑤ 봄, 고구려왕 궁이 요동새(遼東塞)로 들어와 6개 현을 노략질함. 9월에 요동태수 경기가 고구려를 쳐 깨트림.	『자치통감』 화제기
영초 1(107)	요동군 소속의 고현(高顯)·후성(侯城)·요양(遼陽)을 현도군으로 분속함.	『속한서』 지리지 유소주(劉昭注)[5]
영초 3(109)	고구려가 사신을 보내 공헌함.	『후한서』 안제기
영초 5(111)	해적 장백로(張伯路)의 무리가 요동으로 도망쳐 오자, 요동인(遼東人) 이구(李久) 등이 참수하고 해적을 평정함.	『후한서』 법웅전
	부여이(夫餘夷)가 새(塞)를 침범하고 이인(吏人)을 살상함.	『후한서』 안제기
	부여왕 시(始)가 보기(步騎) 7,000~8,000명을 거느리고 낙랑을 노략질하고 이민(吏民)을 살상함.	『후한서』 부여전
	3월, 부여왕이 낙랑을 노략질함. 고구려왕 궁이 예맥과 현도를 노략질함.	『자치통감』 안제기
	[고구려왕] 궁이 사신을 보내 조공하며, 현도에 속하고자 함.	『후한서』 고구려전
원초 1(114)	고구려왕 궁이 자주 유부(幽部)를 노략질함.	『자치통감』 안제기
원초 5(118)	고구려가 예맥과 함께 현도를 노략질함.	『후한서』 안제기
	예맥과 함께 현도를 노략질하고 화려성(華麗城)을 공격함.	『후한서』 고구려전

---

5 (東漢)劉珍 等 撰, 2008,『東觀漢記校注』上, 中華書局, 178쪽.

연호(연도)	내용	문헌
건광 1(121)	① 유주자사 풍환이 2군(현도·요동)태수와 고구려·예맥을 공격하였으나 이기지 못함.	『후한서』 안제기
	② 봄, 유주자사 풍환, 현도태수 요광, 요동태수 채풍이 변새를 나와 [고구려]를 치고, 예맥 거수를 잡아 죽이자, 궁이 아들 수성(遂成)을 보내 항복함. 요광이 마음을 놓자 험로를 막아 대군의 발을 묶고 그 사이 현도와 요동을 공격하여 성곽을 불태우고 2,000여 명을 살상함. 이에 광양·어양·우북평·탁군·[요동]속국에서 기병을 모아 구원케 하였으나, 맥인은 이미 철수함.	『후한서』 고구려전
	③ 4월, 예맥이 다시 선비와 요동을 노략질하자, 요동태수 채풍이 추격하다 전사함.	『후한서』 안제기
	④ 여름, [고구려는] 요동 선비와 함께 요수 공격, [요동태수] 채풍이 추격하다 신창(新昌)에서 전몰하고, 공조·병조연·병마연 등 100여 명이 전사함.	『후한서』 고구려전
	⑤ 4월, 요동속국도위 방분(龐奮)이 새서(璽書)를 위조하여 현도태수 요광을 살해함.	『후한서』 안제기
	⑥ 가을, 궁이 마한·예맥의 수천 기병으로 현도를 에워싸니, 부여왕이 아들 위구태에게 2만여 명을 주어 주군과 함께 격퇴함.	『후한서』 고구려전
	⑦ 11월, 선비가 현도를 노략질함.	『후한서』 안제기
	⑧ 겨울 12월, 고구려·마한·예맥이 현도성을 에워싸니, 부여왕이 아들을 보내 주군과 함께 격퇴함.	『후한서』 안제기
연광 1(122)	봄 2월, 부여왕이 아들을 보내 현도를 구하고, 고구려·마한·예맥을 쳐서 깨트림. 사신을 보내 공헌함.	『후한서』 안제기
	수성이 한의 생구(生口)를 돌려보내고, 현도에 나와 항복함.	『후한서』 고구려전
	가을 7월, 고구려가 항복함.	『후한서』 안제기
연광 3(124)	6월, 선비가 현도를 노략질함.	『후한서』 안제기
영건 2(127)	2월, 선비가 요동·현도를 노략질하자, 오환교위(烏桓校尉) 경엽(耿曄)이 남선우(南單于)를 이끌고 격파함.	『후한서』 순제기
	2월, 요동선비가 요동·현도를 노략질하자, 오환교위 경엽이 변경의 여러 군병(郡兵)과 오환을 거느리고 크게 이기니, 선비 3만 명이 요동에 항복함.	『자치통감』 순제기

연호(연도)	내용	문헌
양가 1(132)	9월, 선비가 요동을 노략질함.	『후한서』 순제기
	10월, 선비가 요동을 노략질하고 이민을 살상함.	『후한서』 순제기 『속한서』 천문지
	겨울, 선비가 또다시 요동속국(遼東屬國)을 노략질하자 경엽이 물리침.	『자치통감』 순제기
	12월, 현도군에 둔전 6부(屯田六部)를 설치함.	『후한서』 순제기
영화 1(136)	부여왕이 조공함.	『후한서』 순제기
순환지간6 (146~147)	요동을 침범하여 신안·거향을 노략질하고 서안평을 공격하였는데, 그 길 위에서 대방령을 살해하고 낙랑태수의 처자를 납치함.	『삼국지』 고구려전
연희 4(161)	부여왕이 사신을 보내 공헌함.	『후한서』 환제기
영강 1(167)	부여왕이 현도를 노략질하자, 현도태수 공손역이 격퇴함.	『후한서』 환제기
건녕 1(168)	선비와 예맥이 함께 유주·병주를 노략질함.	『후한서』 영제기
건녕 2(169)	현도태수 경임(耿臨)이 [고구려를] 토벌하니, 백고(伯固)가 항복하여 요동에 속함.	『삼국지』 고구려전
희평 연간 (173~178)	백고가 현도에 속하기를 요청함.	『삼국지』 고구려전
희평 3(174)	부여국이 사신을 보내 공헌함.	『후한서』 영제기

최근 제2현도군이 축출된 구체적 시기와 관련하여 105년보다 앞선 97년을 전후하여 고구려가 점령하였을 것으로 본 견해가 있다(여호규, 2015). 105년 고구려가 요동군의 '군계(郡界)'를 넘었는데, 이 군계를 『자치통감』에 표기된 '요동새(遼東塞)'와 동일한 것으로 본 데 따른 것이다. 제2현도군의 사정을 전하는 『한서』 지리지에는 현도군이 요동새외에 있었던 것으로 나타난다. 따라서 고구려가 요동군계(요동새)를 넘던 105년 이전에 이미 제2현도군이 점령되었을 것으로 추정하였다.

---

6   순제(順帝)와 환제(桓帝)의 교체기.

97년 선비는 난하(灤河)에서 요서에 이르는 변경 군현에 대한 대대적인 공격을 시작하였는데, 고구려 또한 그 무렵을 전후하여 제2현도군을 점령하였다는 것이다.

제2현도군이 97년 무렵 축출되었다는 새로운 견해에 대해 의문도 있다. 표2 원흥 원년(105년)의 내용을 보면, ①, ②, ④는『후한서』내용인데, ①은 공격의 주체와 반격이 별개의 사건처럼 묘사되어 있으며, ②, ④는 공격과 반격이 동시에 이루어진 것으로 기록되었다. ③은 사마표(司馬彪)가 지은『속한서(續漢書)』의 내용으로, 공격의 주체가『후한서』와 다를 뿐 아니라 반격대상 또한 오환으로 표기되어 있는 것으로 볼 때 계통이 다른 사료로 보인다.

이처럼 105년 요동군을 공격한 주체에 대해서는 기록에 따라 차이가 있다. 가장 앞선 기록인『속한서』에는 '요동맥인',『후한서』화제기·경기전에는 '맥인'이라 하였고, 동이전에는 '고구려'의 일로 기록하였다.『후한서』고구려전은 고구려 주변 여러 예맥계 집단의 활동을 모두 고구려의 사적으로 수록한 것이 적지 않기에(윤용구, 2022), 쉽사리 판단하기 어렵다. 물론 111년에 고구려와 예맥이 연합하여 현도군을 공격한 것으로 보면, 105년 고구려가 '요동맥인'과 연계하여 요동군을 공격했을 가능성도 있다.

표2에서 확인되듯이, 고구려는 109년에 후한에 사신을 보내 공헌하고 있다. 105년 고구려와 맥인의 공략이 반격을 받아 큰 성과를 보지 못한 데다 후한이 제3현도군을 재건하고 요동군에 동부도위와 서부도위를 다시 설치하는 등 방어태세를 강화하자 화친을 모색한 것으로 이해된다(여호규, 2015).

하지만 고구려는 111년에 예맥과 연합하여 현도군에 대한 공격을 재개하는 한편, 사신을 보내 공물을 바치며 현도군에 내속하기를 요구하는 등 양면적 모습을 보였다. 또다시 118년에도 예맥과 연합하여 현도군에 대한 공격을 재개하는 한편 동해안 방면의 화려성을 공격하였다. 고구려는 화려성을 교두보로 삼아 옛 낙랑군 동부도위 관할하의 영동 7현에 대한 본격적인 공략을 시도한 것으로 보인다(여호규, 2015). 그런데 105~111년에 전쟁과 교섭이 반복되는 상황을 두고 고구려가 현실적으로 대응한 결과이며, 111년 부여의 낙랑군 공격은 고구려가 부여와 우호관계를 유지한 가운데 진행된 결과로 보기도 한다(이정빈, 2022b).

121년 봄, 고구려 태조왕은 마침내 예맥과 더불어 요동군과 현도군에 대한 대대적인 공세를 전개하였다. 이에 대해 유주자사 풍환, 요동태수 채풍, 현도태수 요광이 병사를 일으켜 반격하였으나, 고구려의 기만전술에 걸려 정벌군의 주력이 험로에 갇혀 발이 묶였고, 그 사이 고구려는 군현 성을 불태우고 2,000여 명을 살상하였다. 그림2에 풍환이 예주자사 재임 시(119년) 받은 조서의 내용 중에 고구려왕 궁을 가리켜 "날래고 교활하다(儦輕狡猾)"고 한 묘사는 화전(和戰) 양면의 능란하고 기민한 전투 능력을 평가한 것으로 생각된다.

121년 고구려의 공세는 연중 계속되었다. 그해 여름, 고구려는 예맥만이 아니라 선비와 연합하여 요동을 공격하였는데, 요동태수가 신창 전투에서 전사하는 등 속수무책으로 당하고 말았다. 고구려는 가을과 겨울 두 차례 또다시 마한·예맥과 함께 현도성을 포위 공격하였다. 이때 부여왕이 아들 위구태에게 2만여 명의 기병을 주어 현도성을 구원하게 한다.

122년 고구려는 현도군과 내속관계를 맺은 후 한동안 지내다가, 146년 서안평(西安平)을 공격하여 대방현령을 살해하고 낙랑태수의 처

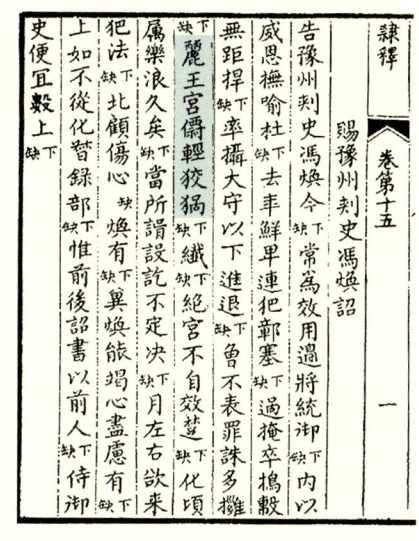

그림2 | 예주자사 풍환에게 내린 조서 (119년)

(宋)洪适 撰, 1985, 『隸釋』 15, 中華書局, 157쪽.

자를 납치하기에 이른다. 이 사건은 122년 이후 고구려가 요동 산지를 통해 서남해안으로 진출하고, 동해안 방면에 있던 옥저·동예에 대한 지배력을 확장하던 모습으로 여겨지고 있다(여호규, 2015).

이처럼 고구려는 양한(兩漢) 교체기의 혼란 속에서 국가적 성장과 대외적 영향력을 확대하였지만, 1세기 중·후반 50여 년간, 곧 요동태수 채융으로 대표되는 동북 변경의 안정기 동안은 대외적 성장이 정체될 수밖에 없었다.

후한의 이민족정책은 기미정책으로 그 구체적인 조치는 이이제이와 이이벌이였다. 이로 인해 고구려와 주변 예맥·선비 등과의 연화는 봉쇄되었고, 전한대와 마찬가지로 흉노 정벌에 동원되었다.

1세기 말 북흉노가 쇠락하면서 서역으로 이주하자, 그 공백을 선비가 대체하면서 국제정세에 변화가 생겼다. 선비와 오환을 활용한 후한

표3 현도군의 호구(戶口)수 변천

왕조	전한	후한		공손씨	서진
연도	2년	101년	140년	233년	270년
호수	45,006	1,524	1,594	200	3,200
구수	221,845		43,163	300~400	
호당 구수	4.93		27.08	1.5~2.0	
소속 현수	3	3(?)	6	?	3
문헌	『한서』 지리지	『자치통감』 화제 영원 13년조 호삼 성주(胡三省注)	『속한서』 지리지 및 유소주(劉昭注) 「동관한기」	『삼국지』 손권 가화 2년조 배송지주(裴松之注) 「오서」	『진서』 지리지

 의 흉노 정벌은 성공한 듯 보이지만, 흉노가 떠난 지역을 선비가 차지하면서 고구려의 대외관계도 운신의 폭이 넓어졌다. 고구려는 2세기 초 허울뿐이던 현도군을 소자하 유역에서 혼하 유역으로 축출하면서, 중국 군현의 영향력이 줄어든 요동 서남부 산지와 고구려 동남쪽 동해안에 위치한 옥저와 동예 지역으로의 진출을 본격화하였다(김미경, 2007; 여호규, 2015; 장병진, 2019).

 2세기 초 혼하 유역으로 옮겨진 현도군은 요동군의 3개 현을 내속시키면서 둔전 6부를 설치하는 등 새로운 방어태세를 만드는 듯했지만, 실상은 그렇지 못했던 것으로 보인다. 특히 장성 북쪽 멀리 있던 선비가 요동 근방까지 남하함에 따라 현도군 또한 선비의 공격대상이 되어 위상이 더욱 줄었다.

 표3에서 보듯이 전한 말 현도군은 호구수에 비해 극히 적은 소속 현을 지니고 있었지만, 안정적인 호당 구수를 지니고 있었다. 후한대를 보면, 107년 안제 즉위년에 요동의 세 현을 현도군으로 내속시켰음에

도 불구하고 호수에는 변화가 거의 없다. 호수 급감은 이미 후한 초부터 지속되어온 국가적 현안이었으며(최진열, 2022), 이에 따른 재정 수입 격감으로 현도군과 같은 변경 군현은 유지하기 어려웠다. 140년 호당 구수 27명이라는 비정상적인 수치는 당시 현도군이 정상적인 호구 편제가 불가능한 상황이었음을 보여준다.

2. 공손씨 정권의 등장과 고구려

공손씨 정권은 후한 말에서 삼국시대에 이르는 시기에 요동을 중심으로 '자립'했던 지방정권이다. 형식상 한의 군현 체제 아래 놓여 있기는 했지만, 정권 내부에서는 천자에 준하는 위상과 관료조직을 지니고 있었다는 점에서 요동국 혹은 요동왕국으로 불리기도 한다(정면, 2009; 권오중, 2012).

공손씨 정권은 3세 4대(공손도 189~204년, 공손강 204~220년, 공손공 220~228년, 공손연 228~238년) 50년 가까이 요동태수 지위를 세습하며 독립정권으로 세력을 유지하였다.

공손씨 정권의 등장은 고구려의 대외관계에도 새로운 변화를 요구하였다. 첫째, 공손씨 정권이 자립하여 중국 내지와 격절(隔絶)되면서, 그 배후에 자리한 고구려와 중원 왕조와의 교섭이 방해를 받는 형세가 되었다(권오중, 2012). 둘째, 공손씨 정권이 고구려 등 동이 제족을 삼국 분립의 시대상황 속에서 생존을 위한 배후기지로 여기고 전례 없이 압박했다는 점이다(여호규, 2007; 2019). 그동안 한의 변군과 교섭을 이어왔던 고구려로서는 엄청난 변화가 요구되는 상황이 전개된 것이다.

1) 공손도의 자립과 영토 확장

공손도(公孫度)는 189년 같은 현도군 출신으로 동탁(董卓)의 중랑장(中郎將)이었던 서영(徐榮)의 추천에 따라 요동태수가 되었으며, 이듬해(190년) '자립'을 선언하였다. 자립한 공손도의 요동군은 종래와 판이하였다.

① 공손도는 요동군을 나누어 요서군(遼西郡)과 중요군(中遼郡)을 세우고 그곳에 태수를 두었다. 바다 건너 동래군(東萊郡)의 여러 현을 정복하여 영주자사를 두었다. 자신을 요동후(遼東侯)·평주목(平州牧)으로 봉하고, 부친 공손연(公孫延)을 건의후(建義侯)로 봉했다. 한나라 두 선조(고조와 광무제)의 제묘(帝廟)를 세우고 단선(壇墠)을 양평성 남쪽에 세워 하늘과 땅에 교사(郊祀) 하였으며, 적전(藉田)과 열병(治兵) 의식을 행하였다. … 조조(曹操)가 상주하여 공손도를 무위장군(武威將軍)에 임명하고 영녕향후(永寧鄉侯)로 봉하자, 공손도는 "나는 요동에서 왕 노릇을 할 뿐인데, 무엇 때문에 영녕향후가 되겠는가!"라 말하며, [영녕향후] 인장은 무고(武庫)에 두었다.
_『삼국지』 공손도전

② 공손연(公孫淵)은 아비와 조부 대까지 3세대 동안 요동을 소유하였는데, 천자는 그곳을 절역(絶域)이라 여기고 해외(海外)의 일을 맡겼다. 끝내 동이를 격리 단절시켜 제하(諸夏)에 통할 수 없게 하였다.
_『삼국지』 동이전 서문

사료 ①은 공손도의 자립에 대하여 후한의 중앙정부가 묵인한 내용을 담고 있다. 곧, 공손도는 요동태수에 임명되었으나, 스스로 요동후·평주목의 자리에 올랐으며, 행하는 모습은 천자나 그에 준하는 의례에 따랐고 '요동의 왕'을 자부하였다. 조조는 황제의 이름으로 무위장군·영녕향후의 관작을 사여하여 사실상 공손도의 자립만이 아니라, 이후 공손강·공손연에게 요동태수직이 세습되는 것을 묵인하는 계기를 만들었다(정면, 2009). 공손씨 정권의 자립과 묵인의 결과 요동과 그 배후의 동이 제국은 중국과 단절되었다.

사료 ②는 공손씨 정권이 다스리는 요동을 '절역'과 '해외'로 표현하고 있다. '절역'이란 중국과 지리적으로 격절되어 있는 지역을 말하며, '해외'는 중국을 상징하는 '해내(海內)'의 상대어로, 중국을 둘러싸고 있는 '관념적 바다(四海)'의 바깥을 의미하였다. 곧, 요동군은 중국의 일부였지만, '자립'한 공손씨 정권의 요동은 중국의 일부로 받아들여지지 못하였다(정면, 2009).

이처럼 공손도는 요동후·평주목의 자리에 올랐으나, 실제로는 요동태수라는 법적 권한을 수단으로 삼아 군 안의 전소(田韶) 등 명호대성(名豪大姓) 100여 가(家)를 제압하고 정권의 안정을 마련하였다.

① 초평(初平) 원년 … 공손도는 동쪽으로 고구려를 치고 서쪽으로 오환을 공격했으므로 그 위세가 해외까지 이르렀다. … [공손]도가 죽은 후 아들 공손강(公孫康)이 자리를 이었으며, 동생 공손공(公孫恭)은 영녕향후에 임명되었다. 그해가 건안 9년이었다.
_『삼국지』 공손도전

② 공손도가 해동(海東)에 웅거하자, 백고(伯固)는 대가 우거(優居)와 주부 연인(然人) 등을 파견하여 [공손]도를 도와 부산(富山)의 도적을 격파하였다. 백고가 죽고 두 아들이 있었는데, 큰아들은 발기(拔奇), 작은아들은 이이모(伊夷模)였다. 발기는 어질지 못하여, 국인(國人)들이 함께 이이모를 옹립하여 왕으로 삼았다. 백고 때부터 자주 요동을 노략질하였고, 또 유망한 호(胡) 500여 호를 받아들였다. 건안 연간에 공손강이 군대를 보내 고구려를 공격하여 격파하고 읍락을 불태웠다. 발기는 형이면서도 왕이 되지 못한 것을 원망하여, 연노부의 [대]가와 함께 각기 하호 3만 명을 이끌고 [공손]강에게 투항하였다가 돌아와서 비류수(沸流水) 유역에 옮겨 살았다. [지난날] 항복했던 호(胡)도 이이모를 배반하였으므로 이이모는 새로 나라를 세웠는데, 오늘날 [고구려가] 있는 곳이 그곳이다. _『삼국지』고구려전

③ 공손도가 해동에서 웅거하자, 백고가 그와 더불어 통호(通好)하였다. 백고가 죽고 그의 아들 이이모가 왕위에 올랐다. 이이모는 백고 때부터 이미 요동을 자주 노략질하였고, 또 유망한 호 500여 호를 받아들였다. 건안 연간에 공손강이 군대를 출동시켜 그들을 공격하여 그 나라를 격파하고 읍락을 불살랐다. 항복한 호 또한 이이모를 배반하니, 이이모는 새로운 나라를 다시 만들었다. 그 후 이이모가 다시 현도를 공격하자, 현도는 요동과 힘을 합쳐 반격하여 크게 쳐부수었다. _『양서』고구려전

위 사료 ①은 공손도 시기에 고구려를 정벌하였음을 전해준다. 고구려를 정벌한 내용은 초평 원년(190년)에서 건안 9년(204년) 사이에 들

어 있다. 이 사료는 발기와 이이모가 왕위계승을 두고 분쟁을 겪던 시기에 고구려 정벌이 발생하였다는 점을 기록하고 있다. 이이모가 왕(산상왕)으로 즉위한 197년 무렵 고구려 정벌이 있었다고 보인다(여호규, 2007b).

그런데 사료 ②는 고구려 정벌에 앞서 공손도의 부산적(富山賊) 토벌에 고구려가 군사적 조력을 하였던 사실도 전해 준다. 사료 ③은 공손도가 자립 이후 고구려왕 백고와 서로 잘 통했다고 하고, 뒷날 왕이 된 이이모가 백고 때부터 이미 요동을 자주 공략하였음을 전한다. 이에 따라 197년 공손도의 고구려 정벌을 이이모가 자주 요동을 공격한 데 따른 대응으로 보는 견해가 있다(松田徹, 1994). 다른 견해로는 189년 고구려가 유망해온 망호(亡胡) 500여 가를 받아들인 것이 공손씨 공격을 받은 직접 원인이라는 지적도 있다(孫煒冉, 2015).

위 기록에 보이는 백고는 고구려 신대왕의 다른 이름이다. 공손도 정권 시기(189~204년)의 고구려왕은 고국천왕과 산상왕이었다. 따라서 공손도 자립 후에 '통호'했던 고구려왕 백고는 고국천왕을 가리킨다(여호규, 2007b). 그렇다면 공손도 침략의 빌미가 된 이이모의 잦은 요동 공략은 실제로는 197년 이전에 진행되었다고 하겠다.

이처럼 공손도 정권과 고구려 간에는 협력과 군사적 충돌이 교차하였다. 고국천왕은 처음에 공손도의 부산적 토벌을 지원할 정도로 우호관계를 유지하였지만, 뒤에는 이이모로 하여금 요동을 자주 공격하였다. 공손도는 고국천왕 사후에 벌어진 계승분쟁의 혼란을 틈타서 고구려 정벌을 감행한 것이다. 고구려 정벌은 공손도의 지시에 따라 아들 공손강이 수행한 것으로 보인다(기경량, 2017).

2) 공손강의 적극적 외교정책

건안 9년(204년) 공손씨 정권을 수립한 공손도가 죽자 그의 아들 공손강이 요동태수의 자리를 이어받았다. 『삼국지』에는 공손강 정권의 초기 상황을 전하는 다음과 같은 구절이 있다.

① 조조는 삼군(三郡)의 오환족을 정벌하고 유성(柳城)을 공격하여 멸망시켰다. 원상(袁尚) 등은 요동으로 도망갔지만, 공손강이 원상의 머리를 베어 조조에게 보냈다. _『삼국지』 공손도전

② [건안 12년(207년)] 8월 … 요동의 선우 속복환(速僕丸)을 비롯한 요서와 북평의 거수들은 동족을 버리고 원상·원희(袁熙)와 함께 요동으로 도망갔다. 그들은 여전히 수천 기병을 보유했다. 본래 요동태수 공손강은 자신의 근거지가 편벽되고 먼 것을 믿고서 조조에게 복종하지 않았다. 조조가 오환을 무찌르자, 요동을 정벌한다면 원상 형제를 잡을 수 있다고 말하는 자가 있었다. 이에 조조가 "나는 지금 공손강에게 원상과 원희의 머리를 베어 보내도록 할 것이니, 다시 번거롭게 군사를 움직이지 마시오"라고 말했다. 9월, 조조가 병사를 이끌고 유성으로 돌아왔다. 공손강은 즉시 원상과 원희, 속복환 등을 참수하여 그 머리를 보내 왔다. 장수들은 의아해서 "명공께서 돌아왔는데도 공손강이 원상과 원희의 머리를 베어 보낸 것은 무슨 까닭입니까?"라고 물었다. 조조는 "공손강은 평소 원상 등을 두려워했다. 내가 급박하게 공세를 퍼부으면 그들은 서로 힘을 합쳤고, 잠시 늦추면 서로 싸웠다. 이런 형세는 당연한 것이다"라고 답했다. _『삼국지』 무제기

위 사료 ①은 207년 조조가 유성의 삼군오환을 토벌할 때 오환으로 피신해 있던 원소(袁紹)의 두 아들(원상·원희)이 다시 요동으로 도망가 있었는데, 공손강이 이들의 목을 베어 조조에게 보낸 사실을 전하고 있다. ②는 같은 내용을 전하는 『삼국지』 무제기의 기록이다. 이에 따르면 207년 오환 토벌 원정군 안에서 요동까지 정복하자는 논의가 있었지만, 조조의 반대로 이루어지지 않았던 사실을 전하고 있다. 조조의 생각은, 삼군오환의 토벌 목적이 그곳에 숨어든 원상·원희 등 원소의 잔당에 대한 소탕에 있었으니 요동에서 그들의 수급을 베어 보내온 이상 또다시 군사를 움직일 필요가 없다는 것이다.

『삼국지』 공손도전 배송지주에 인용된 「위명신주(魏名臣奏)」에 "무황제(武皇帝) 때 … 공손강이 드디어 신첩(臣妾)을 칭하였다"는 구절이 보인다. 207년 조조가 요서의 삼군오환을 제압하면서 공손씨 정권은 조조 세력과 국경을 마주하는 지경에 이르렀기 때문이다. 사실상 공손강이 굴복한 것으로 평가되기도 한다(松田徹, 1994). 아무튼 공손강의 우호적 태도에 따라 조조는 그를 양평후·좌장군에 봉하였다. 공손씨 정권과 조조 사이에 화친관계가 성립된 셈이었다. 조조 또한 삼국 정립기 중원에서의 세력경쟁이 심한데다 208년 적벽(赤壁)에서 결정적으로 패배함에 따라 요동으로 관심을 돌릴 여력이 없었다. 그러므로 요동 정벌이 다시 본격적으로 논의되는 228년까지 20년간 안정적인 관계가 유지되었다.

조조의 세력이 요서 지역에 진출해 있고, 동쪽으로는 고구려와 적대적 관계에 놓인 공손강이었지만, 요동을 중심으로 한 공손씨 정권의 세력권 내 위치는 변함이 없었던 듯하다.

① 천하가 큰 혼란에 휩싸이자 공손도의 위엄 있는 명령이 나라 밖까지 전해졌으며, 병원(邴原)과 평원(平原)현의 왕열(王烈) 등이 요동으로 왔다. … 조조가 사공으로 있을 때 관녕(管寧)을 불러 관리로 삼으려 했는데, 공손도의 아들 공손강이 조조가 보내온 임명서를 중간에 가로채고는 전하지 않았다. _『삼국지』관녕전

② 공손도의 서자 공손강은 아버지를 대신하여 군을 지배하면서 겉으로는 장군·태수의 직책으로 불리지만, 속으로는 왕이 되려는 마음을 품었다. 이 때문에 자기를 낮추어 높은 예우를 나타내면서 관녕이 자신을 신중히 보필하기를 바랐지만, 끝내 감히 말을 꺼내지 못하였다. _『삼국지』관녕전, 배송지주 인용「부자(傅子)」

위 사료 ①은 공손씨의 자립 이후에도 중원과 요동 사이에 주민의 이동이나 군현 운영에 따른 문서 전달이 지속되었다는 점을 보여주는 한편, 공손도 생존 시 공손강이 실권을 행사하고 있었던 점을 알려준다. 사료 ②에서 아버지(공손도)를 대신하여 군을 지배하면서 겉으로는 장군·태수로 불리지만, 속으로는 왕이 되려는 마음을 품고 있었다는 표현에서 공손강의 야심이 드러난다. 그것은 공손도와 마찬가지로 요동을 넘어 중원으로 진출하려는 의도였을 것이다.

① 양무(涼茂)는 … 낙랑태수로 전임되었지만, 요동에 있는 공손도가 양무를 멋대로 억류하여 부임하지 못하게 했다. 그러나 양무는 끝까지 굴하지 않았다. 공손도가 양무와 여러 장수에게 "조공께서 멀리 정벌을 나가시고 업성은 수비하는 자가 없다고 들었소. 지금 내가 보

병 3만과 기병 1만을 이끌고 곧바로 업성에 이르면 누가 막을 수 있겠소?"라고 말했다. … 여러 장수가 모두 "예, 그렇습니다"라고 했다. 공손도는 양무를 돌아보고 "그대 생각은 어떠하오?"라고 다시 물었다. 양무는 "최근에 천하에 큰 난리가 나서 장차 사직이 쓰러지려고 할 때, 장군께서는 10만의 무리를 끼고서 편안히 앉아서 성공과 실패를 관망하고 있었습니다. 무릇 다른 사람의 신하 된 자가 진실로 이와 같을 수 있습니까? 조공은 국가의 위기와 패망은 근심하고, 백성의 고통과 원한을 위로해 주었으며, 의병을 이끌고 천하를 위하여 잔적(殘賊)을 주살했으니, 공은 높고 덕망은 넓어 가히 독보적이라 할 수 있습니다. 그리하여 천하가 비로소 안정되었으며, 백성은 편안히 정착하기 시작했습니다. 그러므로 장군의 죄상을 아직 책망하지 않은 것입니다. 장군께서 곧 군대를 이끌고 서쪽으로 향하여 침공한다면, 살고 죽는 결과는 하루아침에 못 되어 결정될 것입니다. 장군께서는 스스로를 돌보십시오"라고 대답했다. 여러 장수가 양무의 말을 듣자 모두 술렁거렸다. 한참 있다가 공손도가 "양군의 말이 옳다"고 말했다. _『삼국지』양무전

② 조조가 [원소의 장남] 원담(袁潭)을 토벌하려 하자 유성의 오환이 기병을 내어 원담을 도우려 했다. 견초(牽招)가 일찍이 오환돌기(烏桓突騎)를 거느린 적이 있었으므로 조조는 그를 유성으로 보냈다. 견초가 유성에 도착했을 때, 마침 [오환] 초왕(峭王)이 원담에게 기병 5,000명을 보낼 준비를 하고 있었다. 이때 요동태수 공손강은 스스로 평주목이라 칭하고 사자 한충(韓忠)을 파견하여 선우(單于)의 인수(印綬)를 갖고 사사로이 초왕에게 주도록 하였다. 초왕이 부족의 장들을 여럿

모았는데, 한충도 그 자리에 있었다. 초왕이 견초에게 "옛날에 원공(袁公)은 천자의 명령을 받아 내가 선우가 되게 하였습니다. 지금 조공이 또다시 천자에게 말하여 내가 진짜 선우가 되게 하려고 요동에서도 인수를 갖고 왔습니다. 이와 같을 때 응당 누구를 정당하다고 해야 합니까?"라고 물었다. 견초가 " … 조공이 천자에게 말하여 진짜 선우가 되게 함이 옳은 것입니다. 요동은 천자의 관할하에 있는 군인데, 어떻게 멋대로 관직을 줄 수 있습니까?"라고 답했다. 한충이 "우리 요동은 창해 동쪽에 위치하고 백만의 병사가 있으며 또 부여와 예맥을 부리고 있습니다. 지금 천하의 형세는 강대한 사람이 위에 서는 것입니다. 어찌 조조만이 옳다고 하겠습니까?"라고 말했다. 견초가 한충을 질책하며 "… 당신들의 군신은 … 지세의 험준함과 중원에서 멀리 떨어진 것에 기대어 왕명을 어기고 제멋대로 임명하려고 하여 신성한 조정을 치욕스럽게 하고 있습니다. 이것은 응당 주살하여 깨끗하게 해야 하거늘 어찌 감히 조공과 같은 중신을 욕되게 하고 비방합니까?"라고 말했다. 곧바로 한충의 머리를 잡아채어 땅에 처박고는 칼을 뽑아서 그를 베려고 하였다. 초왕은 놀라 떨며 맨발로 달려가 견초를 끌어안으며 한충을 살려달라고 청했고 … 견초는 초왕 등에게 일이 성공하고 실패했을 때의 결과와, 재앙과 복이 생기는 이유에 대해 설명했다. … 요동의 사자에게 알려 엄정하게 대기하고 있던 기병을 해산시켰다.   _『삼국지』 견초전

위 사료①은 공손도의 중원 진출에 대한 의도와 양무에 의해 진출이 포기되는 과정을 보여준다. ②는 공손강이 요서 진출을 위해 보낸 사자 한충이 조조가 보낸 견초에게 막히는 과정을 보여주고 있다. 양무의 간

언에 따라 중원 진출을 중지한 점으로 볼 때, 공손도는 조조와의 대결에서 역량 부족을 절감하고 현실적인 판단을 했음을 알 수 있다. 공손강 또한 요서를 중원 진출의 교두보로 삼을 생각이었지만, 조조의 강력한 세력에 밀려 저지되었다. ②는 공손강이 집권을 시작한 204년의 일이다. 『삼국지』 장료전에 의하면, 이듬해 발해 서안에서는 공손강이 보낸 군대가 또다시 조조가 보낸 장군 장료(張遼)에 의해 격파되었다. 아버지 공손도가 이루지 못한 중원 진출을 위해 집권 초기 요서와 발해 서안에 교두보를 만들려던 공손강의 계획은 하북을 평정하고 요서로 도망한 원소의 잔당(원담·원상·원희)을 제거하고자 북상하던 조조의 세력에 부딪힌 것이다.

비슷한 시기 공손강은 낙랑군 남부의 황무지가 된 지역을 떼어 대방군을 설치하고 삼한 및 바다 건너 왜와 교섭·교역의 네트워크를 구축하였다. 대방군 설치는 공손도가 요동군을 셋으로 나눠 중요군과 요서군을 신설하였던 방식을 낙랑군에도 적용한 것이다. 다른 한편으로 보면 대방군은 요서와 발해만으로의 진출이 저지된 공손강의 새로운 활로로서 설치된 것이다(松田徹, 1994). 대방군 설치 시기와 관련해서는 공손강이 조조로부터 독립성을 유지하고 있던 207년 이전으로 추정한 바 있다(권오중, 2012).

공손강 집권 시기 고구려와의 관계는 관련 사료의 부족으로 잘 알기 어렵다. 중국 기록과 『삼국사기』 산상왕의 기록에도 특별한 내용을 찾기 어렵다. 197년 왕위계승분쟁을 전후하여 공손씨의 대대적인 공격으로 국도(國都)까지 큰 피해를 본 고구려는 198년 환도성을 축조하고 209년에 환도로 도성을 옮겼다. 대외 진출보다는 국내 안정과 체제 정비가 절실한 시기였다고 하겠다. 공손씨 정권은 조조의 중앙정부와 국경을 맞대고 있는 상황에서 이미 적대적 관계로 돌아선 고구려와 긴장을 조성할 이유가 없었다.

조조는 삼국 분립 속에서 오·촉과 다투고 있었고, 동서로 적대적 세력에 끼어 있는 공손씨 정권, 그리고 공손씨의 침략으로 국도까지 파괴되어 천도를 준비하던 고구려까지 안정과 체제 정비가 절실하였다. 이런 상황에서 건안 10년(205년) 조조가 장악한 후한에 대한 예맥(濊貊)의 직접 공헌은 주목할 내용이다.

① 건안 10년(205년), 비로소 기주(冀州)를 평정하자 예맥이 양궁(良弓)을, 연대(燕代)에서 명마(名馬)를 바쳤다.
_『삼국지』문제기, 배송지주 인용 전론(典論)」

② [황초 원년(220년)] 예맥과 부여의 선우, 언기(焉耆)와 우전(于闐)의 왕이 모두 각기 사신을 보내 조공을 바쳤다.   _『삼국지』문제기

위 사료 ①은 조조의 군대가 기주(하북성 일대)를 평정하자, 그에 인접한 예맥이 양궁을 바치고 연과 대 지역에서 명마를 바치며 교섭했다는 내용을 담고 있다. 이때의 예맥은 고구려 주변의 동예와 소수맥(小水貊)으로 구분하기도 한다(여호규, 2007).

그런데 사료 ②에서 220년에 예맥과 부여의 조공 기록이 보인다. 밑줄 부분[7]은 '예맥의 부여'로 본 견해(伊藤光成, 2020)가 있지만, 대구 형

---

7   『삼국지』문제기, "(延康元年三月己卯) 濊貊·扶餘單于, 焉耆·于闐王, 皆各遣使奉獻."

식의 문장으로 보아 '예맥과 부여'로 구분하여 보는 것이 자연스럽다. 더욱이 『삼국지』 부여전에 따르면, 부여는 공손씨 멸망 전에도 해마다 조위의 경도(京都: 낙양)에 공헌하였다. 그러므로 205년과 220년에 조위에 공헌한 예맥은 부여·고구려와 구분되면서 요동군 내외에 존재한 다수의 예맥(혹은 맥인)일 가능성이 높다(권오중, 2015).

3) 공손연의 다중외교

공손연(公孫淵)은 공손강의 아들이다. 220년경 공손강이 죽자 정권 내부의 동요가 표면화되었다. 요동태수의 자리에 공손강의 아들이 아니고, 동생인 공손공(公孫恭)이 옹립되었던 것이다.

공손공은 선천적으로 신체에 문제가 있어서 지도자로서의 자질이 모자랐다. 말년에는 "열약(劣弱)하여 나라를 다스릴 수 없을" 정도였다고 한다. 마침내 228년 공손연은 형인 공손황(公孫晃)이 낙양에 위질(委質)로 가 있는 사이에 숙부 공손공을 위협하여 정권을 빼앗았다. 조위(曹魏) 조정의 입장에서 보면 공손연은 숙부를 내쫓고 형의 차례까지 가로챈 인물로 여겨졌다.

더구나 공손공은 위 조정에 순종적 자세를 보여왔기 때문에 물리적 방법으로 정권을 가로챈 공손연은 환영받지 못하는 존재였다. 공손연은 조위로부터 양열장군(楊烈將軍)·요동태수에 제수되었다. 이는 공손공이 받은 2품의 거기장군(車騎將軍)에 비해 세 단계가 낮은 것이었다. 공손연의 취임은 조위와 불안정한 관계를 안고 출발한 것이었다(권오중, 2012).

공손연이 정권을 탈취하자마자 조위의 시중 유엽(劉曄)은 바로 요동 정벌을 주장하였다.

> 공손씨는 한(漢)대에 등용되었으나 마침내 대대로 관직을 서로 잇고 있습니다. 수로는 곧 바다 때문에, 육로는 곧 산으로 막히고, 호리(胡夷)로 인하여 끊어지고 멀어져 제압하기 어려워 권력을 세습한 것이 날로 오래되었습니다. 지금 주살하지 않으면 후에 반드시 걱정거리가 생길 것입니다. _『삼국지』유엽전

위 사료는 유엽의 요동 정벌 건의가 명제에게 채택되지 않았지만 공손연의 등장을 조위 조정에서 받아들이기 어려웠던 분위기를 잘 보여준다. 명제 태화 3년(229년) 손권은 정식으로 황제 자리에 오르며 황무(黃武)를 연호로 삼았다. 『삼국지』오주전에 따르면, 그해 4월 즉위의례를 하고 다음 달 처음으로 한 일은 교위 장강(張剛)과 관독(管篤)을 사자로 요동의 공손연에게 보내는 것이었다. 이는 손권이 황제 즉위 후 촉한과 맺은 '천하를 양분하는 밀약'에 따른 조치의 하나였다. 곧, 촉한은 양주·병주·기주 등 서북방, 손오는 창주와 유주 등 동북방을 분할 점령하기로 맹약했다. '중분구주(中分九州)'라 할 이러한 분할 합의는 조위의 배후지 세력과 연계한 협공전략으로 나타났다(최진열, 1999).

손오가 요동에 사신을 파견한 것도 이러한 협공책의 일환이었다(여호규, 2007b). 집권 초기부터 조위와 불편한 관계를 이어오던 공손연에게나 부족한 전마(戰馬)를 수급할 새로운 공급처를 찾는 한편 조위를 외교적으로 압박할 수 있다고 판단한 손오 모두의 이해가 합치한 일이었다(重松俊章, 1937; 여호규, 2007b; 伊藤光成, 2018).

229년 손오가 요동에 파견한 사신에 대하여 공손연이 어떤 대응을

했는지는 기록이 없다. 232년 손오는 말 구입을 명목으로 장군 주하(周賀), 교위 배잠(裵潛)을 다시 요동에 파견하였다. 이에 대해 공손연이 교위 숙서(宿舒)와 제갈직(諸葛直)을 보내 손오의 신하로서 번국(藩國)의 예를 행하면서 양국 간의 제휴가 성사된다. 손권은 공손연을 '유청(幽靑) 2주 17군 70현'을 다스리는 연왕(燕王)에 봉하고 구석(九錫)을 더하였다. 이는 손권이 조위 문제(文帝)에게 신하의 예를 행하자 받은 오왕(吳王)·구석과 같은 것이며 내신(內臣)으로서는 최고 대우였다(渡邊義浩, 2016a).

이러한 손오와 공손씨 정권의 연계는 삼국(위·촉·오)의 패권경쟁에서 요동 지역이 새로운 변수로 부상하는 계기가 되었고, 이제 조위에게 요동은 더 이상 '해외'의 일이 아니었기에 공손씨 정권과의 관계는 근본적으로 변모하였다(이성제, 2007). 이는 공손강과 공손공 정권 동안 유지된 조위와의 안정적 관계에 균열과 자멸을 초래한 일이었다(松田徹, 1994). 마침내 양자 관계를 관망하던 조위는 요동 정벌을 시작하고, 위협을 느낀 공손연은 손오와 조위 사이에서 이중외교를 펼치게 된다.

한편, 233년 손권이 요동에 군사 1만을 보내 전진기지를 설치하려 하자, 공손연 또한 조위를 의식하여 손오와의 관계를 재고하게 된다(여호규, 2007b; 김효진, 2015).

> 중령군(中領軍) 하후헌(夏侯獻)의 표에 이르기를, 공손연이 지난날 감히 왕명을 어기고 계공(計貢)을 폐절하고 실로 양쪽 모두가 막힌 셈입니다. [지세가] 험조함에 의지하고 또한 손권을 믿어 이 때문에 감히 발호하여 해외에서 눈을 부라렸습니다. 숙서(宿舒)가 친히 적 손권의 군중(軍衆)과 부고(府庫)를 보고는 그들이 약소하여 의지하기에 부족하다는 것을 알게

되니 이로써 적의 사자를 참수할 계책을 결정했습니다. 또한 고구려, 예맥이 공손연과 원수 사이가 되어 함께 노략질하고 있습니다. 이제 밖으로는 오(吳)의 원조를 잃고 안으로는 호(胡)의 침략을 받게 되었으니 필시 국가가 능히 육로를 따라 쳐들어올 것을 알고 형편상 두려워하는 마음을 품지 않을 수 없습니다. 『삼국지』 공손도전 배송지주 인용 「위명신주」

위 사료는 공손연이 파견한 사신 숙서를 통해 손오가 조위를 견제할 수 없다는 것을 간파했다는 점, 조위에서도 고구려와 예맥이 요동 공손씨 정권을 공격하고 있다는 것을 인지하고 있었음을 보여준다. 마침내 233년 공손연이 오의 사신 장미(張彌)의 머리를 베어 조위에 보내면서 229년에 시작된 손오와의 관계는 종말을 맞이하게 되었다.

이때 오의 사신 일부가 고구려로 도망쳤는데, 고구려가 이들을 다시 오로 호송하면서 손오와 교섭을 시작하였다. 이 교섭은 고구려 입장에서는 손오로부터 수군의 항해와 선진기술을 배우고자 하였고, 손오 입장에서는 고구려를 새로운 전마(戰馬) 공급처로 기대하여 성사될 수 있었다는 추정이 가능하다(김효진, 2015). 어찌됐든 이로써 고구려는 중국 내 삼국 분립의 치열한 다자외교전에 뛰어든 셈이었다(김미경, 2010).

234년 북벌을 주도하던 촉한의 제갈량(諸葛亮)이 오장원(五丈原) 진중에서 병사하자 조위는 요동 정벌에 나설 여력이 생기게 되었다. 그리하여 공손씨와 적대적 관계를 유지하고 있던 고구려에 사신을 파견하여 화친을 도모하였다.

1년이 지나(235년) [손권은] 사자 사굉(謝宏)과 중서 진순(陳恂)을 보내어 [고구려왕] 궁을 선우로 삼고, 의물과 진보(珍寶)를 더하였다. 진순 등이

안평구(安平口)에 이르러 우선 교위 진봉(陳奉)을 보내어 궁을 만나게 하였다. 그러나 궁은 이미 유주자사의 풍지(諷旨)를 받은 터라 오의 사절에 대해서는 자진해서 알려야 한다고 하였다. 진봉은 그것을 듣고서 되돌아왔다. [이에] 궁은 주부 착자(笮咨)와 대고(帶固) 등을 안평에 보내어 사굉과 만나게 하였다. 굉은 즉시 30여 명을 포박하여 인질로 삼으니, 궁이 사죄하며 말 수백 필을 받쳤다. 사굉이 착자와 대고에게 조서와 사물(賜物)을 받들게 하고 궁에게 보냈다. 이때 배가 작아 말 80필만을 싣고서 돌아왔다. _『삼국지』오주전 황룡 2년 인용 「오서(吳書)」

235년 오에서 사신을 보내 고구려왕을 선우에 봉하며 본격적인 협력을 기대했지만, 고구려는 이미 유주자사 왕웅(王雄)으로부터 오의 사신에 관한 정보 전달의 풍지를 요구받은 터였다(권오중, 2012). 이는 손오와의 관계를 단절하라는 뜻이었고, 고구려로서도 조위와 협력하여 공손씨 정권을 타도할 기회로 판단하였다. 이에 따라 이듬해인 236년 2월 고구려는 손오의 사절단을 억류시켰다가 7월에 참수하고 그 머리를 유주자사부로 보냈다. 고구려와 손오는 공손씨 타도라는 공동 목표를 공유하면서 협력했지만, 조위의 등장 아래 고구려가 현실적 판단을 함으로써 손오와의 관계는 파국을 맞게 되었다(여호규, 2007).

237년 조위는 연호를 경초(景初)로 바꾸고 유주자사에 관구검(毌丘儉)을 임명하면서 요동 정벌을 본격화하였다. 기회가 왔다며 즉시 요동 정벌을 주장한 관구검과 달리, 아직 오의 침략에 대비해야 한다는 광록대부 위진(衛臻)의 반대가 있었지만, 명제는 공손씨 정벌을 명하였다. 이에 관구검이 여러 군병과 오환·선비의 기병을 거느리고 요동에 이르렀지만, 여름철 장마와 공손연의 저항으로 철수하였다.

표4 공손씨 정권의 멸망 과정과 주변 동향(228~238년)

연도	공손씨	조위	손오	고구려
228	- 공손연, 숙부 공손공을 축출하고 요동태수 계승.	- 시중 유엽, 요동 정벌 주장, 수용되지 않음. - 공손연에게 양열장군·요동태수 제수.		
229			- 손권, 제위에 오르자, 요동에 사신 파견. - 산월(山越) 정벌 개시.	
230		- 공손연에게 거기장군 제수.	- 손권, 갑사를 바다로 보내 이주(夷州), 단주(亶州)를 찾게 함.	
232	- 숙서 등을 손오에 사신으로 보내 번병을 자청, 군마 제공.	- 공손연과 손오 간의 잦은 통호 인지. - 유주자사 왕웅과 여남태수 전예의 요동 정벌, 철수.	- 전마 구입을 명분 삼아 사신을 요동으로 보냄. - 귀로에 매복한 조위의 습격으로 사신 주하 사망.	- 예맥과 더불어 요동 침범.
233	- 요동 해안에서 오의 군대 습격. - 오 사신의 머리를 베어 위로 보냄.	- 공손연을 대사마·지절·낙랑공에 봉함. - 요동·현도 군민 회유.	- 공손연을 연왕에 봉하고, 구석을 더함. - 요동에 군대 1만을 보내 교두보 구축 시도.	- 공손씨로부터 탈출한 오 사신의 귀국을 호송하며 오에 칭신, 통교 개시.
234		- 오장원에서 제갈량 전사, 동방 진출 가속화 계기. - 유주자사 왕웅, 고구려에 오사에 대한 정보 제공 풍지.		
235			- 고구려에 사신 파견, 고구려왕을 선우에 봉함.	- 오사를 홀대하다가 사죄하고 말 수백 필을 바침.
236			- 고구려에 사신 파견.	- 오사의 머리를 베어 유주자사부에 보냄.

연도	공손씨	조위	손오	고구려
237	- 위군을 요수에서 격퇴. - 관구검이 철수하자 황제국 연왕 자칭. - 선비로 하여금 조위 변경을 공략케 함.	- 유주자사 관구검, 요동 정벌 건의, 장마로 철수. - 요동·현도 군민 회유.		- 조위에 공헌.
238	- 양평성 함락, 공손씨 멸망. - 상국(相國) 이하 천여 명 처형.	- 사마의, 공손연 정벌 - 공손연의 머리를 베어 낙양으로 보냄. - 군사를 몰래 보내 낙랑군·대방군 평정.		- 조위의 요동 정벌에 군사 수천 명을 보내 지원.

* 권오중, 2012, 『요동왕국과 동아시아』, 영남대학교출판부, 266~276쪽, 요동왕국 연표 수정.

이듬해인 238년 오는 마침내 사마의(司馬懿)를 주축으로 공손씨의 수부(首府) 양평성(襄平城)을 함락시켰다. 공손도가 189년 요동태수로 임명된 지 3세 4대 50년 만의 일이었다. 『삼국지』 고구려전에 의하면, 이때 고구려는 수천 명의 군대를 보내 지원하였다.

3. 위·진의 동방 진출과 고구려의 대응

3세기 중엽 고구려는 동방으로 진출하려는 위(魏)·진(晉) 중국 두 왕조와 전쟁 또는 교섭을 경험해야 했다. 조위와 고구려가 직접 교섭한 것은 238년 이후라 할 수 있다. 후한 말에 요동에 공손도가 자립한 이후 50년간 공손씨 정권이 자리하였기 때문이다.

서진의 시작은 265년이지만, 사마의가 239년 이른바 '고평릉(高平陵)의 변란'을 통해 정권을 탈취한 후부터 사실상 시작되었다고 하겠다. 서진은 263년 촉한의 항복을 받고 280년 손오를 평정하기 전에는 고구려 등 동방에 대해 적극적인 영향력을 미치기 어려웠다. 더욱이 서진은 280년 삼국 통일 후부터 쇠망의 기운을 보이다가 291년 팔왕의 난을 시작으로 멸망의 내리막길을 걸었다.

238년 공손씨 멸망 이후 위·진의 왕조 교체와 서진의 급격한 쇠망 과정에서 고구려의 대외관계도 종전과 다른 대응이 요구되었다. 하지만 관련 기록은 고구려의 서안평 공격(242년)이 발단이 된 조위의 대대적인 고구려 침략(244~246년)과 평오(平吳, 280년) 이후 대외정책을 본격화한 무제대 외에는 특별한 교섭이 나타나지 않는다.

1) 관구검의 침공과 고구려의 대응

조위는 238년 공손씨 세력을 정복하면서 동이와 접촉하였으며, 244년 고구려 정벌 이후 동이 경략에 본격적으로 나서게 된다. 경략의 배경과 목적은 조위의 배후 안정과 오·촉과의 전쟁에 소요되는 물력 조달에 있었음이 명백하다(윤용구, 1999). 그러나 동이는 북방의 부여·읍루·고구려부터 한반도에 자리잡은 옥저·예·한, 바다 너머 왜에 이르기까지 광역에 걸쳐 있었다. 이들은 『삼국지』 동이전에 서술된 것처럼 생활환경과 사회발전 정도에서 차이가 있었다. 더구나 이들 사회는 동이전에 입전된 명칭처럼 단일한 정치체가 아니라 다수의 세력집단으로 구성되어 있었다. 따라서 조위가 동이를 지배한 구체적 양상은 해당 지역(종족)의 특성과 경략 목적에 따라 달랐을 것이다.

한대 이래로 중국 왕조는 이민족과의 접촉을 통상 근접한 주군(州郡)에서 맡아 보았다. 때로 이민족의 내속, 곧 집단적으로 투항해 온 경우 이들을 일정 지역에 정착시키고 이른바 '영호지절관부(領護持節官府)'를 두어 통치하였다. 『삼국지』에 입전된 동이 제족은 유주부 관할의 4개 변군(현도·요동·낙랑·대방)과 접촉한 것으로 나타난다. 그런데 이민족을 주변에 두었던 변군이 대개 그러하듯이 이들 동이족은 각기 접촉하던 군현이 정해져 있었다. 부여는 현도군에서, 한은 낙랑군이 본래 통할하였다거나, 항상 현도군에 나와 조복의책을 받아가기 위해 왕래하던 고구려인의 명적(名籍)을 고구려현의 현령이 주관했으며, 진한인 염사치(廉斯鑡)가 낙랑군에 투항할 때 함자현(含資縣)에서 접수하고 군에 보고한 것을 보면 각기 소속된 군현이 있었음을 알 수 있다. 대체로 부여·고구려는 현도군, 한과 왜인은 대방군, 동옥저와 예는 낙랑군이 담당하였다.

평상시 중국 군현의 이민족 지배는, 조공을 주선하고 이에 맞추어 개설된 호시(互市)에서의 교역을 감독하는 것이었다. 조공이란 황제의 덕화에 감읍하여 신하의 예를 행하는 의식이다. 따라서 조공을 바치는 자는 신하로서의 의무가 따른다. 곧 신속한 조공자는 정해진 기일에 자신 또는 대리인을 입시시켜 통솔하고 있는 호구의 수와 영토를 그린 도적(圖籍)을 제출하고, 세금의 형태로 토산 방물을 바쳐야 했다. 이에 대해 황제는 원로의 수고를 위로하고 은덕을 베푸는 회사(回賜)를 한다. 이러한 조공의 대부분은 해당 변경 군현이나 영호관부에서 이루어졌다. 그런데 예군(詣郡, 혹은 詣府)의 경우도 상징적으로는 예궐(詣闕)하여 천자를 알현하는 것이므로 이에도 회사가 뒤따랐다. 이때 이루어진 회사가 인수의책의 사여를 통한 군부(郡府) 내에서의 교역 허가였다. 호시는 이를 위해 개설한 임시시장이라 하겠다.

그러나 조공과 그에 의해 개설된 호시는 본래 이민족을 효과적으로 통제하기 위한 것이고, 이민족의 조공은 중상(重賞)과 같은 교역상의 이익을 꾀하는 데 있었다. 그랬기 때문에 기대에 미치지 못할 경우 군현에서는 호시를 폐쇄하였으며 이민족도 상응한 조치를 취하였다.

부여의 경우 요동의 공손씨가 세력을 넓힘에 따라 현도군에서 요동군으로 이속되었고, 고구려는 현도군에 조공하는 것을 거부하고 호시 위치를 자의로 변경하였으며, 한(韓)에서는 다른 군현으로 강제 배속한 것에 대해 강하게 반발했다.

그러나 조공과 호시교역에 의한 동이 지배는 한계가 있었다. 앞서 본 대로 양측의 이해가 어긋나면 쉽게 중단되었다. 설사 운영이 원활하더라도, 조공과 같은 의례적인 교섭을 통해서는 동이 경략의 목적, 곧 배후 안정과 전쟁에 소용되는 물력을 조달하기 어렵기 때문이다. 조위는 동이를 지배하기 위해 다른 조치를 취하지 않으면 안되었다. 곧, 전담 군현에서 동이사회의 조공과 교역을 관장하는 지배방식을 취하였다. 그런데 『삼국지』 동이전에는 이와 다른 모습도 보인다. 곧 조위가 동이사회를 하나의 단위로 보고 지배하려던 것이 아닌가 여겨진다. 이는 두 방향으로 진행되었다.

첫째, 예(혹은 옥저)를 경계 삼아 남북으로 분할하여 지배한 것이다. 먼저 남부권역의 경우를 살펴보자. 진(변)한에서 산출되던 철의 유통범위는 왜가 행한 대외교섭의 대상을 보여주는 것이다. 이에 의하면 예·삼한·왜가 낙랑군·대방군과 하나의 교역망을 이루었음을 알 수 있다. 동이 경략이 본격화되면서 낙랑군·대방군의 교섭범위도 변화되었다. 낙랑군은 예를 비롯한 동남부 육로교역권을, 대방군은 서남 해안과 왜로 이어지는 연안교역망을 담당하도록 조정된 듯하다.

부여·고구려·동옥저·읍루로 구성된 북부권역의 경우 남부와 같은

그림3 〈관구검기공비〉 비편
(요령성박물관 소장, 이승호 촬영)
조위가 고구려를 1차 침공했을 당시 환도성을 함락시키고 회군하였던 전황을 수록한 것이다(이승호, 2015).

　명시적인 사료가 보이지 않는다. 그러나 이들에 대한 민족지적 기록으로 보아, 동이사회는 종족은 물론 지리적 환경과 언어·풍속에서 친연성이 있었음을 알 수 있다. 모두 요동군·현도군과 교섭한 데서 알 수 있듯이, 하나의 교역권을 이루었다고 여겨진다. 관구검이 고구려를 정벌할 때 부여·옥저·읍루 지역까지 작전구역에 포함한 이유도 여기에 있을 것이다.

　조위는 동이사회를 교역권에 의해 남북으로 구분하고, 각기 낙랑군·대방군과 요동군·현도군을 통하여 지배하였다. 교역권은 지리·종족·문화 등의 민족지적 요인에 따라 오랜 기간 형성된 것이다. 따라서 교역권에 의한 동이 지배는 그로부터의 경제적 수익 증대를 고려한 것이다. 요컨대 이는 조위가 고구려를 비롯한 동이사회 경략으로 이루려던 물력 조달이라는 목적에 따라 시행된 지배방식이라 하겠다.

둘째, 동이사회를 우호·적대·회유·방치 대상으로 나누고 지배를 달리하여 분열과 대립을 조장한 것이다. 이는 배후 안정을 위한 지배방식으로 이해된다.『삼국지』동이전에는 조위 입장에서 호오(好惡)를 나타낸 서술이 적지 않다.

부여와 고구려의 인성·조공·상속에 관한 기록은 우호와 적대에 따른 기술의 차이를 보여준다. 곧, 부여에 대한 서술은 시종 우호적인 반면, 고구려는 분쟁 기사로 채워져 있다. 그런데 이 같은 상반된 인식은 두 동이사회에 대한 지배방식의 차이에서 기인한다. 즉, 후한 말 요동의 군벌 공손씨가 부여와 '결혼동맹'을 맺은 데서도 보듯이, 부여를 내세워 고구려 등 예맥계 여러 정치체에 대한 통할을 도모하려 했던 것이다.

부여가 북부지역에서 조위에 포섭된 우호적 상대라면, 남부지역에서는 왜가 이에 해당한다. 왜에는 대방군에서 파견된 사절이 상주하여 조위와의 교섭을 주선하였으며, 왜 여왕 비미호(卑彌呼)의 공헌에 대해 '친위왜왕(親魏倭王)'을 제수하기도 했다. 이는 왜에 대한 돈독한 우의를 과시하고 있는 것이다.

이처럼 조위는 부여와 왜를 포섭하여 고구려·손오 등 적대세력의 확장을 견제하는 한편, 주변 이민족에 대한 통할자의 역할을 기대하였다. 이러한 연장선에서 우호 또는 적대 세력에 예속된 집단에 대한 처리도 결정되었다. 한대 이래 부여에 신속되어온 읍루가 220~226년에 과중한 수탈에 반란을 일으켜도 방관하던 조위는, 고구려에 복속한 동옥저와 예의 경우 철저히 토벌하였다. 이러한 사례는 왜의 여러 소국에 대한 왜 여왕국의 지배권을 인정하고, 구노국(狗奴國)과의 분쟁이 일어나자 즉각 사절을 파견하여 여왕국에 대한 지지를 과시한 데서도 볼 수 있다. 조위는 우호적 상대에 예속된 집단에 대해 방치한 반면 적대세력에 예속된 집단의 경우 예처럼 일단 토벌한 뒤에 회유하였다. 조위는 예가 낙랑군·대방군의 동변에 접한 까닭에 토벌하여 고구려와의 연계를 차단하려 한 것이다. 회유한 뒤에는 군현 편호민처럼 인력과 물자를 징발하여 군현의 안전을 도모하였다. 토벌과 회유를 겸용한 점에서 한에 대한 조위의 지배는 예와 같았다.

2) 서진의 동이교위부 운용

서진은 조위의 권신 사마의가 쿠데타를 일으켜 세운 왕조였다. 조위대 고구려를 비롯한 동이 제족에 대한 대대적인 공략을 사마의가 주도했다는 점에서 서진의 대외관은 조위대와 변화가 없었다. 그런데 280년 손오의 멸망을 계기로 후한 초와 마찬가지로 군비를 축소하고 자사(刺史)의 군권을 없애 감찰 기능만 부여하는 등 변경 지배에 큰 변화가 생겼다(윤용구, 2014).

『진서』지리지에 의하면 고구려 등 동이 제족은 평주(平州) 아래 편제된 군현과 접해 있었다. 고구려는 이들 군현과 호동이교위부(護東夷校尉府)를 매개로 교섭하였을 것으로 추정된다.

평주: 『우공(禹貢)』의 기주(冀州) 땅을 살펴보면, 주대에는 유주(幽州)의 경내였고, 한대에는 우북평군에 속하였다. 후한 말기에 공손도가 스스로 평주목이라 칭하였으며, 그의 아들 공손강과 강의 아들 공손문의(公孫文懿)가 요동을 점거하니 동이 9종이 모두 복종하여 섬겼다. 위나라에서 동이교위를 두어 양평에 있게 하고, 요동·창려·현도·대방·낙랑의 5군을 나누어 평주로 삼았으며, 뒤에 다시 이를 합하여 유주로 만들

었다. [공손]문의가 멸망한 후 호동이교위를 설치하고 양평에 [치소를] 두었다. [진 무제] 함녕(咸寧) 2년 10월에 창려·요동·현도·대방·낙랑 등 다섯 군국을 나누어 평주를 두었다. [평주에서] 26개 현 1만 8,100호를 통솔하였다.   _『진서』지리지

위 기록에 의하면, 평주가 유주에서 떨어져 나온 것은 함녕 2년(276년)이다. 그런데 『진서』 본기에는 태시 10년(274년)으로 나온다. 어느 하나를 택하는 경우도 있지만, 274년 결정되고 276년 시행되었다고 이해하는 것이 현재로선 무리가 없다고 여겨진다. 아무튼 『진서』 지리지 평주조의 내용은 276년 이후의 사실을 반영하고 있는데, 실제 지리지의 지리 구분은 무제 태강 4년(283년)의 일로 보는 것이 일반적이다(윤용구, 2014).

지리지의 내용을 좀 더 살펴보면 흥미로운 사실을 발견하게 된다. 곧 평주자사가 있는 치소는 창려군 창려이고, 동이교위는 요동군 양평에 자리해 있다는 점이다. 유주의 경우도 자사부는 범양국 탁현에 있었고 오환교위를 겸한 유주도독은 연국 계현에 있었다. 흔히 유주자사가 오환교위를, 평주자사가 동이교위를 겸한 사실로 보면 의아한 내용이다.

결론부터 속히 말한다면, 무제 태강 3년(282년) 주군의 군정과 민정을 구분하고 자사에게는 도독과 교위 같은 영병(領兵)을 금지한 조치에 따른 결과이다. 그리고 평주에 도독이 없는 것은 유주도독이 겸임하였기 때문이다. 따라서 동이 조공과 그 담당 관부의 소재를 알기 위해서는 진 무제 태강 연간(280~289년)에 이루어진 이른바 '罷州郡兵'과 '軍主分治'의 변화와 뒤 이은 혜제대 '郡州分治'의 파행상을 이해할 필요가 있다.

자사를 대신하여 도독이 군권을 장악했으나, 전반적인 군비 축소 과정에서 변경 관리는 크게 후퇴하였다. 여기에 황실 내부의 혼란을 틈타 지방의 군벌과 중국 내지에 다수 거주하던 오환·선비 등 새외에서 5호의 준동이 일어나고 있었다. 결국 팔왕의 난을 계기로 서진은 혼란에 휩싸이면서 동북에서도 동이교위의 역할을 선비 모용외가 담당하는 등 난맥상을 이어가고 있었다.

하지만 정작 『진서』 동이전에 고구려의 입전은 물론 본기 어디에도 고구려와의 교섭 기사가 전무하다. 이처럼 『진서』는 동서 양진(兩晉)을 서술한 단대사이지만, 정작 동이전의 내용은 빈약하기 그지없다. 서문에 따른다면 『진서』 사이전의 구성은 무제대에 입공한 23국이 대상이었다. 일찍이 『진서각주(晉書斠注)』에서 지적한 대로 사이전 서문의 입공국 수에는 의문이 있다. 숙신과 그 주변 비리 등 10국에 관한 내용을 제외하면 『진서』 무제기와 동이전에 수록된 조공 기사가 새로운 기록의 전부라 하겠다. '동이'로 표현된 다수의 '국' 가운데 고구려 교섭 기사가 들어있는지도 명확치 않다. 동이전에는 부여국, 마한, 진한, 숙신씨, 왜인, 비리 등 10국의 15개 종족(혹은 국가)이 입전되어 있다. 입전된 내용을 보면 서진대 동이 제국을 서술한 것이다. 변한(변진)은 진한전에 부기되어 있으나, 고구려, 예맥은 열전은 물론 본기에도 빠져 있다. 서진이 주변 이민족에 사여한 인장 가운데 '진고구려솔선읍장(晉高句驪率善邑長)', '진솔선맥백장(晉率善貊佰長)', '진솔선예백장(晉率善穢佰長)' 등이 전존(傳存)되고 있음을 보더라도, 『진서』 동이전에 이들이 누락된 것은 의문이다(윤용구, 1998; 이승호, 2012). 고구려와 예맥의 기록이 빠진 것은 『진서』가 편찬되던 당 태종대 고구려와의 관계에 원인이 있다. 요컨대 수·당 군신들이 고구려를 한대 이래 중국 군현의 고

표5 서진대 동이교위의 활동

임관자	역임 관명	주요 활동
신우영(鮮于嬰)	익주군사(益州軍司), 영주자사(寧州刺史), 평주자사(平州刺史), 후장군(後將軍)	- 한의 동이교위 설치, 선비 위무. - 요서에 침입한 선비 격퇴. - 부여에 침략한 선비 모용부에 패배.
하감(何龕)		- 독우 가탐(賈沈)을 보내 선비 모용부를 격퇴하고 부여를 다시 세움. - 마한의 조공 관리. - 숙신 서북의 비리(裨離)·모노(牟奴) 등 10국 조공. - 자립 전, 선비도독 모용외의 조공.
문숙(文俶)		- 부임 전 동이교위 사직.
이진(李臻)	평로장군(平虜護軍)	- 요동태수 방본(龐本)에게 피살. 선비 소련(素連)·목진(木津) 두 부가 이진의 복수를 빌미로 반란을 일으킴.
봉석(封釋)		- 소련·목진 두 부에 연이어 패배. 화의 실패. - 선비 모용외에게 자손을 유언으로 부탁.
최비(崔毖)		- 선비 모용외의 회유가 실패하자, 고구려·우문(宇文)·단국(段國)을 결집하여 모용외를 도모하려다 고구려로 도주.

지(故地)로 이해하여 조공이 아닌 회복해야 할 대상으로 여겼기 때문이다(윤용구, 1998).

표5는 서진대 동이교위의 활동을 정리한 것이다. 동이교위는 앞서 본 대로 한위대의 존재를 부인하기는 어렵지만, 제도로서 정착되어 실질적으로 기능한 것은 서진대 들어서였다. 특히 이민족통어관을 일제히 신설한 무제 태강 초(282~285년)에 설치되었다. 그러므로 동이교위는 동이족의 영호를 전담한 관직이라고 하겠다(윤용구, 2005).

최초의 동이교위라 할 선우영은 평주자사를 겸하고 있었는데, 요서를 침략한 선비는 격퇴하였지만, 선비 모용외의 부여 침탈을 막지 못한 책임으로 동이교위직은 하감에게 인계하였다. 하감은 먼저 가탐을 보내 모용외 세력을 격퇴하고 부여를 회복시키고, 숙신 서북의 비리·모노 등 10국의 조공을 이끌어냈으며, 멀리 마한도 조공케 하였다. 이진은 304년부터 요동태수 방본에게 살해당한 309년까지 동위교위를 역임하였다. 그의 활동과 관련하여 다음 기록이 주목된다.

> 영가(307~313년) 초, [모용]외는 선비대선우를 자칭했다. 요동태수 방본(龐本)이 사적인 원한으로 동이교위 이진을 죽이자, 변경 가까이 있는 선비족인 소련·목진 등이 [이]진의 원수를 갚는다고 겉으로 청탁하며 실제로는 이를 틈타 난을 일으키고자 하여 마침내 [요동군의] 여러 현들을 공격해 함락하고 사족과 백성들을 죽이거나 잡아갔다. [요동]태수 원겸이 여러 번 싸웠으나 여의치 못하니 [동이]교위 봉석이 두려워하여 화친을 청했다. 해마다 침범해 노략질하니 백성들이 생업을 잃고 떠돌다가 [모용외에게] 귀부하는 자가 잇달았다.   『진서』모용외재기

위 사료에 따르면 '변경 가까이 있는 선비족(附塞鮮卑)'으로 표현된 소련부·목진부가 요동태수에게 살해된 동이교위 이진의 복수를 하겠다는 명분으로 난을 일으켰다고 한다. 이는 그동안 요동군의 새외에 거주하면서 동이교위의 통어를 받아온 사정을 반영한다고 하겠다. 또한 이진을 이어 동이교위가 된 봉석은 소련·목진 선비의 계속된 요동 침탈로 고전하였음을 전한다. 뒤를 이은 최비는 유주를 장악한 왕준의 지원하에 있었으나, 314년 석륵에게 왕준 정권이 붕괴하자 입지가 좁아들었다. 이를 회복하려고 고구려와 우문부 및 단요(段遼)를 결집하여 모용외를 도모하려다 실패하자 고구려로 망명하였다.

이상에서 서진대 동이교위의 행적을 살펴보았다. 그 결과 동이교위가 영호(領護)하던 주 대상은 의외로 선비의 여러 부족이었음을 알 수 있다. 『속한서』 백관지 유소주에 인용된 『진서』에 "동이교위를 두어 선비를 위무"한다는 기록에 부합한다.

물론 동이교위가 선비의 영호만을 대상으로 했다고 단정할 수는 없다. 하감의 경우, 부여를 비롯하여 숙신 서북의 모노 등 10국, 그리고 멀리 마한에서도 조공하는 등 동이교위의 이름에 걸맞는 활동을 보이고 있기 때문이다. 그러나 부여와의 관계는 모용외가 이끄는 선비에 대한 통어의 연장으로 볼 측면이 많다. 동이교위는 부여를 회유하여 선비와 고구려 등의 연계를 차단하는 역할을 한 것이다.

당 태종의 주도로 편찬한 『진서』는 고구려의 대외관계를 온전하게 복원하기 어렵다. 서진 무제대(265~290년)에 활발했던 동이 제국과의 교섭 속에서도 고구려의 모습은 찾을 수 없다. 서진의 동북 방면에서의 변경 방비는 요동과 요서를 중심으로 세력을 확장하는 선비 모용부를 막는 데 중점이 두어졌다. 그와 아울러 부여·숙신·모노 등 10국을 회유하여 선비와의 연계는 물론 고구려의 진출을 견제하고자 하였다.

『삼국사기』 서천왕 10년조(280년)에 의하면, 숙신의 침입을 격퇴하고 그 본거인 단로성(檀盧城)을 정벌하는 한편 양맥(梁貊)의 여러 읍락을 지배 아래 두었다고 한다. 고구려의 숙신 정벌과 양맥의 귀속은 서진의 동방정책 속에서 고구려가 대응하던 모습으로 이해된다(이정빈, 2019). 서진이 요동 산지를 넘어 고구려의 중심지에 대해 직접적인 위협을 가한 적은 없었다고 생각된다.

292년 일어난 팔왕의 난 이후 서진은 급격히 멸망의 길로 들어섰으며, 311년 낙양이 함락되면서 사실상 멸망하였다. 서진의 멸망 이전부터 변경 방비와 군현 운영은 중단되었다. 302년 고구려 미천왕의 서안평 공격을 시작으로 요동군과 현도군, 그리고 낙랑군과 대방군은 차례로 고구려의 지배 아래 들어갔다. 4세기에 걸친 중국의 동방 지배가 종식되었다.

고구려의 공격에 맞서서 요동군과 낙랑군을 지키던 것은 토착 한인 호족(漢人豪族)이었다. 이들은 한 군현 설치 이후 들어온 이주 한인(漢人)과 예맥 등 토착 주민 가운데 군현 운영에 참여하면서 세력을 키워온 주민집단이었다. 미천왕의 공격에 맞서 수년간 요동군과 낙랑군의 최후를 지킨 요동의 장통(張統)과 낙랑의 왕준(王遵)의 존재는 공권력을 대신한 토착 한인호족세력의 사회적 규제력을 잘 보여주고 있다.

참고문헌

권오중, 2012, 『요동왕국과 동아시아』, 영남대학교출판부.
김한규, 2004, 『요동사』, 문학과지성사.
김현숙, 2005, 『고구려의 영역지배방식 연구』, 모시는사람들.
노태돈, 1999, 『고구려사 연구』, 사계절.
여호규, 2014, 『고구려 초기 정치사 연구』, 신서원.
이병도, 1977, 『국역 삼국사기』, 을유문화사.

권오중, 1993, 「후한 광무제기의 요동군」, 『인문연구』 15-1.
_____, 2011, 「요동 공손씨정권의 대방군 설치와 그 의미」, 『대구사학』 105.
_____, 2015, 「고대 중국 正史에서의 예맥: '요동예맥'의 자취에 관한 검토로서」, 『동북아역사논총』 49.
_____, 2019, 「유주자사의 동이관리와 교통로 문제」, 『한중관계사상의 교역과 교통로』, 주류성.
기경량, 2017, 「고구려 왕도 연구」 서울대학교 박사학위논문
김미경, 2007, 「고구려 전기의 대외관계 연구」, 연세대학교 박사학위논문.
_____, 2010, 「2세기후반~3세기초 고구려 정치세력의 동향과 對公孫氏政策」, 『국사관논총』 108.
김한규, 1998, 「한대의 천하사상과 羈縻之義」, 『중국의 천하사상』, 민음사.
김효진, 2015, 「고구려 동천왕대 對중국 외교의 변천과 목적」, 『고구려발해연구』 52.
_____, 2018, 「고구려 모본왕대 4郡 공격 배경과 그 영향」, 『한국고대사탐구』 29.
방향숙, 2008, 「후한의 변군 운용과 요동·현도군」, 『요동군과 현도군 연구』, 동북아역사재단.

여호규, 2005, 「고구려의 국가형성과 漢의 대외정책」, 『군사』 54.
_____, 2007a, 「고구려 초기 對中戰爭의 전개과정과 그 성격」, 『동북아역사논총』 15.
_____, 2007b, 「3세기 전반 동아시아 국제정세와 고구려의 대외정책」, 『역사학보』 194.
_____, 2015, 「2세기 전반 고구려와 후한의 관계 변화」, 『동양학』 58.
_____, 2018, 「고구려 외교의 전개」, 『한국의 대외관계와 외교사-고대 편』, 동북아역사재단.
윤용구, 1998, 「3세기 이전 중국사서에 나타난 한국고대사상」, 『한국고대사연구』 14.
_____, 1999, 「삼한의 대중교섭과 그 성격-조위의 동이경략과 관련하여」, 『국사관논총』 85.
_____, 2005, 「고대중국의 동이관과 고구려-동이교위를 중심으로」, 『역사와 현실』 55.
_____, 2014, 「《진서》 동이 조공기사의 재검토」, 『한국고대사 연구의 자료와 해석』, 사계절.
_____, 2022. 「范曄의 세계관과 《후한서》 동이열전」, 『동서인문』 20.
이성제, 2007, 「위진남북조의 요동인식과 고구려-조위의 동방경략과 그 역사적 의미를 중심으로」, 『중국의 변강인식과 갈등』, 한신대학교출판부.
이승호, 2012, 「3세기 후반 〈晉高句麗率善〉印과 고구려의 對西晉 관계」, 『한국고대사연구』 67.
_____, 2015, 「〈관구검기공비〉의 해석과 고구려·魏 전쟁의 재구성」, 『목간과 문자』 15.
이재성, 2002, 「고구려와 읍락연맹시기의 鮮卑」, 『동국사학』 37.
이정빈, 2017, 「崎離營 전투를 통해 본 마한 諸國과 曹魏」, 『백제학보』 22.
_____, 2019, 「양맥·숙신의 難, 변경에서 본 3세기 후반 동아시아와 고구려」, 『한국사연구』 187.
_____, 2022a, 「3세기 후반 신미제국의 서진교섭과 張華」, 『동북아역사논총』 77.
_____, 2022b, 「해적 張伯路와 2세기 전반 동아시아 국제정세」, 『해적의 바다, 해적의 고대사』(백산학회 2022년 학술회의 자료집).
이종록, 2022, 「고구려 전기 동해안지역 복속과 예족사회 연구」, 고려대학교 박사학위논문.

임기환, 2000, 「3세기~4세기 초 위·진의 동방정책」, 『역사와 현실』 36.

장병진, 2019, 「고구려의 성립과 전기 지배체제 연구」, 연세대학교 박사학위논문.

정면, 2009, 「요동 공손씨정권의 정치체제와 국제적 지위」, 『고구려의 등장과 그 주변』, 동북아역사재단.

정재훈, 2010, 「조위, 서진시기 幷州 흉노사회」, 『중앙아시아연구』 15.

최진열, 1999, 「삼국시대 천하관념과 그 현실적 변용」, 『서울대 동양사학과논집』 23.

_____, 2022, 「후한 광무제의 관제·행정조직 개편과 그 배경」, 『대동문화연구』 119.

홍승현, 2009, 「조위 시기 낙랑군의 회복과 낙랑 인식」, 『중국과 주변』, 혜안.

_____, 2011, 「한대 華夷觀의 전개와 성격」, 『동북아역사논총』 31.

孟古托力, 2004, 「東漢東北漢族人口的發展變化」, 『學習與探索』 151.

房奕, 2007, 「遼東公孫政權與東亞諸族的關係」, 『學術 月刊』 39-9.

蘇衛國, 2017, 「東漢遼東太守祭肜考」, 『鞍山師範學院學報』 19-5.

孫煒冉, 2015, 「遼東公孫氏征伐高句麗的原因分析」, 『通化師範學院學報』 36-11.

王海·劉俊, 2017, 「論匈奴"左臂"與相關問題」, 『內蒙古社會科學(漢文版)』 38-2.

李龍彬, 2020, 「東北地區燕秦漢長城及城址研究」, 吉林大學博士學位論文.

谷川道雄, 1989, 「後漢末·魏晉時代の遼西と遼東」, 『中國邊境社會の歷史的研究』, 昭和63年度科研費報告書.

吉本道雅, 2009a, 「濊貊考」, 『京都大學文學部研究紀要』 48.

_____, 2009b, 「後漢書三國志鮮卑傳疏證」, 『東亞文史論叢』 2.

_____, 2010, 「後漢書東夷列傳序疏證」, 『中國古代史論叢』 7.

金賢淑, 2007, 「高句麗の國家形成とアイデンティティ」, 『東アジア古代國家論』, すいれん舎.

渡邉義浩, 2015a, 「後漢の匈奴·烏桓政策と袁紹」, 『WASEDA RILAS JOURNAL』 3.

_____, 2015b, 「後漢の羌·鮮卑政策と董卓」, 『三國志研究』 10.

_____, 2016a, 「孫吳の國際秩序と亶州」, 『三國志よりみた邪馬臺國』, 汲古書院.

_____, 2016b, 「曹魏の異民族政策」, 『三國志よりみた邪馬臺國』, 汲古書院.

保科季子, 2007, 「漢儒の外交構想: 〈夷狄不信〉論を中心に」, 『中國東アジア外交交流史の研究』, 京都大學學術出版會.

船木勝馬, 1976, 「三國時代の鮮卑について」, 『中央大學文學部紀要』 80.

_____, 1977, 「西晉時代の並州と幽州」, 『中央大學文學部紀要』 84.

松田徹, 1986, 「遼東公孫氏政權と流入人士」, 『麗澤大學紀要』 41.

_____, 1994, 「對外政策よりみた遼東公孫氏政權-三國時代の邊境獨立政權」, 『中國研究』 3.

伊藤光成, 2017, 「三國吳の孫權による對外政策についての考察」, 『史觀』 177.

_____, 2020, 「魏文帝の國際秩序構想」, 『東洋學報』 102-3.

伊藤佑治, 2005, 「公孫氏政權と司馬懿の遼東征伐」, 『關東學院大學文學部紀要』 105.

田中俊明, 2021, 「夫餘の漢文化受容と遼東郡·玄菟郡」, 『古代文化』 73-1.

早川花葉, 2020, 「失敗した漢帝國-西晉初期(265-280年)對外政策の再檢討」, 『史觀』 183.

佐藤達郎, 2018, 「漢代における周邊民族と軍事」, 『多民族社會の軍事統治』, 京都大學學術出版會.

重松俊章, 1937, 「孫吳の對外發展と遼東との關係」, 『九州大學文學部十周年記念哲學史學文學論文集』.

川本芳昭, 2009, 「三國期段階における烏丸·鮮卑について」, 『國立歷史民俗博物館研究報告』 151.

Zhang Defang(張德芳), 2021, "Using Excavated Slips to Look at Effective Governance of the Northern Frontier during the Han Dynasty-The Lelang Commandery in Han Slips"(從出土漢簡看兩漢時期對北部邊疆的有效管理-漢簡中的樂浪郡), *Bamboo and Silk* 4-2, Brill.

3

중앙집권체제로의 전환과 지방통치조직 정비

5장 초기 정치체제 해체와 중앙집권체제로의 전환
6장 지방통치조직 정비와 군사동원체계 확립

5장

초기 정치체제 해체와 중앙집권체제로의 전환

임기환 | 서울교육대학교 사회과교육과 교수

　3세기 중반을 전후해 고구려에서는 초기의 나부(那部)가 점차 소멸하는 반면, 도성의 방위별 행정구역인 방위부(方位部)[1]가 등장한다. 이와 함께 패자(沛者)와 우태(于台) 등 초기의 관등이 소멸하면서, 대형(大兄)이나 소형(小兄) 등 대소로 분화된 형계(兄系) 관등이 새롭게 등장하고, 그 이전부터 있었던 사자(使者) 관등도 대소로 분화한다. 이러한 양상은 나부 및 제가(諸加)를 중심으로 운영하던 초기 정치체제가 해체되고, 새로운 정치체제가 성립하고 있음을 시사한다.

　고구려 초기 정치체제 및 3세기 중반 이후 나타나는 새로운 정치체

---

[1] 방위부는 『삼국사기』 고구려본기에 동부, 서부, 남부, 북부 등 방위명을 갖는 부로서 방위명부라고도 부른다. 이 글에서는 방위부로 칭한다.

제를 어떻게 볼 것인지에 대해서는 학계의 견해가 크게 둘로 나뉘어 있다. 다름 아니라 나부체제론(那部體制論)과 조기집권체제론(早期集權體制論)이다. 초기 정치체제를 나부체제로 보는 입장에서는 새로운 정치체제의 등장을 국왕 중심의 중앙집권체제로 전환한 것으로 이해하여 그 변화에 큰 의미를 두고 있다. 그러나 초기 정치체제를 집권체제로 보는 견해에서는 같은 집권체제 내에서의 변화로 이해하고 있어 전환적 의미를 부여하지 않는다. 즉 초기 정치체제에 대한 이해에 따라 3세기 이후 정치체제를 바라보는 시각에서 적지 않은 차이가 나타나고 있다. 다만 조기집권체제론은 왕권의 집권력이란 요소가 초기와 중기에서 어떻게 다른 양상을 드러내고 있는지에 대해 보다 구체적으로 설명할 필요가 있다고 본다.

그리고 나부체제론과 조기집권체제론은 각각의 견해를 뒷받침하는 사료 해석에서 보다 합리적인 근거를 마련해야 한다. 예컨대 관련 사료 해석에서 북한 학계의 경우 봉건적인 영주제론(리지린, 1967)과 중앙집권적 통치체제론(림종상, 1979)이란 입장 차이로 나타나고 있다. 이는 사료 해석에서 부체제론과 조기집권체제론의 차이와 서로 상통하는 면이 있다. 이러한 연구현황은 고구려 사회를 분석하는 이론 틀의 마련도 중요하지만, 무엇보다 실증적 방법론으로서 사료 해석의 보편적 기준을 마련하는 작업이 우선되어야 할 과제임을 보여준다.

이 글에서는 나부체제론의 입장에서 3세기 중반 이후 집권체제로의 전환양상을 파악하고자 한다. 따라서 이 책 1장 '정치체제의 구조와 운영' 서술과 연관해서 이해해야 한다. 이 글에서 다루는 시기는 고국천왕대인 2세기 후반에서 미천왕대인 4세기 전반까지이다. 그리고 이 글의 주제인 나부의 해체와 방위부의 등장은 전적으로 문헌자료에 입각하여 파악하였다. 『삼국지』 등 중국 사서의 고구려전보다는 『삼국사기』 고구려본기에 보이는 나부 및 방위부 관련 기사가 주된 자료이다. 고구려본기의 자료가 변천 과정을 잘 드러내고 있기 때문이다.

중앙집권체제로 이행해 가는 과정은 나부의 지배세력이 본거지를 떠나 도성(都城)으로 집주(集住)하면서 중앙귀족이 형성되어 가는 과정이며, 그런 점에서 국내(國內) 도성의 형성도 중요한 이해 요소가 된다. 문헌자료로는 기내(畿內)와 왕경(王京), 왕성(王城) 개념의 등장 등을 통해 국내 도성의 정치적 의미를 파악하고자 한다. 그리고 국내 도성의 구성에서 방위부의 존재 형태를 파악할 수 있는데, 이에 대해서는 문헌자료 및 현재 중국 집안(集安)의 국내 도성과 관련된 고고자료를 활용하여 검토하고자 한다.

나부체제의 해체와 중앙집권체제로의 전환은, 곧 정치세력의 관점에서는 '지배자공동체의 결집' 양상이며, 동시에 계루부의 근거지였던 국내성이 중앙집권체제에서 정치적 도성(都城)으로 완비되어 가는 과정이라고 할 수 있다.

1. 나부통치체제 해체와 방위부 변천

먼저 초기 정치체제가 해체되고 중앙집권체제로 전환하는 양상을 지배세력의 존재 형태 즉 나부의 소멸과 방위부의 등장을 중심으로 서술한다. 『삼국사기』 고구려본기 기사의 양상에서 나부명의 소멸 과정이 곧 나부를 기초로 하는 초기 통치체제의 해체를 반영하는 것으로 볼 수 있다. 이와 달리 고구려본기 기사에서 방위부는 고국천왕대에 등장하여 동천왕 이후 본격적으로 나타난다. 이때부터 미천왕대까지 나부와 방위부는 병존하는 양상으로 나타나고 있는데, 이 시기를 지배세력이 나부에서 방위명부로 재편되는 과도기로 파악한다.

　방위부는 본래 계루부 내부 지배세력의 편제방식인데, 나부의 지배세력이 점차 수도 국내성(國內城)으로 이주하여 방위부로 편제되었고, 이 과정에서 방위부가 확대 개편되었다고 파악된다. 이러한 방위부의 개편 과정에서 방위부의 성격 자체가 변화하는 모습을 보여준다. 예를 들어 동천왕대 방위부 출신 인물들이 왕권의 친위적 성격을 보여주었다면, 이후 점차 중앙정치 운영의 주체로서 방위부 출신 인물들이 등장하고 있으며, 봉상왕대에는 최고 관직인 국상(國相)의 지위에도 오르는 양상을 보여준다. 이러한 양상을 중심으로 나부통치체제의 해체와 방위부의 변천 과정을 살펴보겠다.

1) 방위부의 등장과 성격

　나부통치체제의 변화와 해체는 같은 시기에 등장하는 방위부의 성격과도 관련된다. 우선 방위부가 처음 등장하는 고국천왕대의 정치 상황과 관련된 자료를 살펴보는 것이 방위부의 성격을 이해하는 데 도움이 된다. 이와 관련된 중요 사료인 『삼국사기』 고구려본기 기사를 인용하여 살펴보겠다.

[고국천왕] 12년(190년) 가을 9월, 중외대부(中畏大夫)인 패자(沛者) 어비류(於畀留), 평자(評者)인 좌가려(左可慮) 등이 모두 왕후의 친척으로서 나라의 권력을 장악하였는데, 그 자제들이 모두 권세를 믿고 무례하고 거

만하였으며, 남의 자녀를 노략질하고 남의 전택을 빼앗았으므로 나라 사람들이 원망하고 분통해하였다. 왕이 이를 듣고 화를 내며 죽이려 하니 좌가려 등이 4연나(椽那)와 더불어 반란을 도모하였다.[2]

[고국천왕] 13년(191년) 여름 4월에 [좌가려 등이] 무리를 모아 왕도(王都)를 공격하였다. 왕이 기내(畿內)의 병마를 동원하여 이를 평정하였다. 마침내 명령을 내리기를 "… 이제 너희 4부는 각기 현명하고 어질면서도 낮은 데 있는 자를 천거하여라"고 하였다. 이에 4부가 함께 동부(東部) 안류(晏留)를 천거하였다. 왕은 그를 불러 국정을 맡겼는데, 안류가 왕에게 말하였다. "… 서압록곡(西鴨淥谷) 좌물촌(左勿村)의 을파소(乙巴素)란 사람은 유리왕 때의 대신 을소(乙素)의 손자로서, 성질이 굳세고 지혜와 사려가 깊으나, 세상에서 쓰이지 못하고 힘들여 농사지어 자급합니다. …" 왕은 [을파소에게] 사신을 보내 겸손한 말과 두터운 예로써 모셔, 중외대부로 임명하고 작위를 더하여 우태(于台)로 삼고 말하였다. … 겨울 10월에 왕은 [안류를] 대사자(大使者)로 삼았다.[3]

---

2 『삼국사기』 권16 고구려본기4 고국천왕 12년, "秋九月 京都雪六尺 中畏大夫沛者於卑留·評者左可慮 皆以王后親戚 執國權柄 其子弟幷恃勢驕侈 掠人子女 奪人田宅 國人怨憤 王聞之 怒欲誅之 左可慮等與四椽那謀叛."

3 『삼국사기』 권16 고구려본기4 고국천왕 13년, "夏四月 左可慮等聚衆 攻王都 王徵畿內兵馬平之 遂下令曰 '近者 官以寵授 位非德進 毒流百姓 動我王家 此寡人不明所致也 令汝四部 各擧賢良在下者' 於是 四部共擧東部晏留 王徵之 委以國政 晏留言於王曰 '微臣庸愚 固不足以參大政 西鴨淥谷左勿村乙巴素者 琉璃王大臣乙素之孫也 性質剛毅 智慮淵深 不見用於世 力田自給 大王若欲理國 非此人則不可' 王遣使 以卑辭重禮聘之 拜中畏大夫 加爵爲于台 謂曰 '孤叨承先業 處臣民之上 德薄才短 未濟於理 先生藏material 晦明 窮處草澤者久矣 今不我棄 幡然而來 非獨孤之喜幸 社稷生民之福也 請安承敎 公其盡心' 巴素意雖許國 謂所受職不足以濟事 乃對曰 '臣之駑蹇 不敢當嚴命 願大王選賢良 授高官 以成大業' 王知其意 乃除爲國相 令知政事 於是 朝臣國戚 謂素以新間舊 疾之 王有敎曰 '無貴賤 苟不從國相者族之' 素退而告人曰 '不逢時則隱 逢時則仕 士之常也 今上待我以厚意 其可復念舊隱乎' 乃以至誠奉國 明政敎 愼賞罰 人民以安 內外無事 冬十月 王謂晏留曰 '若無子之一言

사료에서 보듯이 연나부의 반란을 진압한 고국천왕이 '4부에 각기 현량자를 천거하라'고 명령을 내렸는데, 이때 '4부'가 어떤 부를 가리키는지에 대해 논란이 있다. 이 4부가 계루부를 제외한 4나부라는 견해(이병도, 1977), 연나부를 제외한 4나부라는 견해가 있다(노중국, 1979; 손영종, 1990; 이정빈, 2006). 그러나 4부가 천거한 안류가 동부 출신임을 볼 때, 이때의 4부는 방위명을 갖는 4부, 즉 방위부로 보는 것이 옳을 것이다(이종욱, 1982b; 노태돈, 1999a; 임기환, 2004; 여호규, 2014).

그런데 고구려본기 기사에서는 대무신왕대에 남부(南部) 사자(使者) 추발소(鄒勃素)의 존재가 보인다. 그래서 이를 근거로 방위부가 대무신왕대나 그 직후에 설치되었다고 보기도 하지만(이종욱, 1982b; 조영광, 2016b), 이 대무신왕대의 방위부 기사는 앞뒤 시기로 방위부의 존재를 보여주는 맥락이 없이 고립되어 나타나는 기사이기 때문에, 대무신왕대의 상황을 반영한다고 보기 어렵다. 방위부의 등장 시기는 자료상으로는 고국천왕대가 처음이지만, 대체로 2세기 후반에 중앙집권력의 강화와 함께 방위부가 설치되었을 것으로 이해함이 타당하겠다(노태돈, 1999a).

그러면 이 4방위부의 실체는 무엇일까? 이와 관련하여 당시 연나부의 반란군이 '왕도'를 공격하였을 때, 고국천왕은 '기내'의 병마를 동원하여 이를 평정하였다는 사실이 주목된다. 여기서 '왕도(王都)'란 곧 국내성 일대로 볼 수 있다. 문제는 '기내'의 공간적 범위를 어떻게 볼 것인가이다. '기내(畿內)'란 본래 왕도 주위의 500리 이내 지역을 지칭하는

孤不能得巴素以共理 今庶績之凝 子之功也" 乃拜爲大使者."

용어이지만, 진·한(秦·漢) 이후 중국 왕조에서는 지방제도를 정비하면서 왕도 주변지역을 지방행정구역과 구별하여 기내로 편제하였다. 따라서 '기내'의 범위를 왕도 주위의 일정 지역(이종욱, 1982b), 또는 계루부 지역으로 보는 견해가 있다(임기환, 2004). 그 범위를 좁혀 왕성 주변의 수도 일대라고 보기도 한다(노태돈, 1999a). 또한 지방제도로서 왕기(王畿)제가 시행되지는 않았을지라도 국내도성 주변, 즉 현재의 집안 일대를 왕기와 같은 성격의 구역으로 편제했을 것으로 보기도 한다(조영광, 2016b).

제시한 사료에서 '기내'가 고국천왕으로 대표되는 계루부 왕권의 정치적·군사적 세력기반임을 알 수 있다. 고국천왕 당시는 아직 수도 국내지역에 도성 성곽조차 축조되어 있지 않은 상황이었기 때문에, 제도상 왕기제가 시행되었다고 보기는 어렵다. 따라서 이 기록의 '기내'라는 표현은 왕도 주변이라는 본래적 의미보다는 계루부 왕권이 군사를 동원할 수 있는 지역적 범위, 즉 왕권과 긴밀한 관계를 맺고 있는 지역에 대한 관념적 표현으로 이해된다. 즉 기내는 계루부 지역 전체를 가리키는 것으로 해석함이 타당하겠다. 이렇게 보면 나부통치체제가 운영되고 있는 이 시기 상황에서 연나부 등 다른 4나부는 지방에 해당되고, 고구려왕의 세력기반인 계루부가 '왕기' 혹은 '기내'라는 관념으로 받아들여졌으리라 추정된다.

그러면 기내 세력을 동원하여 연나부의 반란을 진압한 후 고국천왕의 하명을 받은 4방위부의 공간적 범위는 '왕도'일까, 아니면 '기내'일까, 아니면 이와 또다른 지역범위일까?

4방위부의 공간적 범주와 관련하여 제시한 사료에서 동부 안류가 추천한 인물인 을파소가 서압록곡 좌물촌 출신임이 고려된다. 그의 선조

을소가 유리왕대의 대신으로 일컬어진 것은, 곧 국내 지역의 토착세력으로서 유리왕의 국내 천도를 계기로 계루부에 편입된 존재임을 시사한다. 그리고 연나부의 반란을 진압하고 고국천왕이 왕실의 세력기반인 계루부 내의 4부에 인재를 천거하라고 내린 하명이기 때문에, 안류가 천거한 을파소 역시 계루부 내 인물임이 분명하다. 그런데 을파소의 출신이 서압록곡 좌물촌으로 나타남은 그가 아직 방위부로 편제되지 않았던 인물임을 뜻한다. 서압록곡의 '곡(谷)'은 일종의 지역집단 혹은 지역집단을 포함하는 행정적 단위이며 지리적 공간에 대한 표현으로 이해된다. 그렇다면 앞 사료에서 계루부의 공간범위에 방위부로서 4부의 범위도 있고, 또 4부와 구분되는 서압록곡과 같은 지역도 포함되어 있음을 알 수 있다. 다시 말해서 을파소의 출신지인 서압록곡이 계루부 내의 읍락임에도 불구하고 을파소의 출신이 부(部)가 아닌 곡-촌으로 파악됨은, 방위부가 계루부 전체를 지역 구분한 편제가 아님을 방증한다. 이 점을 고려하면 4방위부는 계루부 전체 영역보다는 좁은 범위인 기내 혹은 왕도라는 공간 내에 위치하고 있음을 추정할 수 있다.

그러면 방위부의 성격은 어떠했을까? 계루부 내 4부의 성격과 관련하여 방위부에 대응하는 나부 즉 연나부에 대해 살펴볼 필요가 있다. 앞 사료에서 고국천왕의 왕후 우씨(于氏)의 소속부인 연나부(椽那部)는 '4연나(椽那)'로 나타난다. 4연나는 연나부를 구성하는 4개의 집단을 뜻하는 것으로 이해된다. 그리고 4개 집단의 성격에 대해 연나부 내부의 지역적 단위정치체로 이해한다. 나부는 단일한 정치조직체로 구성된 것이 아니라, 그 역사적 형성 과정에서 다수의 단위정치체가 결합된 것이다. 즉, 부내부(部內部)의 존재가 그것이다.

예컨대 대무신왕 5년에 고구려에 투항한 다음 연나부에 안치된 부여왕 종제의 1만여 명 집단이 연나부를 구성하는 단위정치체의 하나였을 것이다. 이런 점에서 4연나를 부여왕 종제집단을 비롯하여 이후 연나부의 성씨로 등장하는 명림씨(明臨氏)·우씨(于氏) 등 부내부 세력집단으로 상정하기도 한다(노태돈, 1975; 1999a). 또는 4연나를 명림씨·우씨·낙씨(絡氏)·연씨(椽氏) 등 네 성씨집단 즉 혈연적 친족집단으로 보기도 한다(김현숙, 1993). 연나부 출신으로서 등장하는 명림씨·우씨 등 성씨집단을 친족집단으로 볼 수 있으며, 또 이러한 성씨집단의 등장이 후술하는 바와 같이 나부 내 제가세력의 분화 과정을 보여주지만, 4연나 자체를 그대로 성씨집단으로 보기는 어려울 듯하다. 4연나는 부내부로 파악함이 타당하겠다.

이처럼 연나부가 4개의 단위정치체로 구성되었다면, 계루부 내부에도 역시 여러 단위정치체가 있었을 것이다. 그러면 고국천왕이 명령을 내린 '4부' 즉 방위부도 '4연나'와 동질적인 성격으로 볼 수 있을까? 그런데 '4연나'라는 표현에서는 연나부를 구성하는 단위정치체로서의 면모를 추정할 수 있음에 반하여, 동서남북으로 구획되는 방위부의 명칭에서는 단위정치체라기보다는 일종의 행정적인 구분과 편제일 가능성이 높다고 본다. 그렇다면 앞서 검토한 바와 같이 4방위부를 계루부 전체 지역을 대상으로 한 지역구분으로 보기는 어렵겠다. 4방위부를 행정적 성격이 강한 편제방식으로 본다면, 역시 방위부는 왕도 혹은 기내의 지역구분으로 보는 것이 가장 타당하겠다.

그러면 계루부 내에서 방위부는 어떤 배경에서 성립하였을까? 을파소는 본래 서압록곡 좌물촌에서 "힘써 농사를 지어 자급(力田自給)"하는 인물이었다. 그런 을파소가 고국천왕대에 우태의 관등을 받고 국상으로 임명된 후 수도로 이거하였을 때, 동부 안류와 마찬가지로 방위부로 편제되었을까? 이에 대해서 추정할 수 있는 근거자료는 없다. 다만 4부의 천거를 받은 동부 안류도 애초에 고국천왕이 국상에 임용하고자 했던 인물이다. 그렇다면 안류 역시 계루부 내의 유력한 제가(諸加) 세력이었음을 짐작할 수 있는데, 그 역시 본래는 계루부 내 단위집단의 수장으로서 을파소보다 이른 시기에 왕도로 이거하여 방위부에 편제된 인물로 추정함이 타당하겠다.

이렇게 볼 때 방위부는 본래 계루부 내에서 독자적 세력기반을 갖는 지배세력이 왕도를 중심으로 결집하여 새로이 편제된 조직임을 추정할 수 있다. 즉, 방위부는 이전의 단위정치체로서 부내부가 아니라, 왕도로 결집·형성되는 새로운 지배자집단을 편제하는 방식으로 추정된다. 그것은 곧 나부 내 지배세력의 새로운 존재 형태를 뜻한다고 볼 수 있다.

그러면 이와 같이 계루부 내 제가세력이 왕도의 방위부로 결집되어 가는 배경은 무엇이었을까? 물론 이는 제가세력의 기반인 나(那)집단이나 곡(谷)집단이 단위정치체로서의 성격이 해체되어 가는 과정과 관련된다. 현재로서는 이러한 단위정치체의 해체와 연관되는 사회경제적 요인으로서 이 시기 생산력의 발전상을 충분히 파악하기 어려운 실정이다. 다만 고국천왕대에 진대법(賑貸法)이 실시되는 배경에서 짐작되는 사회분화의 양상을 통하여 당시 단위집단인 읍락 내부의 사회 분화를 예상해 볼 수 있고, 그것이 하나의 동인이 되었으리란 추측 정도는 가능하다. 앞 사료에서 연나부의 어비류, 좌가려 등이 남의 자녀를 노략질하고 남의 전택을 빼앗았다는 사실 역시 나부 내 제가세력들의 세력기반인 읍락의 공동체적 기반이 분화, 해체되어 가는 과정을 반영한다.

한편 나부 내의 제가세력을 방위부로 편제해 나가는 데에는 이들에 대한 체계화된 편제방식도 중요한 역할을 하였을 것이다. 관등 조직이나 식읍(食邑)의 사여 등이 그것이다. 고국천왕대 안류나 을파소에게 관등과 관직을 사여한 사례, 또 관구검의 침입을 받아 동천왕이 위기에 처하였을 때 공훈을 세운 동부 밀우(密友), 하부 유옥구(劉屋句), 동부인(東部人) 유유(紐由) 등에게 식읍을 사여하거나 관등을 수여한 사례가 대표적이다.

이러한 사례를 통해서 방위부 내의 지배세력은 독자적 세력기반에 근거하여 존립하기보다는 점차 왕권과의 결합을 기초로 중앙정치권력에 참여함으로써 얻는 보다 풍부한 정치적·경제적 성과를 따라 움직여 갔을 것이다. 이에 따라 방위부로 편제된 지배층은 더욱 강고하게 왕권과 결합되어 왕에게 충성하는 근신(近臣) 내지 친위적 성격이 두드러지고 있다.

이 점은 고국천왕 이후 동천왕대에 방위부 출신들의 활동을 보면 더욱 분명해진다. 위(魏) 유주자사(幽州刺史) 관구검(毌丘儉) 군대와의 전투에서 처음에 동천왕이 거느린 보기(步騎) 2만 군은 아마도 왕의 친위 군대인 계루부 병력을 비롯하여 각 나부의 군대들로 구성된 연합군이었을 것이다. 그런데 양곡(梁谷)전투에서 패한 후 압록원으로 도망할 때 국왕을 호위한 1,000여 기 군대는 대개 친위군으로서 계루부의 군대로 추정되며, 이때 국왕을 보호한 동부 밀우, 하부 유옥구, 동부인 유유 등도 친위군의 지휘관으로서 계루부 출신이었을 것이다. 이들 방위부 출신들이 국왕을 위하여 자신의 목숨을 걸고 결사대를 조직하거나 적장을 살해한 사실은 방위부가 국왕에 충성을 다하는 친위세력임을 말해 준다.

물론 『북사(北史)』 권94 고려전에 "정시 6년에 관구검이 다시 [고구려]를 토벌하자 위궁(位宮, 동천왕)이 제가(諸加)를 거느리고 옥저로 도망하였다"라는 기사를 보면 밀우·유옥구·유유 등의 관등은 보이지 않지만, 이들도 제가에 속하는 존재로 볼 수 있다. 아마도 본래 계루부 내의 제가세력이었지만, 왕권과 상당히 밀접한 연관을 갖고 방위부로 편제된 인물들로 파악하여도 무방하리라 본다.

그러면 방위부의 공간적 범위에 대해 살펴보자. 앞서 언급한 바와 같이 방위부의 지역적 범위에 대해서는 기내(畿內)로 표현된 계루부 전역을 포괄한다고 보는 견해도 있지만(이종욱, 1982b), 이렇게 되면 행정적 성격보다는 단위정치체적인 성격으로 파악되기 때문에 따르기 어렵다. 방위부를 수도 국내성 일대로 파악하는 견해(노태돈, 1999a; 임기환, 2015; 조영광, 2016)가 타당하다.

그런데 방위부를 수도 국내성 일대로 파악하는 견해 중에서도 구체적인 방위부의 비정에 있어서는 일정한 차이가 있다. 평상시 거점이나 국내성 내부를 5방위부로 편제하였다는 견해(임기환, 2003; 여호규, 2012; 강진원, 2018), 왕성이 중부(中部)이고 그 주변을 4방위부로 편제하였다는 견해(노태돈, 1999a), 국내성을 포함하여 현재의 집안 지역 전체를 5방위부로 구획하였다는 견해(정호섭, 2015; 조영광, 2016) 등으로 나뉜다. 또한 고국천왕 시기에는 집안 지역 전체를 4방위부로 구획하였다가 3세기 후반에 국내성지를 축조한 다음 그 내부를 중부와 4방위부로 구획하였다고 보기도 한다(임기환, 2015).

2) 나부의 성격 변화 및 방위부로의 재편

방위부가 계루부 내의 조직이라면, 여타 나부의 경우도 이와 같은 방위부가 성립하고 있었을까? 계루부를 제외하고 다른 4나부에서도 계루부의 5방위부와 유사한 형태의 통치조직이 있었을 것으로 추측하는 견해도 있지만(이종욱, 1982), 앞 사료에서 살펴본 바와 같이 '4연나'라는 부내부의 존재를 상정하면, 연나부 내에서 방위부와 유사한 형태의 편제를 갖추었다고 보기는 어렵다. 다른 나부와는 달리 계루부의 경우에만 방위부를 구성하는 데에는 계루부가 가장 강력한 나부로서 보다 많은 단위집단을 포괄하고 있고, 이러한 세력기반에 기초하여 고구려 왕권을 장악하고 있었기 때문에 가능하였을 것이다. 즉 고구려 왕권을 구심점으로 하여 계루부 내에서 지배세력의 결집 과정이 다른 나부보다 좀더 일찍부터 전개되었던 것으로 짐작된다.

하지만 나부 내 단위집단의 자치적 성격이 약화되어 가고, 이에 따라 나부 지배세력(제가세력)의 성격 변화가 이루어지는 과정은 다른 나부에서도 어느 정도 동일한 방향으로 진행되었을 것이다. 그런데 이를 지배세력의 족단화(族團化) 과정으로 이해한 연구가 주목된다(여호규, 1992). 즉, 중천왕의 왕비 '연씨(椽氏)'와 소후(小后) '관나부인(貫那夫人)'이란 표현을 나부 전체를 하나의 '씨(氏)', '족성(族姓)'으로 파악하고 있는 예로 이해하고 있다. 그리고 『삼국지』 고구려전의 "본래 5족이 있었다(本有五族)"라는 기사도 '씨족적 혹은 부족적'인 혈연관계가 강하게 잔존하였던 모습이 아니라, 나부가 2세기 말을 전후하여 점차 단위정치조직체로서의 성격을 상실하면서 지배세력의 존재 양태인 '족(族)', '씨(氏)', '족성(族姓)'으로 변질되었음을 반영하는 것으로 파악하고 있다. 또한 3세기 초반을 전후하여 왕족이나 나부의 지배족단을 위시하여 일반 기층사회에서까지 친족집단 간의 분화가 진행되었던 것으로 파악하기도 한다(노태돈, 1983).

 나부의 해체 과정과 지배세력의 족단화 과정에 대한 이러한 견해는 대체로 수긍할 수 있다. 이러한 지배세력의 결집 과정에서 각 지배집단은 축소된 친족집단의 범주를 갖는 가문 단위로 분화하는 과정을 밟았을 것이다. 물론 현재 확인되는 사료에서는 이러한 변화양상을 방증해 줄 기록을 찾기 어려우나, 다음 몇 사례는 검토해 볼 여지가 있다. 대무신왕 5년(22년)에 고구려의 공격으로 해체되기 시작한 부여 집단은 부여왕의 사망 이후 부여 왕제나 부여왕 종제가 그 대표자로 나타나고 있다. 이는 곧 형제상속의 측면을 반영하는 것으로 해석된다. 이러한 모습은 대무신왕 13년(30년)에 매구곡인(買溝谷人) 상수(尙須), 제(弟) 위수(尉須), 당제(堂弟) 우도(于刀)가 한 무리를 지어 내투한 기사에서도 엿볼 수 있다. 이와 같은 형제상속의 관행은 친족집단의 공동체적 성격이 강하게 잔존하는 사회에서 나타나는 모습이다(노태돈, 1983).

 그런데 3세기의 상황을 전하는 『삼국지』 고구려전에 보이는 고추가(古鄒加)를 칭할 수 있는 소노부 적통대인(適統大人)의 존재는 단순히 소노부의 대표자가 아니라, 이미 분화된 친족집단의 계승자를 뜻하는 것으로 이해된다. 이와 관련시켜 볼 수 있는 예로는 동천왕대에 공을 세운 유유의 관등이 그의 아들 다우(多憂)에게 계승된 예를 들 수 있다. 왕위 계승에 있어서도 고국천왕 이후에 형제상속에서 부자상속으로 전환되었음은 이미 지적되고 있는 사실이다(이기백, 1959). 대략 이러한 예에서 이미 3세기 단계에는 그 이전과는 달리 가문별로 분화된 나부 지배세력의 존재양식을 엿볼 수 있다.

이와 같은 나부 지배세력의 변화는 나부가 갖는 단위정치체로서의 성격을 해체시키면서 방위부로의 재편을 용이하게 하였을 것으로 보인다. 이렇게 나부는 본래 지녔던 단위정치체로서의 성격이 변질되어 가면서 점차 그 기능과 위상을 잃어갔다.

나부의 해제 및 나부 지배세력의 방위부 편제와 관련된 양상을 짚어보자. 앞에 제시한 사료에서는 나부세력과 계루부 왕권 혹은 도성인 국내성과의 관계를 보여주는 내용도 나타나고 있다. 중외대부를 역임하고 있는 어비류는 연나부 출신으로 관등이 패자인 것으로 보아 연나부의 대표자에 해당되는 인물이다. 그런데 4연나의 반란을 주도한 세력은 평자인 좌가려이다. 이는 4연나가 반란을 일으킬 때에 중앙관직인 중외대부에 있는 어비류는 수도에 머물렀을 가능성을 시사한다(이종욱, 1982; 임기환, 1988; 2004). 즉 계루부왕이 설치한 중앙의 관료기구에 각 나부의 세력들이 관직을 갖고 수도 국내성에 머무르면서 국정에 참여하였음을 보여주는 자료로 이해된다. 이를 반대로 생각하면 어비류를 제외하고 좌가려를 비롯한 대부분 연나부의 제가세력들은 자기 본거지에 거주하고 있었음을 알 수 있다.

좌가려의 직임인 평자는 구체적인 임무나 성격을 알기 어렵지만, 각 나부의 부장(部長)으로 보는 견해가 있다(김광수, 1983a). 다만 '평(評)'이 지역집단이나 행정구역을 뜻하는 용어로 사용되었을 가능성이 있다(今西春秋, 1971; 노태돈, 1975). 『양서』 신라전의 "육탁평(六啄評)"이 6부를 지칭하는 점, 그리고 『수서(隋書)』 권81 고려전의 "내평외평오부욕살(內評外評五部褥薩)"이라는 기사가 그러한 면을 보여주는 사례이다. 따라서 평자는 연나부를 통솔하는 직임으로 볼 수 있다. 즉 좌가려는 나부를 직접적으로 통솔하는 제가세력을 대표하는 인물로 상정할 수 있다.

앞 사료에는 서로 성격을 달리하는 세 그룹의 인물들이 등장하고 있다. 첫째가 연나부 출신인 어비류와 좌가려이다. 이들은 연나부를 포함하여 이른바 4나부 세력을 대표한다고 파악된다. 둘째, 고국천왕의 명령을 받은 동부 안류로 대표되는 4방위부 인물들이다. 셋째는 서압록곡 좌물촌 출신인 을파소로서, 계루부에 속하는 인물이지만 4방위부에 속하는 안류 등과는 성격을 달리한다고 파악된다. 을파소가 유리왕 때의 대신 을소의 손자라는 점에서 계루부 내의 제가세력으로 볼 수 있다. 이는 안류와 을파소가 받은 관등의 차이에서도 방증된다. 안류는 대사자를 받았지만, 을파소는 우태를 받았다. 대사자와 우태는 관등의 성격이 다르다. 대사자가 계루부 왕권에 직접 속해 있는 근시적 성격을 갖는다면, 우태는 나부의 제가세력들이 수여받는 관등이라고 할 수 있다. 앞 사료에서 대사자 안류와 우태 을파소로 대표되듯이 같은 계루부 내에서도 왕권과 결속도가 높은 집단과 계루부를 구성하는 나부 제가세력으로 나누어 볼 수 있다.

단위정치체로서 나부의 성격이 변화되는 과정에서, 나부의 제가세력들은 집권체제의 정비에 따라 중앙관계조직의 운영체계 속에 흡수되어 점차 왕경으로 이거하여 방위부로 편제되어 갔다. 제가세력을 중앙 귀족관료로 편제하는 중앙정치조직이나 신분제는 태조대왕대에 이미 성립되었으나, 소수의 중앙관직을 가진 자를 제외하고는 대부분 자기 본거지에 거주했던 것으로 보인다. 예컨대 앞 사료에서 연나부의 대표자인 중외대부 패자 어비류와 평자 좌가려가 그러한 존재방식의 차이를 대변한다.

그런데 이러한 제가들의 운동양식에 일정한 변화가 나타났다. 예컨대 서천왕 이전에는 연나부에서 왕비를 내었던 것과는 달리 서천왕의 왕비는 서부(西部) 출신인 우수(于漱)의 딸이었다. 그런데 이 우수와 고국천왕 비의 아버지인 연나부 우소(于素)가 동일 부족 출신이라는 견해를 받아들인다면(이기백, 1959), 이 사실은 왕비 출신부의 전환이라는 정치적 변동을 뜻하는 것은 아니고, 본래 연나부인 우수가 서부를 출신 단위로 하였다고 볼 수 있다(이종욱, 1989). 이러한 나부에서 방위부로의 출신 변화는 당시 제가세력의 존재양식에 중대한 변화가 있었음을 시사한다. 방위부는 수도 국내성 일대의 행정구역인바, 그렇다면 우수는 본거지인 연나부를 완전히 떠나 왕경이나 왕기에 거주하면서 중앙귀족관료화되었던 것으로 이해된다.

　방위부 출신 인물의 중앙정계 등장은 고국천왕대부터 시작되지만, 이때는 주로 왕의 가신적 성격이 강한 계루부 출신이 중심이 되었다. 그러나 점차 집권화가 진행되어 나부의 제가세력들도 중앙귀족관료로 흡수되면서, 이들도 점차 방위부 내로 정착했던 것이다. 그리고 이러한 출신지의 변화나 거주지의 이동은 상대적으로 제가세력들의 나부 지배력이 약화되어 갔음을 의미한다.

　나부의 제가세력이 방위부로 재편된 것은, 앞에서 본 바와 같이 나부의 성격 변화를 전제로 한다. 이러한 재편이 가능한 것은, 나부가 3세기 단계에 이미 단위정치체라는 본래의 기능과 성격을 잃고 지배자집단으로 성격이 변질되어 갔기 때문이다. 나부 내에서의 이러한 변동 과정은 대체로 고국천왕 이후 봉상왕대에 이르는 기간에 전개되었을 것이다. 그것은 곧 나부체제를 유지하던 기반이 해체되었음을 의미하며, 이러한 변화에 따라 나부의 제가세력이 방위부로 결집하는 과정이 점차 확대되었을 것이다.

　이는 당시 정치적으로 중요한 위상에 있던 왕비나 국상(國相)의 자리를 방위부 출신의 인물이 차지하고 있음에서 확인할 수 있다. 예컨대 서천왕의 왕비는 서부 대사자 우수의 딸로서 기록상 처음으로 방위부 출신인 왕비가 등장한 경우이다. 또 봉상왕대에는 대사자(大使者)에서 대주부(大主簿)로 승급한, 남부 출신인 창조리(倉助利)가 국상으로 임명되고 있다. 게다가 봉상왕의 폐위와 미천왕의 즉위에 공을 세운 인물이 창조리를 비롯하여 북부 조불(祖弗), 남부 소우(蕭友)라는 점 등은 이 시기 정계 운영의 주도권이 나부 출신에서 방위부 출신으로 완전히 넘어갔음을 시사한다. 더욱이 고구려본기에서는 미천왕 이후 나부명 자체가 나타나지 않는데, 이는 곧 초기 나부의 지배세력이 왕도로 결집하여 방위부로의 편제가 완료되었음을 의미한다고 볼 수 있다.

이러한 변화에 따라 방위부 구성원의 성격도 변화되어 갔다. 고국천왕대의 동부 안류, 동천왕대에 왕을 위해 목숨을 바친 동부 밀우와 하부 유옥구, 동부인 유유는 왕의 측근세력으로서 성격을 보여준다. 그런데 서천왕대에 딸을 왕비로 들이는 서부 대사자 우수, 봉상왕대 국상인 남부 대사자 창조리는 정치적 지위나 독자성에서 고국천왕~동천왕대의 5부인들과는 상당한 차별성을 갖고 있다(임기환, 2004).

나부와 방위부는 비록 같이 부(部)로 표현되었으나, 부로서의 기본 성격이 전혀 다르다. 방위부는 왕도를 중심으로 결집된 '왕경 지배자집단'이라는 성격을 갖는다. 방위부는 행정적인 편제단위라는 성격이 강하여 독자적인 단위정치체로서의 성격을 갖지 않는다는 점에서 나부와 구분된다. 그리고 그러한 성격 차이는 부의 역사적 단계를 의미한다.

2. 중앙집권체제로의 전환과 관등제 변화

나부의 제가세력들이 나부를 떠나 왕도로 결집하고 방위부로 재편되는 과정에서, 이들을 정치적으로 국왕 아래 관료기구 및 신분체계 내에 위계상으로 배치하고 편제하는 장치가 관등제이다.『삼국지』고구려전에 보이는 초기 관등제에서 왕권 아래에 일원적으로 구성되는 중기 관등제로의 변화 과정에 대해 살펴보도록 하자. 국왕 중심의 중앙집권적 관등제로의 전환을 보여주는 요체는 패자와 우태 등 초기 관등의 일부가 소멸되고, 사자계와 형계 관등이 대소로 분화하여 위계화하는 일원적 관등제가 성립되었다는 점이다.

먼저 초기 관등제에서 중기 관등제로 재편되는 과도적 상황을 잘 드러내 보여주는 관등이 패자와 대로(對盧)이다.『삼국지』고구려전에는 "대로가 있으면 패자를 두지 않고, 패자가 있으면 대로를 두지 않는다"고 기술하고 있어, 이 관등이 거의 같은 위상이며 서로 교치하는 관계임을 알 수 있다. 다만 패자와 대로의 성격 및 두 관등의 관계를 이해하는 데 필요한 단서가 충분하지 않아서 여러 견해가 있는데,[4] 이에 대한 보다 구체적인 내용은 이 책 1장 '정치체제의 구조와 운영'을 참고하기 바란다.

패자와 대로와 관련된 사료를 보면, 패자는『삼국사기』고구려본기

---

[4] 패자의 기능과 성격에 대해서는 나부의 수장(임기환, 2004), 나부 형성을 주도한 중심 나국세력(여호규, 2014), 군사적 기능을 전제로 한 나부 최고위직(김광수, 1983), 나부를 구성한 부내부의 장(조영광, 2015) 등 여러 견해가 있다. 대로 역시 패자와 마찬가지로 군사적 기능을 갖고 있다는 견해(여호규, 2014), 대로를 왕의 직속 관료군인 주부가 상향 분화하여 탄생한 관등으로서 대주부와 동일한 실체로 보는 견해(조영광, 2015), 국왕과 밀접한 계루부를 구성한 수장층의 위호로 보는 견해(장병진, 2019) 등이 있다.

기사에서 태조왕 이후 나부를 대표하는 인물과 관련하여 다수의 사례가 나타나고 있음에 반하여, 대로에 관한 기사는 전기에 전혀 나타나지 않는다. 이는 대로가 패자보다 늦은 시기에 성립하여 패자를 대체하는 관등으로 등장하였음을 시사한다. 반대로 패자 관등이 4세기 이후에 보이지 않는 것과 달리 대로는 중·후기 관등제에서 최상위 관등으로서의 위상을 갖고 있기 때문에, 전체 맥락에서 볼 때 패자에서 대로로 대체되는 변화의 양상을 시사하고 있다. 이런 면에서 패자와 대로가 서로 교치되는 상황은 3세기 중엽에 과도기적 현상으로 이해함이 타당하다(여호규, 2014).

초기 관등제에서 최고위 관등의 하나인 패자가 소멸해 가듯이 우태·조의(皁衣) 관등 역시 중·후기 관등제에서 보이지 않는다. 초기 관등제 중 패자·우태·조의를 나부의 제가세력을 편제하는 나부계 관등으로, 대로·주부(主簿)·사자를 왕권을 뒷받침하는 방위부세력을 편제하는 방위부계 관등조직으로 보는 견해(임기환, 2004)는 3세기 무렵에 당시 지배세력이 점차 나부에서 수도의 방위부로 이주, 편제되어 중앙귀족이 되어 감으로써 나부계 관등이 소멸 과정을 밟게 되며, 방위부계 관등이 점차 확대 개편되는 것으로 이해한다(임기환, 2004). 동시에 『삼국지』고구려전에 보이는 초기 관등제에서 나부계 관등과 방위부계 관등이 서로 교차되어 있으며, 특히 방위부계 관등이 나부계 관등보다 상위에 기록되어 있다는 점에서 이를 왕권의 강화 과정과 관련시켜 이해하고 있다.

또한 방위부계 관등인 대로·주부·사자는 대대로·대주부·대사자의 예에서 볼 수 있듯이 대(大)·소(小)로 분화되는 과정을 밟고 있는데 반하여, 나부계 관등인 패자·우태·조의는 그러한 분화 과정이 없이 소멸되는 점도 유의해야 한다. 이는 나부계 관등이 애초부터 제가의 세력규모나 위계에 따른 편제방식으로 성립되었음을 의미한다. 그에 반하여 방위부계 관등은 점차 제가세력을 편제하는 기능을 담당하면서 확대 개편되어 가는 과정에서 대·소로 분화되어 갔음을 추지할 수 있다(임기환, 2004).

한편 초기 관등제의 구성과 성격에 대해서는 계루부 왕권이 나부의 다양한 지배세력을 편제하기 위해 설치한 관등(패자·우태·조의), 계루부 왕권의 집권력을 뒷받침하던 관등(주부·사자), 각 나부의 자치권을 뒷받침한 관등(사자·조의·선인) 등과 같이 다원적인 구성으로 파악하는 견해(여호규, 2014)가 초기 관등제의 전체적인 양상을 이해하는 데에 적절하다고 생각되는데, 이 경우에도 나부세력을 편제하는 관등이 소멸되는 과정이 국왕 중심의 일원적 관등제로 변화해가는 양상의 하나로 파악되고 있다.

중앙집권체제의 관등제로 이행하는 과정은 단지 나부세력을 편제하는 나부계 관등의 소멸로 그치지 않는다. 『삼국지』 고구려전에는 초기 관등제의 모습만 기술되어 있기 때문에, 보다 구체적인 변화양상을 살펴보기 위해서 『삼국사기』 고구려본기의 관련 기사를 검토하고자 한다.

고구려본기 기사에서 나타나는 초기 관등제에서 중기 관등제로의 변화양상은 대략 3단계로 나누어 볼 수 있다(여호규, 2014). 1단계는 사자계 관등이 아직 분화하지 않았고, 형계 관등이 등장하지 않았던 시기로서 초기 관등제의 구조를 전형적으로 보여주는 시기이다. 2단계는 나부의 지배세력을 편제하는 관등인 패자·우태 등이 점차 사라지고, 사자계 관등의 분화가 이루어지는 시기이다. 3단계는 나부세력을 편제하는 관등이 소멸되고 형계 관등이 등장하는 시기로, 초기 관등제를 대체하는 새로운 관등제가 성립하는 시기이다.

2단계와 3단계는 대략 2세기 중반에서 3세기 중·후반에 걸쳐 전개되는데, 초기 관등제에서 중기 관등제로 전환하는 과도기이며 동시에 중기 관등제의 성립기반이 마련된 시기로 볼 수 있다. 이 시기의 변화양상을 좀더 살펴보자. 고구려본기에서 사자계 관등의 분화현상은 2세기 말부터 보이고 있다. 앞에 제시한 사료에서 나타나듯이 고국천왕대에 방위부인 4부가 추천한 인물이 동부 안류였는데, 나중에 고국천왕은 안류에게 대사자 관등을 수여하였다. 같은 계루부 출신이면서 고국천왕을 뒷받침하는 세력인 을파소에게 우태 관등을 수여한 사실과 대비된다. 이는 대사자 관등이 국왕의 직속 세력기반으로 기능하고 있음을 시사한다.

이후 동천왕대 관구검의 침공 시에 왕을 지키기 위해 전사한 유유에게는 구사자(仇使者), 그의 아들에게 대사자(大使者)의 관등을 수여하였다. 유유가 받은 구사자는 유일한 사례로서 혹 대사자의 오기일 가능성도 생각해 볼 수 있지만, 일단 구사자의 존재를 인정한다면 사자계 관등 분화 과정의 여러 사례 중 하나로 볼 수 있다.

이후 대사자의 사례는 서천왕의 장인인 서부 우수이다. 앞에서 검토한 바와 같이 우수는 왕비족이라는 점에서 고국천왕 비의 아버지인 연나부 우소와 같은 부 출신이라고 볼 수 있다. 즉 우수는 본래 연나부라는 나부 출신이거나 혹은 나부 출신의 후손으로, 서천왕대에 방위부에 소속되어 있던 인물로 볼 수 있다. 나부 출신 세력들이 방위부로 편제될 때에는 단지 소속부의 변화에 그치지 않고, 수여받은 관등 자체가 달라지고 있음을 보여주는 주요한 사례이다. 즉 초기 관등제에서 중앙집권적 관등제로 변화하는 과정에서 나부계 관등과 방위부계 관등이 관등제 운영의 체계상 뚜렷하게 구분되고 있음을 방증한다.

그리고 이 무렵부터는 왕비라는 정치적으로 중요한 위치를 나부 출신이 아닌 방위부 출신이 차지하는 정치적 변화가 나타나고 있음을 보여준다. 물론 서천왕대에는 국상이라는 정치적으로 중요한 비중을 갖는 자리에 비류나부(沸流那部) 패자인 음우(陰友), 그리고 그 뒤를 이어서는 음우의 아들 상루(尙婁)가 올랐다. 고구려본기에 상루의 소속부는 나타나지 않았는데, 음우의 아들이니 비류나부일 수도 있고, 혹은 앞서 서천왕 비의 아버지인 우수의 사례처럼 수도 국내성으로 이주한 뒤 방위부로 편제된 인물일 수도 있다.

상루의 소속부가 어디인지는 알기 어렵지만, 서천왕의 뒤를 이은 봉상왕대에는 남부 대사자 창조리가 국상에 임명되었으며, 동시에 대사자에서 대주부로 승진하였다. 국상의 자리에 방위부 출신이 임명되기 시작한 것이다. 창조리의 예에서는 대사자-대주부로 이어지는 관등의 승급 사례가 확인되는데, 초기 관등제에서 방위부계 관등으로서 기능하고 있던 주부·사자가 일련의 관등체계 속에서 대·소로 분화하면서 계루부 왕권을 뒷받침하는 기능을 수행하였음을 보여준다.

고구려 초기에 사자계 관등의 분화는 부여에서 이미 대사(大使)·대사자(大使者)·사자 등의 분화상을 보여주었다는 점에서 예견할 수 있는 것이다. 물론 정복활동이 활발해짐에 따라 고구려의 통치영역이 확대되고, 또 중앙집권화가 진전되면서 그에 따른 관등의 분화 역시 충분히 상정할 수 있는 것이지만, 사자계 관등의 분화 배경에는 나부 제가세력의 편제라는 측면이 있음을 간과할 수 없다. 앞서 언급한 서천왕 비의 아버지인 서부 대사자 우수의 사례가 사자계 관등이 방위부로 재편된 제가세력을 편제하는 기능을 갖고 있음을 보여 준다.

그러나 나부의 제가세력이 방위부로 재편될 때에 모두 사자계 관등으로 편제되었다고는 볼 수 없다. 여기서 형계 관등의 성립을 유의할 필요가 있다. 나부계 관등의 소멸 시기에 형계 관등이 나타나고 있다. 즉 나부계 관등을 대신하여 형계 관등이 성립된 것으로 볼 수도 있다. 형(兄)을 '웃치'로 읽어 연장자 내지는 친족공동체의 장이란 의미로 해석하여 우태를 형의 전신으로 보았는데(김철준, 1975), 이러한 어원적인 이해는 자칫 형계 관등이 갖는 역사적 성격에 혼란을 초래할 수 있다.

형계 관등은 사료상으로는 봉상왕대에 소형(小兄)에서 대형(大兄)으로 관등이 승진한 고노자(高奴子)가 최초의 예이다. 또 〈모두루묘지(牟頭婁墓誌)〉에는 대사자 모두루의 선조인 대형 염모(冉牟)가 확인되는데, 선비 모용씨(慕容氏)와의 전쟁기록으로 보건대, 염모의 활동 시기는 대략 고국원왕 무렵으로 추정된다. 즉, 형계 관등의 등장은 대략 봉상왕~고국원왕대를 전후한 시기로, 나부의 소멸 시기와 맞물려 있다.

여기서 3세기 말까지 형계 관등을 역임한 유일한 사례인 고노자와 관련된 내용을 좀더 살펴보자. 고노자는 북부(北部) 출신으로 동북지역의 신성재(新城宰)로 파견되었다가, 봉상왕 2년에 선비 모용외의 침공 때에 전공을 세워 곡림(鵠林)을 식읍으로 하사받고, 소형에서 대형으로 승진하였다. 그리고 3년 뒤에는 모용씨의 침공을 막을 적임자로 선임되어 서북지역의 신성태수(新城太守)에 임명되었다.

고노자의 사례에서 당시 형계 관등 운영의 몇 가지 특징을 찾아볼 수 있다. 첫째 고노자가 전공을 세운 다음에 신성재라는 관직에는 변동이 없고 소형에서 대형으로 관등이 승격한 상황으로 보아 형계 관등도 단순히 관품이 아니라 지배세력의 정치적 지위나 신분 등급을 나타내는 위계로서의 성격을 갖고 있다고 이해된다(여호규, 2014). 그리고 지방관의 등급에서 신성재와 신성태수는 엄연히 위계가 다름에도 불구하고 재-소형, 태수-대형이라는 관직과 관등의 대응관계가 아직 마련되지 않았음을 알 수 있다. 이러한 면에서도 형계 관등이 관품적 성격보다는 지배세력의 위계적 편제 기능을 하고 있음을 알 수 있다.

한편, 형계 관등은 고노자의 예에서 보듯이 성립 초기부터 대형·소형 등으로 분화한 모습을 보이고 있다. 이는 사자계 관등의 분화에 맞추어 어느 시기에 제도적으로 성립되었음을 의미하는 것이며, 한편으로는 패자·우태·조의 등 서열화된 나부계 관등을 대체하는 관등으로 성립하는 것이기 때문에, 이미 그 성립 단계에서 대·소의 분화가 충분히 예상되는 바다(임기환, 2004).

그리고 지배세력의 편제 기능을 한다고 하더라도 초기 관등제에서 나부세력을 편제하는 패자·우태·조의 등은 관등 자체가 명칭상에서 구별되었는데, 형계 관등은 대·소로만 구분하고 있다는 점에서 형계 관등을 수여받은 인물들이 나부세력들에 비해 등질적인 존재임을 알 수 있다(여호규, 2014). 아차산4보루에서 출토된 접시에 새겨진 명문 중에서 '후부도□형(後部都□兄)', '지도형(支都兄)', '염모형(冉牟兄)' 등에 붙은 '형(兄)'을 인명 뒤에 붙는 존칭어미로 추정하고 있는데, 이를 통해 형이라는 관등이 지배세력 일반을 편제하는 과정에서 성립한 것으로 볼 수 있다(여호규, 2014).

이러한 측면은 대·소로 분화되고 있는 사자계 관등에서도 동일하게 나타나고 있다. 따라서 3세기 중반 이후 중앙귀족으로 전신한 나부 지배세력 일반을 편제하는 관등으로 사자계 관등과 형계 관등이 대·소로 분화하여 성립하였음을 알 수 있다. 이러한 사자계 관등과 형계 관등의 성격은, 3세기 중·후반 중앙지배세력의 성격이 초기 나부 지배세력에 비해 동질성이 높아진 결과로 파악할 수 있다.

기록상 고노자의 사례를 통해 형계 관등이 처음 등장하는 봉상왕대에는 남부 대사자 창조리가 국상이 되어 방위부 출신이 처음으로 국상을 차지한 점 역시 주목된다. 나부 지배세력을 편제하는 새로운 관등의 등장이나 그동안 나부세력이 차지하고 있던 최고관직인 국상을 방위부 출신이 차지하게 되었다는 점에서, 3세기 후반에는 나부의 제가세력이 방위부로 재편되고, 그 과정이 이미 상당한 정도로 이루어지고 있음을 짐작할 수 있다. 이러한 제가세력의 동향은 왕권 강화 및 중앙집권체제의 정비와 관련된다. 이러한 시기에 형계 관등이 등장하였고 또 사자계 관등과 더불어 4세기 이후 집권적 관등조직의 근간을 이룬다는 점에서, 형계 관등의 성립 배경이나 그 성격이 집권체제의 정비와 밀접히 연관되어 있음은 부언할 필요가 없다.

이상에서 검토한 바와 같이 초기 관등제는 태조대왕대 이후 나부체제의 성립 과정에서 제가세력을 세력의 대·소에 따라 편제하는 중앙정치조직의 하나로 성립하여, 2세기 이후에는 나부와 방위부라는 이원적 부조직의 구조에 대응하는 형태로 성립하였다. 그러다 3세기 이후 나부가 해체되는 과정에서 나부계 관등이 소멸되고 4세기 이후에는 사자계와 형계 관등을 중심으로 하는 일원적 관등조직으로 개편되는 과정을 밟았던 것으로 판단된다(임기환, 2004).

한편 나부세력을 편제하는 새로운 관등제가 마련되었다고 하더라도 관등제 자체만으로 저절로 나부세력이 편제되는 것은 아니다. 새로운 관등제를 통해 중앙집권체계에 편입하려는 나부세력의 지향도 고려할 필요가 있다. 즉, 초기 관등제가 제가세력을 편제하는 측면을 가졌다고 하더라도, 아직 개개인의 정치적 지위나 신분적 위치를 직접적으로 반영하는 기준으로 기능하지 못하였을 것으로 생각된다. 다시 말해서 대가·소가의 정치적 성격이 각 친족집단을 대표하는 인물의 개인적 지위일 뿐, 그 집단 내의 구성원이 모두 '가(加)'라는 지위 혹은 나부계 관등을 확보하고 있었던 것은 아니라는 점이 주목된다. 예컨대 소노부의 경우 적통대인만이 고추가를 칭할 수 있다는 점에서 그러한 면모를 엿볼 수 있다. 따라서 같은 친족집단 내에서도 가(加) 혹은 나부계 관등을 획득하지 못한 인물들은 왕권과의 결합을 통해 중앙의 관등·관직을 획득함으로써 자신의 정치적 지위를 보장받으려는 동향을 보였을 것이다. 이러한 움직임은 앞서 언급한 바와 같이 친족집단의 가문별 분화 과정과 집권체제의 정비 과정에서 더욱 두드러지게 나타났을 것이다.

 이러한 모습은 고구려의 경우 사료상으로 찾아볼 수 없으나, 부여의 경우에서 엿볼 수 있다. 『삼국지』 부여전에는 위거(位居)의 아버지가 죽고 형제상속으로 그 계부(季父)가 우가(牛加)가 되자, 위거는 왕권과 결합하여 대사(大使)가 되었다. 그런데 이 위거가 "매년 사자를 보내"거나 "대가를 보내어 영접"하고, 또 우가 부자를 처형할 수 있었던 것은 "재물을 가볍게 여기고 널리 베풀기를 좋아하여" 자기 세력을 얻었던 점도 있겠으나, 왕권을 배경으로 한 대사(大使)라는 관직이 본래 이러한 권능을 갖고 있었던 것으로 추정한다(김광수, 1993).

 당시 부여 왕권의 배경은 '대사·대사자·사자'란 관직이었을 것이다. 고구려로 미루어 보아 부여에서도 왕이나 대가의 하위 관직으로서 분화 이전에 사자가 있었음은 충분히 짐작되는 바다. 이러한 사자가 다시 대사 등으로 분화된 것은 곧 왕권의 상대적 강화에 따라 왕권 아래의 사자 관직을 확대하여 이를 왕권의 배경으로 삼기 위함일 것이다. 사자계 관직이 갖는 정치적 성격을 여기서도 엿볼 수 있다.

고구려의 경우도 왕권의 강화 과정에서 점차 왕권을 뒷받침하는 관등의 정치적 영향력이 강화되어 가면서 주부·사자의 분화 확대가 이루어지고, 관직과 관등을 매개로 나부세력을 왕권 아래의 관료조직 내로 편제해 갔을 것이다. 나부의 제가세력이 방위부로 재편되는 과정도 이와 무관하지 않으리라 생각한다. 그리고 이러한 과정은 왕권 중심의 일원적 관등조직으로 개편되는 배경의 하나가 되었던 것으로 짐작된다.

참고문헌

琴京淑, 2004, 『고구려 전기 정치사 연구』, 고려대학교 민족문화연구원.
金哲埈, 1975, 『韓國古代社會研究』, 知識産業社.
김현숙, 2005, 『고구려의 영역지배방식 연구』, 모시는사람들.
노태돈, 1999, 『고구려사 연구』, 사계절.
여호규, 2014, 『고구려 초기 정치사 연구』, 신서원.
이병도, 1976, 『한국고대사연구』, 박영사.
임기환, 2004, 『고구려 정치사 연구』, 한나래.

강진원, 2018, 「고구려 국내도읍기 王城의 추이와 집권력 강화-내적 변화의 외적 동기와 관련하여」, 『한국문화』 82.
권순홍, 2018, 「고구려 도성 연구」, 성균관대학교 박사학위논문.
금경숙, 1994, 「고구려 초기의 中央政治構造」, 『韓國史研究』 86.
_____, 1999, 「高句麗의 諸加會議와 國相制 運營」, 『강원사학』 15·16.
기경량, 2018, 「환도성·국내성의 성격과 집안 지역 왕도 공간의 구성」, 『사학연구』 129.
金光洙, 1983, 「고구려 古代 集權國家의 成立에 관한 연구」, 연세대학교 박사학위논문.
김현숙, 1993, 「고구려 初期 那部의 分化와 貴族의 姓氏」, 『慶北史學』 16.
_____, 1995, 「고구려 前期 那部統治體制의 運營과 變化」, 『歷史教育論集』 20.
_____, 2007, 「고구려사에서의 촌」, 『한국고대사연구』 48.
盧重國, 1979, 「高句麗 國相考」(下), 『韓國學報』 17.
노태돈, 1975, 「삼국시대의 '部'에 관한 연구」, 『韓國史論』 2.

_____, 1983, 「高句麗 초기의 娶嫂婚에 관한 一考察」, 『金哲埈博士華甲紀念史學論叢』, 知識産業社.

_____, 1994, 「고구려 초기 王系에 대한 一考察」, 『李基白先生古稀紀念韓國史學論叢』(上), 一潮閣.

_____, 2012, 「고구려초기 천도에 관한 약간의 논의」, 『한국고대사연구』 68.

리지린, 1967, 「고구려의 영주제」, 『력사과학』 1967-5.

림종상, 1979, 「고구려에서의 중앙집권적 통치체제의 편성과정에 대하여」, 『력사과학』 1979-1·2.

손영종, 1984, 「고구려의 5부」, 『력사과학』 1984-4.

양시은, 2014, 「고구려 도성 연구의 현황과 과제」, 『고구려발해연구』 50.

여호규, 2005, 「高句麗 國內 遷都의 시기와 배경」, 『한국고대사연구』 38.

_____, 2006, 「집안지역 고구려 초대형적석묘의 전개과정과 피장자 문제」, 『한국고대사연구』 41.

_____, 2010, 「高句麗 初期의 王位繼承原理와 古鄒加」, 『동방학지』 150.

_____, 2012, 「고구려 國內城 지역의 건물유적과 都城의 공간구조」, 『한국고대사연구』 66.

尹成龍, 1997, 「高句麗 貴族會議의 成立過程과 그 성격」, 『韓國古代史研究』 11.

이규호, 2021, 「고구려 관제 연구」, 동국대학교 박사학위논문.

李基白, 1959, 「高句麗王妃族考」, 『震檀學報』 20.

이정빈, 2006, 「3세기 고구려 제가회의와 국정운영」, 『진단학보』 102.

이종욱, 1979, 「高句麗 初期의 左·右輔와 國相」, 『全海宗博士華甲紀念史學論叢』.

_____, 1982a, 「高句麗 初期의 中央政府組織」, 『東方學志』 33.

_____, 1982b, 「고구려 초기의 지방통치제도」, 『역사학보』 94·95합집.

이준성, 2013, 「고구려 國中大會 동맹의 구성과 축제성」, 『역사와현실』 87.

_____, 2016, 「고구려 초기 대가(大加)의 성격과 상위 관제(官制)의 작적(爵的) 운영」, 『동북아역사논총』 53.

_____, 2019, 「고구려의 형성과 정치체제 변동」, 연세대학교 박사학위논문.

임기환, 2002, 「고구려 王號의 변천과 성격」, 『韓國古代史研究』 28.

_____, 2003, 「고구려 도성제의 변천」, 『한국의 도성: 都城 造營의 傳統』, 서울시

립대학교 서울학연구소.

_____, 2015, 「고구려 國內都城의 형성과 공간구성 - 문헌 검토를 중심으로」, 『韓國史學報』 59.

장병진, 2019, 「고구려의 성립과 전기 지배체제 연구」, 연세대학교 박사학위논문.

田美姬, 1992, 「高句麗 初期의 王室交替와 五部」, 『水邨朴永錫敎授華甲紀念 韓國史學論叢(上)』, 탐구당.

정호섭, 2009, 「고구려 왕릉급 대형적석총의 형식과 편년」, 『한국사학보』 35.

_____, 2015, 「고구려사의 전개와 고분의 변천」, 『한국사학보』 56.

조법종, 2013, 「고구려 국내성의 공간과 광개토왕릉」, 『광개토왕비의 재조명』, 동북아역사재단.

조영광, 2015, 「고구려 초기 관등의 기원과 성격에 대하여」, 『사학연구』 119.

_____, 2016, 「고구려 王都, 王畿의 형성 과정과 성격」, 『韓國古代史研究』 81.

6장

지방통치조직 정비와 군사동원체계 확립

조영광 | 전남대학교 역사교육과 조교수

초기 고구려는 소국연맹체적 성격이 강하여 영역을 중앙과 지방이라는 개념으로 구분하여 파악하기는 힘들다. 하지만 태조왕 이후 왕실의 부(部)인 계루부를 중심으로 집권력이 강화되고 5나부(那部)체제를 형성하면서 중심지와 주변부가 서서히 중앙과 지방의 성격을 갖추어 가게 된다. 이 시기를 일반적으로 나부체제기라고 칭한다(임기환, 1995; 여호규, 1997). 물론 나부체제기는 중앙의 구심력과 주변의 원심력이 함께 작동하는 시기로, 강력한 왕권을 바탕으로 한 일원적 관등체제와 지방행정조직이 완비된 때는 아니었다. 그리고 같은 고구려의 영향권이라도 옥저·동예와 같이 공납을 통한 간접지배가 이루어진 곳도 존재하였다.

하지만 나부체제기 고구려는 시간이 흐를수록 집권력을 강화해 가며 나부의 운동성을 제한하면서 해당 지역을 곡(谷)과 촌(村)을 중심으로 한 행정구역으로 재편해 나간다. 집권력의 강화에 따른 나부체제의 해체와 맞물려 정비되기 시작한 곡-촌 체제의 초기적 지방조직은 이후 대-중-소의 성(城)을 중심으로 한 고구려 특유의 지방제도로 발전하게 된다(김현숙, 1997).

지방제도의 형성과 더불어 초기 고구려는 수취체제의 확립에도 많은 노력을 기울인다. 고대국가는 안정적이고 원활한 통치를 위한 수취체제의 확립에 많은 노력을 기울였다. 이는 국가 운영의 필수요소인 인적·물적 자원의 효율적 징발과 배분을 위한 것이다. 특히 고대사회의 초기는 인정(人丁)에 대한 지배가 토지에 대한 소유나 지배보다 더 큰 부가가치를 가졌던 만큼 고구려 역시 초기에는 인적 자원의 효율적 수취에 많은 관심을 기울이고 관련 시스템을 정비해 가게 된다. 이는 물적 자원의 수취 및 군사동원체제의 성립과도 밀접한 연관을 갖는 것이다.

왕권을 중심으로 집권체제가 강화되어 가고 그에 수반해 국가의 규모와 국력이 신장하면서 주변세력과의 충돌도 더 격렬하고 대규모 양상으로 전개되었다. 전쟁의 규모와 그에 따른 피해 역시 더욱 크고 심각해질 수밖에 없었다. 따라서 고구려는 국가의 생존과 직결되는 전쟁에 효과적으로 대응하기 위해 효율적인 군사동원과 보급체제의 확립, 새로운 장비와 전술 개발 등에 많은 노력을 기울이게 된다. 초기 고구려가 어떠한 형태로 군사를 동원하고 이들에게 주어진 장비와 그것을 토대로 한 전략을 밝히는 것은 초기 고구려의 국가적 성격을 파악하기 위한 중요한 작업 중 하나이다.

고구려는 국가방어체계 형성에 있어 초기부터 성을 적극적으로 활용하였다. 소국연맹 단계에는 연맹체의 중심지에 성곽을 축조하고 이를 이용해 방어와 통치의 거점으로 삼았고, 나부체제가 작동하던 시기에도 적극적으로 성곽을 활용한 사실이 사료를 통해 확인된다. 3세기 이후 나부의 해체와 더불어 진행된 고구려의 지방·군사제도 정비는 지역방어체계의 형성과 맞물려 있다. 잘 알려져 있듯이 고구려는 지역 방어를 위해 성을 쌓았고, 이를 군사거점과 지방행정 편제단위로 활용하였다. 그리고 그것은 고구려사에서 국왕권에 의한 집권체제가 더욱 강화되는 중기에 이르러 성을 중심으로 하는 지방 지배와 방어체제의 완성으로 귀결된다.

이 글에서는 고구려가 초기의 연맹체적 성격을 극복하며 지방통치체제를 마련해 가는 과정과 체제 정비에 필요한 인적·물적 자원 조달시스템인 수취체제의 확립에 대하여 살펴보고자 한다. 이와 더불어 영역국가로 발돋움하기 위한 과정에서 필수적인 군사조직의 정비와 산성 중심의 방어체제 형성, 생산도구와 무기체계의 발달, 병종 구성 등에 대하여 검토해 볼 것이다.

1. 지방통치체제 성립과 수취체제 정비

1) 지방통치조직의 형성 과정

주몽에 의한 건국 직후 고구려 왕권은 주변의 소국(나국)을 복속시킨 후 해당 소국의 지배세력에게 기존의 지배권을 인정해 주고 대외교섭권 양도와 중앙의 군사동원에 대한 복종, 공납 등의 의무만 부과하였으므로, 고구려는 연맹체의 성격을 띠었다. 『삼국사기』 고구려본기에 보이는 비류국(沸流國)의 복속 기사는 이러한 상황을 잘 보여준다. 부여에서 남하해 원고구려 지역에 정착한 주몽은 현지세력의 리더였던 비류국 송양왕(松讓王)과의 경쟁에서 최종적으로 승리하며 고구려의 헤게모니를 장악하게 된다. 그런데 여기서 주목되는 것은 비류국 복속 이후 주몽의 처분인데, 주몽은 비류국을 다물도(多勿都)로, 송양을 국주로 삼았다.[1] 이것은 기원전 1세기경 고구려 왕권이 주변세력 복속 후 직접지배를 단행하기보다는 피복속 집단 수장층의 기득권을 인정해 주는 방식으로 일종의 강화된 연맹체적 지배를 하였다는 의미이다.

이러한 상황은 고구려가 국가로 성장하고 점차 국왕권을 중심으로 결집하는 구심력이 발휘되면서 해소되는 방향으로 나아가게 된다. 고구려에 복속된 주변 소국은 왕권에 의해 보다 강한 구속력과 통제를 받는 나부로 재편되어 갔고 고구려 중앙의 응집력은 더욱 커져 갔다. 하지만 나부가 핵심 정치기제로 역할하던 고구려 초기에는 여전히 중앙과 지방이라는 개념이 성립되지 못한 것으로 보인다. 태조왕대의 조나(藻那), 주나(朱那) 정벌 기사에서 확인할 수 있듯이 1세기 후반까지도 고구려는 나부가 중심이 되어 대외정벌을 수행했음이 확인되며, 2세기 무렵에도 나부를 단위로 한 반란이나 중앙에서 이탈하는 사건 등이 빈번하게 일어났기 때문이다. 당시까지도 고구려는 중앙의 왕권과 이를 둘러싼 자체적 운동력을 갖는 나부로 정치공간적 구분이 있었던 것으로 파악된다. 따라서 국왕 주도로 지방관이 파견되거나 중앙에 대응하

---

[1] 『삼국사기』 고구려본기 동명성왕 2년조, "二年(기원전 36), 夏六月, 松讓以國來降, 以其地爲多勿都, 封松讓爲主. 麗語謂復舊土爲多勿, 故以名焉."

는 지방의 개념이 성립되었을 개연성은 매우 약하다.

초기 고구려의 영역은 5나부로 편제된 직접지배권과 공납을 통한 간접지배지역으로 구성되었다. 이러한 상황을 보여주는 사료가 『삼국지』 동이전의 기록이다. 이 사료에는 고구려가 직접지배한 약 3만 호에 이르는 영역과, 간접통치가 시행된 동예와 옥저 등에 대한 서술이 있다. 직접통치 지역은 중앙과 나부 수장을 통한 직접적인 수취와 군사, 역역 동원이 이루어졌을 것이다. 반면 간접지배를 받은 지역은 중앙에서 파견된 대가(大加)와 현지 수장세력인 사자(使者)를 두어 수취를 총괄하게 하였다.[2]

이러한 상황은 3세기 무렵까지 지속되었으나 나부체제가 해소되고 고구려의 집권체제가 강화되어감에 따라 직접지배체제로 전환되어 갔던 것으로 파악된다. 이러한 변화는 공납을 통한 간접통치가 시행되었던 외곽지역뿐만 아니라 핵심인 5나부의 권역에서도 일어났는데, 나부 수장의 통치권은 제한되고 국왕권에 의한 통제는 강화되는 방향으로 진행되었다. 이러한 변화를 보여주는 증거가 지방관의 파견이다.

나부체제가 작동하던 고구려 초기는 엄밀한 의미의 중앙과 지방의 관계보다는 국왕권에 대한 연계 및 복속 정도와 그에 따른 정치적 위상과 수취의 강도 등에 차이가 있는 중앙과 외곽으로 구분하는 것이 더 적절하다. 아직 본격적인 지방관 파견이나 제도적인 지방 재편이 이루어지지 않았기 때문이다. 그러나 고구려 초기 기록에도 지방관 관련 사

---

2 『삼국지』 동옥저전, "國小, 迫于大國之間, 遂臣屬句麗. 句麗復置其中大人爲使者使相主領, 又使大加統責其租稅, 貊布·魚·鹽·海中食物, 千里擔負致之, 又送其美女以爲婢妾, 遇之如奴僕."

료가 산견되므로 국왕권의 입장에서는 직접지배 혹은 지방 개념으로서의 편제를 염두에 둔 외곽 지역에 대한 통제 시도가 있었다고 생각된다.

고구려의 지방관으로 볼 수 있는 관직에 대한 가장 이른 기록은 태조왕이 책성(柵城)에 수(守)와 리(吏)를 두었다는 기사이다.[3] 그리고 태조왕 55년에는 동해곡(東海谷)의 수(守)가 붉은색 표범을 헌상하였다는 기록도 있어 태조왕대부터 고구려가 지방관을 운용하였을 것이라는 추정을 하기도 한다(최희수, 2013). 그러나 이 사료는 액면 그대로 받아들이기보다는 『삼국지』 동옥저전의 기록처럼 고구려가 복속시킨 지역에 대한 간접지배를 명목상 지방제도의 형식으로 기록한 것일 개연성이 매우 높다. 고구려는 물론 한반도 동해안의 옥저, 동예도 중국 군현세력의 통치를 받은 경험이 있기 때문에 관련 중국식 지방제도에 비교적 익숙하였기 때문이다. 실제로 해당 지역 세력들이 중국식 지방관명을 모칭하였음을 보여주는 기록도 존재한다.[4] 고구려 역시 현지세력이 모방하거나 자칭한 지방관명을 그대로 인정해 주고 공납을 받는 통치방식을 취하였을 공산이 크다.

그러다가 고구려 중앙의 집권력 강화로 2세기 말 방위부가 등장하고 나부는 점차 약화되면서 3세기 무렵부터는 일부 지역에 대한 지방 지배 개념의 직접통치가 시도된 것으로 파악된다. 서천왕 19년(288년)에

---

3   『삼국사기』 고구려본기 태조대왕 46년조, "四十六年, 春三月, 王東巡柵城. 至柵城西罽山, 獲白鹿. 及至柵城, 與羣臣宴飮, 賜柵城守吏物段有差. 遂紀功於岩乃還."
4   『삼국지』 예전, "省邊郡, 都尉由此罷. 省邊郡, 都尉由此罷. 其後皆以其縣中渠帥爲縣侯, 不耐·華麗·沃沮諸縣皆爲侯國. 夷狄更相攻伐, 唯不耐濊侯至今猶置功曹註·主簿諸曹, 皆濊民作之. 沃沮諸邑落渠帥, 皆自稱三老, 則故縣國之制也."; 『삼국지』 동옥저전, "無大君長, 自漢已來, 其官有侯邑君·三老, 統主下戶."

신성에 행차한 왕에게 고래의 눈을 바친 해곡태수(海谷太守)와 봉상왕 재위기(292~300년)에 핍박을 받았던 을불(乙弗)에게 태형을 내린 압록재(鴨綠宰)의 존재가 그 사례이다.

봉상왕대 선비 모용외(慕容廆)의 침공을 방어했던 고노자(高奴子)가 역임한 관직도 태수와 재로 나타난다. 고노자는 모용외가 침공한 봉상왕 2년(293년) 신성재(新城宰)의 신분으로 그들을 격퇴하였다. 그리고 동왕 5년(296년) 모용외가 다시 침공하자 그는 신성태수로 임명되어 방어 임무를 맡았다. 이 기록은 매우 구체적이고 모용외의 침입이라는 국가적 위기에서 활약한 고노자가 신성의 재와 태수가 되어 방어전에 나선 모습을 보여주고 있다.

고구려 기록에 등장하는 신성은 동북 신성과 서북 신성으로 구분된다. 봉상왕 5년 고노자가 태수가 되어 선비족의 침공을 막아낸 신성은 서북 신성으로, 그 위치는 제3현도군의 치소가 있던 오늘날 중국 요령성 무순(撫順)의 고이산성(高爾山城)으로 비정된다. 고구려 서북 경략의 중요한 거점이 된 곳이다. 동북 신성은 서북 신성보다 먼저 사료에 보이는데, 서천왕 19년조의 동해안으로 추정되는 해곡(海谷)과 가까운 지역으로 비정된다. 그 구체적인 위치에 대해서는 책성이 위치한 두만강 방면(김영하, 1985; 임기환, 1987), 함경북도 청진 일원(여호규, 2008), 길림성 연변조선족자치주 도문(圖們)의 성자산산성 등으로 비정된다(임기환, 2012a). 견해가 나뉘는 것은 봉상왕 2년조의 신성인데, 이를 동북 신성으로 파악하는 설(김영하, 1985; 임기환, 1995, 여호규, 1995a)과 동왕 5년조와 동일하게 서북 신성으로 파악하는 설(김현숙, 1997)로 대별된다. 이처럼 3세기에 이르면 고구려 동북과 서북의 중요한 거점 지역에 고구려 국왕권의 의지로 지방관 파견이 이루어졌던 것이다.

사료에서 확인되는 바는 고구려 초기의 지방관인 태수(守)와 재는 모두 성(城) 혹은 곡(谷)으로 불린 행정단위에 파견되었다. 성과 곡은 상하관계보다는 병렬관계에 가까우므로 수와 재의 관계도 상·하위직으로 보기 어려운 측면도 있다(김현숙, 1997). 그러나 고노자의 사례에서 확인되듯이 소형 관등을 지닌 고노자는 신성재였다가 대형 관등으로 승급된 이후 신성태수가 되었다는 것은 양자가 상하통할관계였을 가능성이 큼을 보여주기도 한다(임기환, 1995; 여호규, 1995a).

고구려 초기의 성과 곡은 상하관계에 있는 행정단위였다기 보다는 당시 해당 지역의 정치·경제·지리적 상황에 따라 편제된 동급의 행정단위였다고 보는 것이 옳다. 곡은 초기 고구려의 지리와 지형 입지조건을 반영한 행정단위였다. 그리고 성은 고구려가 영역을 확대하고 성장해 감에 따라 새로 복속한 지역이나 기존 영역 중에서도 인구밀집도와 중요도 등을 고려하여 지칭한 단위였을 것이다. 다만 고구려 중·후기의 지방제도를 기준으로 대성급에 해당되는 중요한 성이나 곡에는 '수(태수)'가 파견되어 휘하의 성이나 곡을 통할하였을 가능성은 있다.

이들 성, 곡의 아래에는 촌(村)이라는 하부 단위가 존재하였다. 이것은 고국천왕 13년(191년) 국상(國相)으로 등용된 을파소(乙巴素)의 출신지를 서압록곡(西鴨綠谷) 좌물촌(左勿村)으로 표기한 것을 통해서 알 수 있다. 이처럼 3세기 중반 이후 지리적·군사적 중요성이 큰 특정지역을 대상으로 마련된 태수-재 2등급 체제의 초보적 지방제도는 고구려의 영역이 더욱 확대되고 집권체제가 완성되는 4세기가 되면 광역지방관으로 상정되는 수사(守事)의 등장과 함께 전국 단위의 지방제도로 발전하게 된다.

2) 수취체제의 수립과 정비

고구려는 초기 연맹체적 성격에서 점차 집권력이 강화되어 가면서 나부체제로 변화되었다가 3세기 무렵 본격적인 지방제도의 틀을 마련한다. 이와 같은 지방 개념의 확립과 지방통치체제의 성립과 더불어 국가 운영의 필수요소인 수취체제도 수립, 정비하게 된다.

고구려 초기의 수취체제에 대한 사료는 거의 남아 있지 않다. 한국 고대국가의 경우 집권체제가 확립되기 전 단계까지는 공납을 통한 간접지배방식으로 주변세력을 통제하다가 점차 구심력을 강화하며 직접지배방식으로 통치 형태를 발전시켜 나가게 된다. 관련 사료에서도 확인할 수 있듯이 고구려 또한 연맹체 혹은 나부체제기까지는 직접통치가 관철되던 영역의 외곽에 위치한 복속세력들에게 공납이라는 수취방식을 통해 간접지배를 행하였던 것으로 확인된다.

초기 고구려의 공납지배방식에 대하여 『삼국지』 동옥저전에는 "[동옥저는] 나라가 작고, 큰 나라의 틈바구니에서 핍박을 받다가 결국 구려에 신속케 되었다. 구려는 그 [지역 인물] 중에서 대인을 두고 사자로 삼아 함께 통치하게 하였다. 또 대가(大加)로 하여금 조세를 통괄 수납케 하여 맥포(貊布), 소금, 수산물 등을 천리나 되는 거리에서 져 나르게 하고, 또 동옥저의 미인을 보내게 하여 종이나 첩으로 삼았으니, 그들을 노복(奴僕)처럼 대우하였다"라고 기록하고 있다. 이러한 사례는 3세기 초반 당시 5나부를 제외한 고구려에 복속된 모든 지역과 세력에게 적용되었던 것으로 추정된다. 공납체제의 전형적인 모습을 보여주는 것이다. 그리고 그 수취의 대상은 물자와 인력을 모두 포괄하고 있다.

『삼국지』 동이전에 의하면, 고구려의 세력권이 3세기 초까지 직할지인 5나부 영역과 주변의 복속지로 구분되어 있었던 것을 확인할 수 있다. 옥저와 동예 같은 복속지는 당시까지도 공납지배라는 간접지배 방식을 취하였던 것이 확인된다. 5나부 지역은 국왕권의 주도로 수장층을 통해 어떠한 형태로든 물자를 수취하고 인력을 동원하는 체계가 갖추어져 있었을 것이다. 그러나 이를 직접적으로 전해주는 기록이 없기 때문에 간접 자료와 중·후기의 관련 자료를 참고로 초기의 수취체제에 대하여 검토해 보기로 하겠다.

고대국가에서 수취와 인력 동원의 대상이 된 계층은 주로 생산을 직접 부담하고 있는 사람들이었다. 예컨대 농민, 상인, 수공업 장인 등이 그에 해당할 것이다. 이 외 목축 종사자, 수렵민 등도 수취의 대상으로 볼 수 있다. 사료에는 이들의 명칭이 하호(下戶)로 나온다. 하호의 위상이 자영농민이었는지, 농노와 같은 위치였는지, 혹은 생산노예의 성격이었는지에 대해서는 그동안 많은 논란이 있었지만 쉽게 결론 내리기는 어려운 실정이다. 한국 고대사회의 특성상 아마도 복합적인 성격이었을 것으로 짐작된다. 그리고 이들 내부에서 어느 정도 분화가 이루어져 『삼국지』 부여전에는 3세기 무렵에 읍락 내부의 구성원이 호민(豪民), 하호 등으로 구분되었다고 한다.[5]

고구려 역시 부여와 유사하게 생산 담당층이 호민과 하호로 분화되어 있었는지는 확인하기 어렵다. 다만 3세기 무렵에 고구려에는 1만 명에 달하는 전문 무사단인 '좌식자' 계층이 존재하였으므로 이들을 경제적으로 부양하기 위한 효율적 시스템을 갖추는 것은 국가적으로 매

---

[5] 『삼국지』 부여전, "邑落有豪民, 名下戶皆爲奴僕."

우 중요한 사안이었을 것이다. 고구려의 좌식자 계층이 부여의 호민에 해당하는지 아니면 고구려 지배층인 제가(諸加)의 하층을 구성한 소가(小加)인지는 더 따져보아야 할 문제이지만, 이들의 호칭을 통해 볼 때 생산을 담당한 계층이 아닌 것은 분명하다. 그렇다면 초기 고구려의 주 생산계층은 하호로 간주하여도 무방할 듯하다.

3세기 초반 하호의 역할에 대해 『삼국지』 동이전은 각 국가별로 묘사하고 있다. 우선 고구려의 경우 농사를 짓지 않는 좌식자들을 부양하기 위해 먼 곳에서 양식, 고기, 소금 등을 운반해 와 이들에게 공급하였다고 전한다.[6] 부여에서도 하호는 이와 유사한 역할을 한 것으로 나오는데, 적의 침입이 있을 때 제가(諸加)들이 전투를 수행하면 하호는 식량을 갖고 와 음식을 만들어 주는 보급업무를 담당한 것으로 나온다. 고구려와 부여 모두 하호는 생산의 직접 담당자이자 보급 실무자로서 자영농민에 가깝지만 가혹한 착취에 놓여 있고 운송에까지 강제로 동원되어야 했던 상황은 농노 혹은 생산노예적 성격도 일부 보인다. 이처럼 계층에 따른 확실한 역할 분담이 이루어졌고, 하호로부터 물자를 수취하여 대규모 비생산계층을 부양해야만 했던 고구려는 분명한 품목, 수량, 시기, 담당자 등이 정해진 규율체계가 존재하였을 것이다.[7]

공납을 통한 간접지배방식은 국왕을 중심으로 한 구심력의 강화와 집권체제의 형성 과정에서 점차 직접적 영역지배와 수취체제로 전화

---

6 『삼국지』 고구려전, "其國中大家不佃作, 坐食者萬餘口, 下戶遠擔米糧魚鹽供給之."
7 초기 고구려가 간접적 공납지배를 시행한 옥저에 맥포, 어염, 해산물 등의 물품을 정해 징수하고 그 담당자로 고구려의 대가와 현지 대인인 사자를 지정하여 수취를 한 사실을 통해 볼 때 고구려 직할지는 더욱 정교한 규정으로 수취와 동원이 이루어졌을 것이 분명하다.

되어 가게 된다. 고구려사에서 3~4세기는 이러한 변화와 전환의 시기였다. 집권체제 강화라는 정치적 변화와 맞물려 정비된 고구려 초기의 수취체제에 대한 직접적 기록은 거의 없다. 다만 고구려 후기 수취제도를 묘사한 사료가 있어 주목이 되는데,『수서(隋書)』고려전은 "인두세(人稅)는 베 5필에 곡식 5석이다. 유인(遊人)은 3년에 한 번을 내되, 열 사람이 어울러서 세포(細布) 1필을 낸다. 조(租)는 [상등]호(戶)는 1석, 다음은 7두, 하등[호]는 5두이다"라고 전한다.[8] 이 사료가 고구려 초기의 상황을 전해 주는 것은 아니지만 고대국가의 특성상 집권체제가 확립되어 가던 초·중기의 상황도 크게 다르지 않았을 것으로 추정된다.

  이 기록을 토대로 초기 지배체제가 해체되고 집권력이 강화되어 가던 3~4세기 무렵 고구려의 수취제도를 복원해 보면 역역(力役) 동원을 제외한 부세는 크게 인정마다 부과된 인두세와 가호를 기준으로 한 호조(戶租)로 구분되었음을 알 수 있다. 다만 초기에도『수서』의 기록과 동일하게 삼등호(三等戶)제가 시행되었다고 보기는 어려울 것 같다. 피복속지가 지방으로 전환되고, 민 또한 공민(公民)으로서의 의식이 신장되면서 초보적인 수취제도가 마련되었을 것이다. 그리고 그 기준은 당연히 인정과 가호일 수밖에 없으며, 이를 기준으로 역역과 인두세, 호조 등을 수취하다가 점차 그 부과 대상을 세분화하여 후기에는 삼등호제의 시행으로 귀결되었던 것으로 파악된다. 물론 이것은 후기의 상황을 전한 것이라 초기로 소급하여 이해하기는 어렵겠지만, 6세기 말~7세기 초 무렵 고구려가 이러한 수취기준을 설정하고 운영하였다는 사실

---

8 『수서』고려전, "人稅布五匹, 穀五石. 遊人則三年一稅, 十人共細布一匹. 租戶一石, 次七斗, 下五斗."

은 그 이전에도 관련 규정이 존재하였을 가능성을 충분히 보여 준다.

고구려는 4세기 후반에 율령을 반포하며 공식적으로 법전체계를 갖춘 국가로 도약한다. 율령은 사회질서를 유지하기 위한 형법체계인 율(律)과 국가의 원활한 통치를 위한 여러 행정규칙을 정리한 영(令)이 근간이 된다. 영 안에는 분명 수취를 위한 각종 조항이 존재하였을 것으로 추정되는데, 이러한 수취 규정이 4세기 국가법전체계가 마련되면서 정해진 것이라고 상정하기는 어렵다. 그보다는 이미 그 전부터 전통적으로 혹은 관행적으로 정해져 행해지던 것을 율령체제 안으로 들여와 공식화한 것에 불과하다고 보는 편이 자연스럽다. 따라서 4세기 후반 마련되는 고구려 율령의 수취 관련 규정은 늦어도 3세기에는 그 원형이 갖추어졌을 것이다.

물론 고구려 초기의 수취 기준은 후기의 그것보다 가혹하였을 것이다. 그리고 국왕권이 직접 수취하기보다는 중앙으로 납부할 총량을 정해주고 그 권한과 책임을 각 나부의 대가들에게 위임한 형태였을 것이다. 이러한 구조는 고구려가 중앙집권적 영역국가로 성장하고 집권체제가 강화되면서 점차 국왕이 선임한 조세징수관이 담당하는 방식으로 전환되어 갔을 것으로 보인다. 그와 더불어 공민의식의 성장으로 초기 하호에게 부과되었던 과도한 징수량은 중기 이후 민들에게 다소 완화되어 갔을 것이다.

이와 같은 수취체제를 기반으로 군역이나 역역의 징발도 이루어졌다. 고구려 초기 그 주된 대상은 물자 수취와 마찬가지로 하호였다. 앞에서 살펴본 『삼국지』 고구려전에서 하호가 식량 운송 역을 하였다는 기록이 이를 방증한다. 군역은 기본적으로 국왕이 나부의 군사를 동원할 때 나부 수장층을 통해 시행되었으리라 생각된다. 그리고 역역 역시 국가 차원의 대규모 인력 동원이 필요한 경우 국왕은 나부의 수장들에게 인원을 할당하고, 이를 직접 동원하고 수도로 입역시키는 실무는 나부 차원에서 행해졌을 것이다. 이처럼 초기 나부를 매개로 이루어졌던 인력동원체계는 3세기 중반 이후 나부체제의 해체 및 집권체제의 강화와 더불어 지방제도, 군사조직 등이 국왕 중심으로 재편되며 국왕권이 직접 징발하는 형태로 바뀌었을 것이다. 그 증거로 3세기까지만 하더라도 2만 명을 넘어서지 못하던 병력 동원 규모가 4세기 이후에는 5만 명대로 급증한 사실을 들 수 있다. 이는 종전의 하호나 복속민을 공민으로 편성해 징병하는 병력동원체계가 확립된 것으로 볼 수 있다(여호규, 1998a).

2. 군사동원과 방어체계의 성립

1) 초기의 전쟁과 군사동원체계의 성립

고구려 초기 군사동원체계는 국가발전단계에 따라 그 규모와 구성원에 있어 일정한 차이를 보이는데, 2세기까지는 스스로 무장이 가능한 전사층[대가(大家)]을 중심으로 1만 명 미만의 군사력을 갖추고 있었던 것으로 파악된다. 하지만 3세기 중반 이후부터는 그 배가 넘는 수량의 병력이 동원되는 것으로 보아 군사동원체계에 중대한 변화가 있었음을 알려준다. 이것은 분명 고구려의 집권력 강화와 밀접한 관련이 있다. 아울러 고구려가 공납을 통한 간접지배방식을 유지하고 있던 주변의 복속세력들에 대해서도 일정하게 병력 동원을 단행하였던 것으로 보인다. 물론 그 배경에는 고구려가 복속지역에 대한 수취를 위해 마련한 체제가 작동하고 있었기에 가능한 것이다. 다음에서는 고구려 초기 그와 관련된 일련의 사실을 정리해 보고자 한다.

고구려의 발원지이자 중심지인 압록강, 혼강 유역의 입지조건은 농업생산에 지극히 불리한 산곡지형이다. 이러한 상황을 전하는 것이『삼국지』고구려전에 보이는 "큰 산과 깊은 골짜기가 많고 넓은 들이 없으며, 좋은 밭이 부족하므로 부지런히 농사를 지어도 식량이 부족하였다"라는 기록이다. 이처럼 경제적으로 자급자족이 힘든 환경으로 인하여 고구려는 이른 시기부터 대외정복과 같은 약탈경제로 그 부족분을 채워야 하였다. 이것은 농경민에 비해 현저히 생산력이 떨어지는 유목민이나 수렵민 집단에게 흔히 볼 수 있는 생활방식이다. 부족한 물자와 인력 등을 획득하기 위한 약탈전쟁의 수행을 위해서는 무력이 필수적이며, 그러한 무력은 집단의 규모가 커지고 발전하면서 군사력으로 진화하게 된다. 반농반렵(半農半獵)의 경제였던 초기 고구려 또한 자연스럽게 대외정복에 기반하고 발전시킨 군사체제를 갖추었던 것으로 보인다.

고구려가 초기부터 활발한 정복전쟁을 수행하였음은 여러 사료를 통하여 확인된다. 그와 같은 군사활동의 수행을 위해서는 군사조직과 동원체계의 확립이 필수적이다. 초기 고구려는 계루부를 비롯한 5나부가 중심이 된 연맹체였으므로 나부가 군사활동 및 편제의 핵심 기제로 작동한 것으로 파악된다. 각 나부는 본래 독립된 소국이었던 나국(那國)에 기원을 두고 있어, 비록 고구려 왕권의 통제하에 놓여 있었지만 반자치적인 형태로 자체 운동력 또한 여전히 보유하고 있었다.

따라서 초기 고구려의 군사력은 각 나부의 병력이 기본 구성원이자 편제단위가 될 수밖에 없었다. 이러한 사실은 태조왕이 관나부(貫那部) 패자(沛者) 달가(達賈)를 보내 조나국을 정벌한 사건이나, 환나부(桓那

部) 패자 설유(薛儒)를 보내 주나국을 정벌케 한 것을 통하여 알 수 있다. 패자는 나부의 수장급으로 군사적 성격이 강한 관등인 만큼(김두진, 2009), 고구려 초기 군사동원체계에서 각 나부가 갖는 의미와 역할은 매우 컸다. 고구려 초기 잠지락(蠶支落) 대가 대승(戴升)의 이탈, 발기(拔奇)와 소노부의 이탈, 어비류(於畀留)와 좌가려(左可慮)가 중심이 된 4연나(椽那) 반란 사건 등은 기본적으로 나부 혹은 그에 준하는 규모로 이루어진 사실로 보아 나부가 군사활동의 기본단위로 기능하였음을 추정하기란 어렵지 않다.

고구려 초기 나부의 수장층인 대가들이 군사활동의 주체로 나선 사례는 신대왕대의 우거(優居), 동천왕이 조위(曹魏)를 도와 공손연(公孫淵)을 토벌할 때 대가를 보낸 사실 등을 통해서도 확인된다. 그런데 이들 작전에서는 국왕과 밀접한 관등인 주부(主簿)가 함께 파견되어 함께 지휘하고 있어 국왕권이 나부의 군사력과 그 활동에 대한 통제와 감시가 이루어지고 있었음을 알 수 있는 대목이다.

나부체제기 고구려 군사조직과 편제를 직접적으로 전하는 기록이 없어 그 실체를 구체적으로 밝혀내기는 어렵다. 다만 나부가 읍락을 기반으로 한 누층적 구조를 갖고 있었음을 감안할 때(임기환, 2004), 해당 시기 군사조직 역시 이를 바탕으로 편제되었음을 추정할 수 있다. 즉 고구려 초기 독자적 전술작전을 수행할 수 있는 기본적 편제단위가 각 나부의 병력이었다면, 그 하위 부대는 나부의 구성단위와 거의 일치하였을 것이라는 뜻이다. 이를 조금 더 구체화해 보면, 말단에는 읍락, 그 상위에는 부내부(노태돈, 1999), 정점에는 나부의 군사조직으로 편제되었고, 최종적으로는 이들 나부의 군대가 모여 고구려군을 구성하였다는 의미이다. 이러한 군사시스템이 작동하던 시기에 고구려 국왕이 직속 계루부를 제외한 4나부의 부대에 행사할 수 있었던 군령권이나 군정권은 매우 제한적이었을 것이다. 사살상 군정권은 거의 없었다고 보아도 무방하며, 군령권 역시 전시 부대 동원이나 배치 정도에 국한되었을 것이다.

이처럼 나부가 중심이 되었던 고구려 초기의 군사동원체계는 4세기 이후 나부 해체 및 집권체제 강화로 인해 점차 왕권에 직속된 군사조직으로 변모해 나가게 된다. 이를 증명하는 사례가 2세기부터 고구려군의 작전에 등장하는 '주부'의 존재이다. 주지하다시피 본래 주부는 중국 군현의 속관에서 유래한 관직으로『삼국지』고구려전에는 대로, 패자 등과 함께 고위 관등으로 서술되어 있다. 고구려 주부 관등의 기원으로 여겨지는 한나라의 주부는 중앙행정기구의 장관이나 지방관에 부속되어 문서행정을 관장하던 관리로서, 그 상관의 근시직 성격을 띠었다(陳茂同, 1988). 고구려 역시 이를 모방해 자국의 관등으로 주부를 설치하였으므로 국왕권과 매우 밀접한 관계였던 것으로 이해된다(김철준, 1975). 그러나 고구려 초기 행정조직의 구성원이던 주부가 왕권을 대리해 군대를 지휘하였다는 점은 당시 고구려가 군사와 행정이 완전히 분화된 단계가 아니었음을 보여준다.[9]

고구려의 행정조직과 군사조직이 어느 시기에 명확히 분리되었는지에 대해서는 정확히 답을 하기가 어렵다. 하지만 중·후기 사료에는 군관직임이 확실한 대모달(大模達: 대당주, 막하라수지), 말객(末客), 당주(幢主) 등의 사례가 나오므로 고구려가 집권체제를 강화하며 영역국

---

[9] 고구려 초기 군사작전에 등장하는 주부의 역할에 대해 전투 지휘보다는 외교 교섭이나 지휘를 맡았던 대가에 대한 견제를 담당하였다는 견해도 있다.

가로 발돋움하던 3~4세기 무렵에는 그러한 체계의 원형이 형성되었을 것으로 추정할 따름이다. 고구려 후기 중앙의 군사조직은 대체로 100명을 지휘하는 당주, 1,000명을 거느리는 말객, 그 상위의 대모달(대당주)이 지휘하는 구조로 편성되었던 것으로 추정된다. 그리고 지방군은 대성-중성-소성의 장관인 욕살(褥薩), 처려근지(處閭近支), 루초(婁肖) 등에 의해 통솔된 것으로 파악된다(김현숙, 1997). 이것은 고대사회에서 지방의 행정조직과 군사조직을 완전히 분리하여 운영하기 힘들었기 때문이다.

고구려 초기의 전투와 군사조직은 기본적으로 전문 무사단을 기반으로 이루어졌다. 『삼국지』 고구려전에는 고구려에 '좌식자(坐食者)', 즉 생산활동에 직접 종사하지 않고도 대가를 지급받는 전문 무사단이 1만 명이나 존재하였다고 기록되어 있다. 당시 고구려 인구가 3만 호, 약 15만 명 내외였음을 감안할 때 직업군인의 비율이 매우 높았다는 것이 된다. 만약 좌식자 1만 명이 모두 직업군인이었다면 초기 고구려는 사실상 병영국가였다고 보아도 무방한 비율이다. 따라서 전문 무사단의 가족까지 포함하여 1만 명이었다고 파악하기도 한다. 그렇게 계산해도 최소 2,000~3,000명의 전문 무사집단으로 구성된 상비군을 갖추고 있었던 것이 된다. 같은 시기 부여도 유사한 체계를 갖고 있었던 것으로 보인다. 『삼국지』 부여전에는 "적[의 침공]이 있으면 제가들은 몸소 전투를 하고 하호는 식량을 갖고 와 음식을 담당한다"라고 씌어 있다. 이것은 일반적인 전투 시 '제가'로 묘사된 전문 무사집단과 보급을 담당하는 하호로 임무가 나뉘어 있었음을 보여주는 것이다. 고구려 역시 이와 유사한 체계였을 것으로 추정된다.

3세기 이후 고구려의 국력이 증대하고 국가 규모가 커지면서 주변세력과의 충돌, 즉 전투의 규모도 자연스레 커졌을 것이다. 때로는 국가의 상당한 자산을 투여하는 총력전 양상의 전쟁이 벌어지기도 하였다. 3세기 중엽 동천왕대에 수도 국내성이 함락당한 위 관구검(毌丘儉)의 침입이나 3세기 후반 봉상왕대에 선비 모용외의 침공 등이 대표적인 사례이다. 이러한 대대적인 국가 위기상황을 거치며 고구려는 점차 군사조직을 확대, 정비하였고 국왕을 중심으로 한 집권력을 강화해 나가게 된다.

초기 고구려는 계루부를 위시한 5나부의 연합체적인 성격을 지니며 각 나부가 국왕권에 대해 상당한 자치권을 누리고 있었다. 일반적으로 군사권, 외교권을 제외한 대부분의 권한을 나부 내에서는 나부의 수장층이 향유하고 있었던 것으로 파악된다. 심지어 군사권 역시 국왕에게 동원권과 최종적 명령권이 있었다는 것이지 국왕이 직접적으로 각 나부 군대의 인사권을 행사하거나 직접적으로 통제한 것은 아니었다는 말이다. 이를 방증하는 사료가 초기 고구려 관련 기록에서 여러 군데 나타난다.

태조왕은 고구려 초기 활발한 정복활동을 통해 영토를 확장하고 국가체제의 틀을 형성한 군주이다. 그런데 재위기 그가 전개한 군사활동을 보면 특이한 형태가 몇 차례 보인다. 우선 왕 20년(72년)에 실시한 조나 정벌에 대한 건이다. 당시 그는 직접 출병하지 않고 관나부의 패자인 달가를 보내 조나를 정벌하고 그 왕을 사로잡았던 것으로 나온다.[10] 그리고 왕 22년(74년)에도 역시 환나부의 패자 설유를 보내 주

---

10 『삼국사기』 고구려본기 태조대왕 20년조, "二十年, 春二月, 遣貫那部沛者達賈伐藻那, 虜其王."

나를 정벌하고 그 왕자 을음(乙音)을 사로잡았다고 한다.[11]

이 기록들은 고구려 국왕이 주변의 소국들을 정벌할 때 나부 단위의 군대를 동원하였음을 보여주는 것이다. 그리고 그 작전의 현장 최고 지휘는 당시 나부의 수장급으로 패자 관등을 갖고 있었던 인물들이 맡았다. 사실상 국왕의 명에 의해 해당 나부가 자체적으로 자신들의 군대를 동원하고 작전을 수행한 것이다. 이것은 전투의 규모에 따라 1개 혹은 복수의 나부가 동원된 부대를 조직해 전투를 치렀음을 알게 해주는 대목이다.

이러한 사실을 통해 초기 고구려의 군대는 반자치적 성격을 갖는 각 나부 군대의 연합군 형태로 구성되었음을 추정할 수 있다. 이것은 동북아시아의 유목, 수렵 종족이 세운 국가의 초기 상황에서 대부분 발견되는 현상이다.[12] 그러나 이러한 반독립적 성격을 내재한 부족 혹은 나부 연합군 형태의 국가 군대는 집권력이 강화되고 국가 발달 수준이 진전되며 점차 국왕을 정점으로 한 단일지휘체계로 편제되는 과정을 거치게 된다.

고구려 초기 전투와 이를 대응하기 위한 군대의 규모를 추정케 해주는 사료가 있어 주목된다. 태조왕 69년(121년) 후한과 고구려 사이 벌어진 전쟁기록이다. 당시 후한은 최고위 광역 지방장관인 유주자사를 최고 지휘관으로 하여 고구려와 직접 경계를 접하고 있던 현도군과

---

11 『삼국사기』 고구려본기 태조대왕 22년조, "二十二年, 冬十月, 王遣桓那部沛者薛儒伐朱那, 虜其王子乙音爲古鄒加."

12 사료상 확인되는 동아시아 최초의 유목제국인 흉노는 소멸되는 순간까지 각 부족연합제였으며, 이후의 선비, 거란, 몽골 등 유목민족에 의해 세워진 국가들도 초기에는 기본적으로 부족집단을 단위로 한 군단의 연합체였다. 수렵민족인 만주족이 세운 청의 팔기군도 초창기에는 이러한 특성을 갖고 있었다.

요동군의 군대를 동원해 고구려와 일전을 벌인다. 이때 고구려가 동원한 군대는 모두 5,000명이었던 것으로 나온다.[13] 당시 고구려 전체 인구가 채 15만 명에도 미치지 못하였음을 감안한다면 사실상 고구려는 국가 총력전으로 후한에 대항한 것이 된다. 물론 이 시기까지 고구려 군대는 기본적으로 각 나부 예하 부대를 동원해 편제한 것이지만, 그 최고 지휘관을 국왕의 아우인 수성이 맡았음을 통해 볼 때 사실상 국왕의 각 나부 부대에 대한 통제력이 강화되었음을 알 수 있다. 고구려 전체 공동의 이익이라 할 수 있는 국가의 존망이 결정될 정도로 전쟁이 대규모화함에 따라 이에 대한 효율적 대응과 생존을 위해 점차 국왕을 중심을 한 집권력이 강화되는 수순을 밟게 되는 것은 당연한 일이다.

고구려의 군대가 나부의 병력을 중심으로 구성되는 상황은 2세기 말까지도 직속되었던 것으로 보인다. 고국천왕 12년(190년) 중외대부(中畏大夫) 패자 어비류와 평자(評者) 좌가려는 4연나, 즉 연나부와 함께 반란을 일으켰다. 국왕에 대한 반란이라는 대외전쟁을 제외한 최대 규모의 무력이 필요한 사건에서 동원된 병력이 나부 단위로 구성되었음을 보여준다. 이것은 당시까지도 여전히 나부가 고구려 군대 구성에 기본이 되는 단위였음을 알게 해주는 것이다. 이와 유사한 사례는 비슷한 시기 산상왕의 즉위에 반발해 왕제 발기가 비류나부와 더불어 고구려 왕권에 이탈해 공손씨 세력에 귀부해 버린 사건을 통해서도

---

13 『삼국사기』 고구려본기 태조대왕 69년조, "六十九年, 春, 漢幽州刺史馮煥·玄菟大守姚光·遼東大守蔡諷等, 將兵來侵, 擊殺穢貊渠帥, 盡獲兵馬·財物. 王乃遣弟遂成, 領兵二千餘人, 逆煥·光等. 遂成遣使詐降, 煥等信之. 遂成因據險以遮大軍, 潛遣三千人攻玄菟·遼東二郡, 焚其城郭, 殺獲二千餘人."

확인이 가능하다.[14]

그러나 이처럼 나부 중심의 병력 동원과 군사조직체제는 중앙집권적 지배체제의 확립과 더불어 점차 소멸된다. 3세기 이후에는 나부 단위의 군사활동이나 집단 반발 등이 확인되지 않기 때문이다. 또한 전쟁의 크기나 심각성도 매우 확대되어 나부 정도의 단위 병력으로 작전을 수행할 수 있는 규모가 아니었다. 동천왕대의 침공만 하더라도 기존 군현 규모가 아니라 주(州)에 해당하는 병력이 고구려로 침공해 왔다. 그리고 고구려는 이 전쟁에서 수도가 함락되고 국왕이 복속지인 옥저까지 달아나야 했다. 이 전쟁에서 고구려가 동원한 병력은 보병과 기병을 합해 무려 2만 명에 달하였다.[15] 조위 또한 유주자사 관구검을 주장으로 1만의 병력을 파견하였다. 양측이 동원한 병력의 규모와 질은 기존에 비해 확연히 달라지기 시작한 것이다. 고구려가 무려 2만 명이라는 병력을 동원할 수 있었던 것은 그만큼 국력과 집권력의 강화되었다는 것이고, 위 역시 성장한 고구려에 대응하기 위해 주 단위의 병력을 동원한 군사작전을 감행한 것이다.

고구려의 국가적 성격이 이처럼 변한 사실은 국왕을 중심으로 한 집권력의 강화로 이를 통한 나부의 소멸, 방위부의 등장 등 당시 고구려의 정치와 사회 성격이 변화한 것과도 궤를 같이한다. 중천왕 12년

---

14 『삼국사기』 고구려본기 고국원왕 원년조, "故國川王 或云國襄, 諱男武 或云伊夷謨, 新大王伯固之第二子, 伯固薨, 國人以長子拔奇不肖, 共立伊夷謨爲王. 漢獻帝建安初, 拔奇怨爲兄而不得立, 與消奴加各將下戶三萬餘口, 詣公孫康降, 還住沸流水上."

15 『삼국사기』 고구려본기 동천왕 20년조, "二十年(246), 秋八月, 魏遣幽州刺史毋丘儉, 將萬人, 出玄菟來侵. 王將步騎二萬人, 逆戰於沸流水上, 敗之, 斬首三千餘級. 又引兵再戰於梁貊之谷, 又敗之, 斬獲三千餘人. 王謂諸將曰, "魏之大兵, 反不如我之小兵, 毋丘儉者, 魏之名將, 今日命在我掌握之中乎." 乃領鐵騎五千, 進而擊之, 儉爲方陣, 決死而戰, 我軍大潰, 死者一萬八千餘人. 王以一千餘騎, 奔鴨渌原."

(259년)에 위는 또다시 장수 위지해(尉遲楷)를 보내 고구려를 침공해 왔는데, 이때 중천왕은 기병 5,000명을 동원해 위군을 격파하고 무려 8,000여 급을 베었다고 한다.[16] 이 전쟁 또한 동천왕대의 전쟁에 비해 그 규모 면에서 크게 밀리지 않음을 알 수 있다. 당시 고구려가 동원한 병력은 기병만도 5,000명이었고, 위군의 사망자는 8,000명에 달하였기 때문이다. 두 사건의 시간 차는 불과 13년에 지나지 않는다.

결국 고구려가 동천왕대 전쟁의 패배를 통해 군사력을 재점검하고 방어체제와 군사조직 등도 재정비하여 이후의 전쟁을 대비하는 계기로 삼았음을 짐작할 수 있다. 그 결과는 중천왕대의 대승으로 이어졌다. 이러한 개편은 당연히 국왕을 중심으로 한 군사조직의 일원화가 그 핵심이었을 것이다. 이후 고구려는 4세기 초반에 요동군의 중요한 속현인 서안평 공략과 한반도 서북지역에 잔류하고 있던 중국 군현세력인 낙랑군과 대방군 축출이라는 결실로 이어지게 된다.

요컨대 고구려 초기 계루부의 군대는 국왕의 직접통제 아래 있었을 것이고, 여타 나부의 군대는 각 나부가 자체적으로 편성하고 지휘하되, 전쟁과 같은 특정 조건하에서는 국왕의 동원·배치령 등을 따라야 했을 것이다. 3세기 이후 국왕권이 비약적으로 신장하면서 각 나부의 군대에 대한 통제가 강화되고 나부가 해체되면서 자연스럽게 일괄 왕권의 직접통제를 받는 중앙군과 지방군의 형태로 재편되어 갔을 것으로 추정된다.

---

16 『삼국사기』 고구려본기 중천왕 20년조, "十二年冬十二月, 王畋于杜訥之谷. 魏將尉遲 名犯長陵諱., 將兵來伐. 王簡精騎五千, 戰於梁貊之谷, 敗之, 斬首八千餘級."

2) 초기 방어체계의 형성과 무기체계

고구려는 집권체제가 강화되면서 국왕권 중심의 군사조직 일원화가 이루어졌고, 이와 더불어 국토방어시스템 또한 형성되었을 것으로 보인다. 잘 알려져 있듯이 고구려는 성 축조기술이 뛰어나 후기가 되면 국방 면에서는 산성 중심의 방어체계를 정교하게 구축하였고, 지방제도 역시 성 중심으로 편제하게 된다. 곧 성은 고구려 행정과 국방의 핵심 기제였던 것이다.

고구려가 국가 방어에 성을 중시하였다는 사실은 매우 이른 시기의 기록을 통해서도 확인할 수 있다. 고구려가 성을 쌓았다는 공식적인 첫 기록은 『삼국지』 고구려전에 보이는 '책구루(幘溝漊)' 관련 기사이다.[17] 정확한 연대를 비정하기는 어렵지만 한(후한)대에 고구려는 현도군에 복속되어 한으로부터 북과 피리, 악공 등과 조복(朝服)과 의책(衣幘)을 하사받았다. 그리고 그와 관련된 문서는 현도군 고구려현령이 관장하였던 것으로 나온다. 이후 고구려가 점차 국력을 키우며 성장하자 직접 현도군에 나아가 조복 등을 수령하기보다는 현도군의 동쪽 경계 부근에 작은 성을 쌓고 그곳에 물건을 두면 찾아가는 형식을 취했던 것으로 전한다. 고구려 사람들은 그 성을 의책을 받는 성, 즉 책구루라고 불렀다고 한다. 여기서 '구루'는 성을 뜻하는 고구려 고유어라고 적기하였다.

---

17 『삼국지』 고구려전, "漢時賜鼓吹技人, 常從玄菟郡受朝服衣幘, 高句麗令主其名籍. 元本, 令主, 作今王, 誤. 後稍驕恣, 不復詣郡. 元本, 詣, 作諸, 誤. 于東界築小城, 置朝服衣幘其中, 歲時來取之. 今胡猶名此城爲幘溝漊, 溝漊者, 句麗名城也."

책구루 관련 기사는 대체로 태조왕(재위 53~146년)대로 추정되는데(노태돈, 1975), 이로 미루어 고구려가 초기부터 성을 중요하게 활용하였음을 알 수 있다. 그리고 발음의 유사성을 고려할 때 고구려라는 국명 자체가 성을 의미하는 '구루'에서 유래하였다고 보기도 한다. 그만큼 고구려의 국가적 성장과 성의 관계가 밀접하였음을 알 수 있다.

고구려가 발원한 압록강 중류 유역은 기원전 2세기 말 중국 군현세력 휘하로 편입되었다. 고구려는 이러한 외부세력의 압력에 대항하기 규합된 현지세력의 연맹체로서 탄생한 국가이다. 초기 고구려에 적지 않은 영향을 주었던 중국 군현, 곧 현도군과 요동군은 영역지배의 효율성 제고를 위해 군사요충지 혹은 교통결절지 등 중요한 지역에 토성을 쌓아 행정과 방어의 거점으로 삼았다. 그리고 중국 군현세력은 그러한 토성을 거점으로 부여, 고구려와 같은 현지의 예맥계 이종족집단을 복속시키고 지배하였을 것이다. 지금도 이러한 한대 토성유적은 적지 않게 남아 있다. 고구려 역시 초기부터 이러한 한대 토성의 장점과 효용성을 목격하고 더 나아가 자신들에게 유리하게 진화시켜 활용하였던 것으로 보인다. 곧 고구려 지형과 지리 조건에 부합하는 산성의 축조가 그것이다.

한은 주로 평지에 토성을 쌓아 지방행정과 군사의 중심지로 사용하였지만 고구려는 험준한 산지에 석축의 산성을 쌓아 주요 교통로를 통제하는 형태로 산성 중심 방어체제를 구축하였다. 최근 연구에 의하면 고구려는 늦어도 2세기 무렵에는 초기 중심지인 졸본(요령성 환인)과 국내성(길림성 집안) 부근의 중요한 지점에 석축산성을 쌓아 행정과 군사 거점으로 활용하였다고 한다(양시은, 2016). 당시 고구려는 제2현도군을 축출하고 그 치소였던 영릉진고성(永陵鎭古城)을 해당 지역통치의 거점으로 삼았고, 부여 지역으로 통하는 중요한 길목인 통화(通化) 지역에는 자안산성(自安山城)을 축조하였다고 한다. 최초의 수도였던 졸본 지역에는 초기 도성으로 기능하였다고 파악되는 오녀산성(五女山城)과 하고성자토성(下古城子土城), 나합성(喇哈城) 등이 분포하고 있으며 그 외곽에 초기 성곽으로 추정되는 흑구산성(黑溝山城), 전수호산성(轉水湖山城)이 조영되었다. 일종의 초기적 산성방어체계가 형성된 것이다.

가장 오랜 기간 동안 고구려의 수도로 기능하였던 국내성 지역 역시 산성을 중심으로 한 방어체계가 형성되어 있었던 것으로 밝혀졌다. 우선 도성권역인 집안분지에는 평지성인 국내성(國內城)과 산성인 환도산성(丸都山城)이 축조되었으며 그 주변으로 크고 작은 산성들이 조영되었다. 졸본에서 국내성으로 천도하는 정확한 시점이 여전히 고고학적으로 제대로 밝혀지지 않은 상황이라 단언하기는 어렵지만, 국내성 지역에 이른 시기부터 고구려 성곽이 조영되었을 가능성은 충분하다. 『삼국사기』에 따르면 유리왕 22년(3년)에 국내 지역에 위나암성(尉那巖城)을 쌓았다고 전하며, 산상왕 2년(198년)에는 환도성을 쌓았다고 한다. 그리고 위 관구검의 침입 후 동천왕은 재위 21년(247년) 평양성을 쌓았다는 기록도 있다.

아직까지 초기 고구려의 산성에 대해 조사된 바가 드물어 초기에 어떠한 산성방어체계를 형성하였는지는 정확히 복원하기 어렵다. 그러나 사료에 전하는 초기 고구려의 축성 기사가 매우 구체적이고, 중국 측의 기록도 그러한 사실을 입증해 주고 있어 고구려가 초기부터 적극적으로 성을 축조하고 이를 활용한 기초적인 방어체계를 형성하고 있었음은 추론하기 어렵지 않다. 3세기 이후 고구려가 수행한 대규모 전쟁의 전개양상을 고려해도 충분히 납득이 되는 부분이다. 특히 졸본과 국내 지역에 있던 고구려 초기의 도성이 방어를 위한 산성과 평시 거주지인 평지성의 조합으로 이루어졌던 사실도 중요한 의미를 지닌다(여호규, 1998a).

그런데 고구려가 성곽을 집중적으로 조영하고 이를 전국적인 행정과 군사 거점으로 활용하기 시작한 것은 현존하는 성 유적을 중심으로 확인해 보았을 때 5세기 이상으로 소급하기가 어렵다. 고구려 초기에는 도읍인 환인과 집안 일대에 성을 축조하여 사용하였고, 4세기 들어 요동과 평양 지역 등을 확보하면서 중요한 방어의 거점에 성을 쌓기 시작하였다(양시은, 2013). 지금까지 연구에 따르면 고구려 초기로 편년되는 산성은 매우 드문 실정이다. 2세기 말까지 구축된 산성으로 확인되는 것은 최초의 수도인 환인 지역에 소재한 오녀산성 정도이고(정원철, 2017), 집안 지역의 국내성과 환도산성도 각각 4세기와 5세기 이상으로 소급될 수 없음이 밝혀졌다(양시은, 2013). 따라서 고구려는 3세기 중반까지는 체계적인 방어체계를 제대로 구축하고 있지 못하였다고 보기도 한다. 물론 고구려는 4세기 초까지 공격과 방어의 거점으로 기능하는 대규모 성곽들이 제대로 축조되지 못한 상황이므로 중·후기처럼 산성 중심의 체계적 방어망을 형성하기는 어려웠을 것이다.

하지만 이것은 일정 규모 이상의 성곽을 의미하는 것이고, 고구려 중심지인 혼강(渾江), 압록강 유역과 가까운 혼하(渾河) 상류 유역에는 청동기시대부터 고구려 산성의 입지와 유사한 산상취락유적들이 다수 조사되었다(西川宏, 1992). 이러한 소형 산성급 취락들은 고구려 산성의 원형이자 기원이 된 것으로 파악된다(陳大爲, 1985; 여호규, 1998b). 그리고 고구려 고유어로 성곽을 뜻하는 구루에서 연원한 명칭인 '구려'가 이미 기원전 2세기 무렵부터 사서에 등장하며, 기원전 1세기~1세기 무렵 현도군과 교섭하면서 성을 쌓은 사실 등을 통해 볼 때 중·후기와 같이 대규모 산성은 아니더라도 중심거주지와 교통 및 방어의 요지 등에 초보적 형태나 소규모 산성 같은 방어시설을 조영하고 활용하였을 것임은 분명하다. 지금까지 조사된 이른 시기의 산상취락유적 등이 그러한 가능성을 방증해 주는 자료라 할 수 있겠다.

고구려의 첫 번째 수도였던 환인 지역은 그 외곽에 교통로를 따라 성곽이 분포하며 방어체계를 형성하고 있었다(임기환, 2012b). 물론 환인 지역에 축조된 성곽이 모두 초기의 것은 아니지만, 흑구(黑溝)나 고검지(高儉地) 같은 일부 산성은 그 축조방식이나 공반유물 등을 근거로 초기로 비정될 가능성이 있다. 이러한 산성들은 초기 방어체계 형성에 중요한 거점으로 기능하였을 것이다.

고구려가 초기부터 군사 방어 목적을 위해 성곽을 조영한 사실은 사료에서도 확인된다. 신대왕 8년(172년) 한나라가 공격해 왔을 때 명림답부(明臨答夫)는 "도랑을 파고 보루를 높이며 들을 비워서 대비하면 그들은 반드시 한 달을 넘기지 못하고 굶주리고 궁핍해져서 돌아갈 것입니다"라고 왕에게 조언하였다.[18] 이 사료에 보이는 '높은 보루(高壘)'가 산성과 유사한 구조물임을 추측하기란 어렵지 않다.

고구려는 지리적 입지조건과 자연지물을 최대한 활용하여 방어시설물을 축조하고 이로써 방어체계를 구축하였다. 두 번째 수도인 집안 일대에 분포하고 있는 산성과 차단성[관애(關隘)]의 존재를 통해 이를 확

---

18 『삼국사기』 고구려본기 신대왕 8년조, "若我深溝高壘, 清野以待之, 彼必不過旬月, 饑困而歸."

인할 수 있다. 물론 현재 남아 있는 산성과 차단성 대부분은 고구려 중기 이후에 만들어진 것이다. 하지만 초기 고구려가 이러한 지형지물을 방어에 활용하지 않은 것은 아니다. 기록에는 환도성이 2세기 말에 축조된 것으로 전하며, 앞서 언급한 신대왕 8년에 있었던 한과의 전쟁 중에 "우리나라는 산이 험하고 길이 좁으니, 이는 이른바 '한 사람이 관문을 지키면 만 명도 당할 수 없다'는 것입니다"라고 하며 수성 전략을 피력하였다.[19] 이러한 문헌기록은 고구려가 초기부터 수도인 집안 지역을 방어하기 위해 관문이나 보루, 성곽 등을 축조하였음을 알게 해 준다.

늦어도 2세기 이후부터 국내성이 소재한 집안 지역은 고구려 수도로 기능하였다. 험준한 산과 큰 강으로 막힌 분지지형인 이 지역으로 진입하기 위해서는 하천과 계곡을 따라 형성된 6개의 교통로를 이용해야만 하였다(여호규, 2012). 그리고 그 교통로들을 따라서 고구려는 수도 방어를 위한 산성과 차단성 등을 쌓아 이용하였다. 물론 이러한 집안 주변의 고구려 성곽들이 모두 초기에 축조된 것은 아니다. 다수가 중기 이후 조영되었을 것으로 추정되지만, 초기부터 수도 방어를 위한 체계가 마련되고 그를 통해 축적된 경험치가 있었기 때문에 가능한 것이다. 그러므로 중·후기 산성이 축조된 지점은 초기에도 중요한 방어거점으로 활용되었을 것이라는 추정은 충분한 설득력을 가진다. 이것은 고구려가 늦어도 2세기 후반 이후에는 도성의 배후 지역에 광역의 왕기(王畿)를 설정한 것에서도 확인할 수가 있다(조영광, 2016).

---

19 『삼국사기』 고구려본기 신대왕 8년조, "且我國山險而路隘, 此所謂一夫當關, 萬夫莫當者也."

왕권을 중심으로 집권체제가 강화되어 가고 그에 수반해 국가의 규모와 국력이 신장하면서 주변세력과의 충돌도 더 격렬하고 대규모 양상으로 전개되었다. 전쟁의 규모와 그에 따른 피해 역시 더욱 크고 심각해질 수밖에 없었다. 따라서 고구려는 국가의 생존과 직결되는 전쟁에 효과적으로 대응하기 위해 효율적인 군사동원과 보급체제의 확립, 장비와 전술 개발 등에 많은 노력을 기울이게 된다.

고구려가 국가 규모를 키워가며 집권체제를 강화시켜 갈 수 있었던 배경에는 생산력의 증대가 있었다. 고구려의 중심산업이었을 것으로 추정되는 농업생산력에 관한 문헌자료는 지극히 한정적이기 때문에 당시의 생산도구를 통해 이를 유추해 볼 수밖에 없다. 그중에서 철기의 보급은 생산력 증가와 가장 밀접한 관계가 있다.

3세기 무렵의 사실을 전하는 『삼국지』 고구려전에는 고구려의 농업생산력과 환경에 대하여 "큰 산과 깊은 골짜기가 많고 넓은 평야가 없어 산골짜기를 거주지로 삼고 골짜기 사이의 물(澗水)을 마셨다. 좋은 밭이 없어 힘써 경작하여도 배를 채우기에도 부족하여 절식하는 습속이 있었다"라고 전한다.[20] 이것은 그만큼 고구려의 농업생산을 위한 환경조건이 열악하였음을 의미한다. 이러한 불리한 조건을 극복하고 생산력을 늘리기 위해서는 양질의 농기구 도입이 절실하였던 것으로 보인다. 원고구려 지역에 철제농기구가 도입된 것은 기원전 3세기~기원전 2세기 무렵으로 연(燕)계 철기의 영향을 받아 주조(鑄造)한 철제 괭이(斧), 호미, 낫 등이 등장한다. 그리고 기원전 1세기 이후에는 한의

---

20 『삼국지』 고구려전, "多大山深谷 無原澤 隨山谷以爲居 食澗水 無良田 雖力佃作 不足以實口腹 其俗節食."

영향을 받아 단조(鍛造)한 괭이가 나타나 고구려 지역에서 농경에 본격적으로 이용한 것으로 파악된다.

연구에 의하면, 기원전 1세기~3세기 단계에 사용된 고구려의 철제농기구는 보습, 일자형 쇠날, U자형 쇠날, 괭이 등의 가는 농구(起耕具), 쇠스랑과 같은 삶는 농구(摩田具), 철제호미(鐵鋤) 같은 김매는 농구(除草具)로 구성되어 있었다고 한다. 이들은 한대의 철제농기구와 형태가 유사하다. 이는 그 이전 시기에 비해 더욱 발달된 형태이며 이를 통하여 생산력 증대가 이루어졌던 것으로 보인다. 4~7세기경에는 이전 시기 형식의 농구와 더불어 전형적인 고구려식으로 분류되는 U자형 쇠날, 쇠스랑, 호미, 보습 등이 사용되면서 고구려의 독자적인 철제농기구 체계가 확립되었다고 한다(김재홍, 2005). 이러한 철제농기구의 보급과 발달이 생산력 증대로 이어지고, 더불어 국가발달단계 제고와 집권력 강화로 이어졌음이 분명하다.

이처럼 고구려 초기 본격적으로 한 계통의 철제농기구가 보급되면서 노동력이 절감되고, 더 나아가 생산력 증대를 목적으로 한 우경(牛耕)도 본격적으로 행해진 것으로 파악된다. 고구려는 한 양식의 대형 보습을 사용해 비교적 이른 시기부터 우경을 시작한 것으로 보인다. 이것은 고구려가 한의 요동군, 현도군 등과 교역하는 과정에서 자연스럽게 채용한 것으로 추정된다(서민수, 2017).

진전된 형태의 철제농기구 등장과 함께 주목되는 것이 철제무기의 보급이다. 고구려는 건국 시점부터 강력한 군사력을 바탕으로 현도군 등 한의 군현세력과 격돌하고 주변지역을 정복하며 성장하였다. 이처럼 강력한 무력은 질 좋은 무기라는 배경이 있었기에 가능했다. 하지만 고구려가 처음부터 발달된 철제무기체계를 갖추고 있었던 것은 아니다. 주변세력과 무력충돌을 전개하는 과정에서 다양한 시행착오를 겪으면서 점차 무기체계와 군사조직을 완성해 나갈 수 있었다.

고구려 초기 주변국 중 가장 발달된 무기체계를 갖추고 있었던 국가는 당연히 중국 한이다. 고구려는 한의 군현세력과 대립 또는 타협을 반복하며 질이 좋은 철제무기를 수용하고 이를 발전시켜 점차 자체적인 방식대로 무기체계를 육성해 나갔다. 고구려가 갓 건국된 1~2세기경에는 한의 영향을 받은 검(劍), 화살촉, 도(刀) 등을 제작하였고, 긴 창을 의미하는 장모(長矛)도 제작하였다고 한다. 이러한 장창은 대(對)기병전을 전제로 제작된 것이므로 초보적 기병의 편성도 추정할 수 있다. 또한 화살촉을 통해 원사(遠射)무기인 궁시(弓矢)도 활발히 사용했음을 알 수 있다. 하지만 이 시기 고구려의 것으로 추정되는 출토 철제무기 유물의 수량이 적고, 한의 무기와 흡사한 외형을 하고 있어, 고구려가 초기 단계에는 중국에서 철제무기를 수용하였음을 알 수 있다(김길식, 2005).

2세기 이후에는 소환두대도(素環頭大刀), 철대도(鐵大刀), 직기형철모(直基形鐵鉾), 다양한 유경식(有莖式)철촉 등 고구려의 독자적인 무기체계가 나타나기 시작한다. 이 무렵에 제작된 고구려 철제무기는 압록강 중류 지역의 무기단식(無基壇式), 초기 기단식(基壇式) 등 초기 적석총에서 다수 출토되었다. 집안의 하활룡(下活龍) 8호분과 20호분에서는 소환두대도가 나왔고, 환인 고력묘자(高力墓子)19호분, 북한 심귀리 73호분과 79호분, 남파동104호분, 운평리4지구6호분 등 다수 무덤에서 철단도가 출토되었다.

『삼국지』에는 고구려가 '맥궁(貊弓)'이라는 좋은 활을 생산하였다는 기록이 보인다. 궁시 또한 고구려의 중요한 무기체계로서 2세기 이후

한의 영향을 벗어나 독자적 발전을 이루기 시작한 것으로 파악된다. 소재의 특성상 고구려활, 즉 맥궁이 전하지 않아 그 모습을 그대로 복원할 수는 없지만 고구려 고분벽화를 토대로 복원해 보면 크기는 단궁(短弓)이며, 형태는 만궁(彎弓), 재질은 각궁(角弓), 제작방법은 합성궁(合成弓)이라고 한다. 화살은 싸릿대로 만든 호시(楛矢)가 사용되었고 살촉은 철촉(鐵鏃)과 동촉(銅鏃)이 모두 사용되었지만, 출토유물의 다수가 철촉이므로 철촉이 주류였음을 알 수 있다. 3세기 후반부터는 각 철제무기의 종류별 형식 분화가 더욱 활발해지고, 마구(馬具)로 등자(鐙子)가 등장하며 갑주는 기병전에 적합한 찰갑(札甲)이 주류를 이루어 확실한 고구려식 무기체계를 확립하게 된다(김길식, 2005).

발달된 철제무기체계의 보급은 자연스럽게 군사동원력을 신장시키며, 고구려 중앙과 주변부의 통합을 촉진시켰다. 이처럼 군사 수요의 증대와 확대된 군사동원력은 군사조직의 재편으로 귀결된다. 고구려 초기에는 계루부 왕권이 일원적으로 고구려 5나부 전체의 병력을 통제, 통솔하기보다는 5나부 단위로 편성된 군대를 필요에 따라 국왕이 동원하거나 파병하는 형태로 통제하였다. 그러다가 집권체제가 정비되면서 점차 고구려 군대는 국왕에 직속되는 방향으로 재편된다.

이어서 초기 고구려의 병종 구성에 대하여 알아보자. 일반적으로 고대국가의 군대는 육군과 수군으로 구성되고, 특수한 경우를 제외하면 주력군과 상비군은 육군을 의미한다. 고구려 군대 역시 이러한 편제를 갖고 있었을 것으로 추정되지만, 관련 기록과 자료가 없어 수군의 존재를 쉽게 긍정하기는 어렵다. 고구려가 수군을 활용해 작전을 펼친 사실이 처음 확인되는 것은 〈광개토왕비문〉 영락 14년(404년)조 대방계(帶方界)를 침공한 왜를 격퇴한 기록에 보이는 '연선(連船)'이라는 표현을 통해서이다. 물론 이 역시 수군 설치의 근본 목적인 해전을 상정한 전투함의 개념이 아니라 상륙전을 위한 수송함으로 파악되므로 엄밀한 의미의 수군으로 보기 어려운 측면도 있다.

그러므로 내륙 국가인 초기 고구려의 특성을 감안할 때 고구려 군대는 육군이 주력일 수밖에 없다. 고구려군은 보병과 기병으로 구성되었다. 그중에서 대규모 전투에 활용된 주력 병종은 보병이었던 것으로 보인다. 국토가 대부분 산지와 골짜기로 구성되었고, 기본적으로 반농반렵의 생산체계였던 초기 고구려가 대규모 기병 군단을 운영하기는 힘들었을 것으로 보인다. 3세기 무렵 고구려 외곽지역에 위치한 동예가 '보전(步戰)'에 능하였다는 기록과 퉁구스계 수렵 종족인 숙신(肅愼)이 말을 탈 줄 몰랐다는 기록이 이를 방증하는 것이다.

하지만 고구려의 경우 최고 지배층인 계루부가 부여계 유이민세력이었고, 부여는 송눈(松嫩)평원이라는 평탄한 지형에 반농반목(半農半牧)의 경제시스템을 갖추고 있었으므로 비교적 강력한 기병대를 보유하고 있었다.[21] 이처럼 부여계 계루부가 중심이 되어 건국된 고구려는 초기부터 일정 수의 기병을 운용하였을 것으로 추정된다. 그러나 주력 병력은 여전히 보병이었을 것으로 보인다. 3세기 무렵 고구려보다 국력이나 국가 발달 수준 등이 우월하였고 기병의 양성과 운용도 훨씬 유리한 조건이었던 부여 또한 하호까지 동원해야 하는 상황에서는 보병

---

21 기원을 전후한 시기 부여 기병의 존재는 유수(楡樹) 노하심(老河深)유적, 서풍(西豊) 서차구(西岔溝)유적 등에서 출토된 철제 무기류와 거마구 등을 통하여 확인이 가능하다. 그리고 『후한서』 부여전에는 "안제(安帝) 영초(永初) 5년(111년)에 부여왕이 보병과 기병 7,000~8,000명을 거느리고 낙랑을 노략질하여 관리와 백성을 죽였다(至安帝 永初五年, 夫餘王始將步騎七八千人寇鈔樂浪, 殺傷吏民)"라고 기록하고 있어 부여가 이미 이 시기에 상당한 기병 전력을 갖추고 있었음을 알 수 있다.

이 전투의 주축이었을 것으로 파악되기 때문이다.[22] 이후 4세기~5세기 무렵이 되면 고구려는 쇠뇌(弩), 궁전(弓箭), 극(戟), 삭(矟), 모(矛), 연(鋋) 중심의 무기체계를 갖추게 된다.[23] 주로 원사무기와 장병기(長兵器)로 구성된 것이다. 이것은 전쟁의 규모가 더욱 커지고 이로 인해 기병의 활용도가 증대하면서 대기병전용으로 발전하게 된 것으로 파악된다(여호규, 1999). 고구려 중기가 되면 이전에 비해 기병의 비율이 늘어났을 것으로 보인다.

22　이러한 사실을 증명해 주는 기록이 『삼국지』 부여전에 보이는 "활·화살·칼·창을 병기로 사용하며, 집집마다 자체적으로 갑옷과 무기를 보유하였다(以弓矢刀矛爲兵, 家家自有鎧仗)"라는 구절이다. 전쟁 시 직접 전투에 투입되지 않고 보급 임무를 담당하였던 하호층을 제외하더라도 모든 민이 평시에도 기병용 말을 사육하고 마구까지 갖추고 있었다고 간주하기는 어렵다.

23　『주서』 고려전, "兵器有甲弩弓箭戟矟矛鋋."

참고문헌

금경숙, 2004, 『고구려 전기 정치사 연구』, 고려대학교 민족문화연구원.
김철준, 1975, 『한국고대사회연구』, 서울대학교출판부.
김현숙, 2005, 『고구려의 영역지배방식 연구』, 모시는사람들.
노태돈, 1999, 『고구려사연구』, 사계절.
양시은, 2016, 『고구려 성 연구』, 진인진.
여호규, 1998b, 『고구려 성』1, 국방군사연구소.
_____, 2014, 『고구려 초기 정치사 연구』, 신서원.
임기환, 2004, 『고구려 정치사 연구』, 한나래.
정원철, 2017, 『고구려 산성 연구』, 동북아역사재단.

금경숙, 1989, 「고구려 초기의 '나'에 관한 연구」, 『강원사학』5.
김기흥, 1991, 「삼국시대의 세제」, 『삼국 및 통일신라 세제의 연구』, 역사비평사.
_____, 1998, 「신라시기 민의 사회경제적위상」, 『한국사연구』102.
김길식, 2005, 「고구려의 무기 체계의 변화」, 『한국 고대의 Global Pride 고구려』, 고려대학교박물관.
김영하, 1985, 「고구려의 순수제」, 『역사학보』106.
김재홍, 2005, 「고구려의 철제 농기구와 농잠기술의 발전」, 『북방사논총』8.
김현숙, 1992, 「고구려의 말갈 지배에 관한 시론적 고찰」, 『한국고대사연구』6.
_____, 1993, 「고구려 초기 나부의 분화와 귀족의 성씨-삼국사기 고구려본기 내 출현 인명을 중심으로」, 『경북사학』16.
_____, 1995, 「고구려 전기 나부통치체제의 운영과 변화」, 『역사교육논집』20.
_____, 1997, 「고구려 중·후기 지방통치체제의 발전과정」, 『한국고대사연구』11.

_____, 1999, 「고구려왕의 대민관의 변화와 그 의미」, 『대구사학』 58.

_____, 2007, 「고구려사에서의 촌」, 『한국고대사연구』 48.

나유정, 2018, 「삼국지 동이전에 나타난 대민지배방식과 민, 하호의 성격」, 『한국고대사연구』 90.

노중국, 1979, 「고구려 율령에 관한 일시론」, 『동방학지』 21.

노태돈, 1975, 「삼국시대의 '부'에 관한 연구」, 『한국사론』 2.

_____, 1996, 「5~7세기 고구려의 지방제도」, 『한국고대사논총』 8.

서민수, 2017, 「겨리의 관점에서 본 고구려의 우경」, 『역사와 현실』 106.

안정준, 2015, 「6세기 고구려의 북위말 유이민 수용과 '유인'」, 『동방학지』 170.

양시은, 2013, 「고구려 성의 기원에 대한 일고찰」, 『고구려발해연구』 47.

_____, 2013, 「환인 및 집안 도읍기 고구려 성과 방어체계 연구」, 『영남학』 24.

_____, 2014, 「고구려 성의 방어체계 변천양상 연구」, 『한국상고사학보』 84.

여호규, 1992, 「고구려 초기 나부체제의 성립과 운영」, 『한국사론』 27.

_____, 1995a, 「3세기 후반~4세기 전반 고구려 교통로와 지방통치조직」, 『한국사연구』 91.

_____, 1995b, 「3세기 고구려의 사회변동과 통치체제의 변화」, 『역사와 현실』 15.

_____, 1997, 「1~4세기 고구려 정치체제 연구」, 서울대학교 박사학위논문.

_____, 1998a, 「고구려 초기의 병력 동원 방식」, 『군사』 36.

_____, 1999, 「고구려 중기의 무기 체계와 병종 구성」, 『한국군사사연구』 2.

_____, 2007, 「고구려 초기 대중 전쟁의 전개 과정과 그 성격」, 『동북아역사논총』 15.

_____, 2008, 「압록강 중상류 연안의 고구려 성곽과 동해로」, 『역사문화연구』 29.

_____, 2012, 「고구려 성곽과 방어 체계의 변천」, 『한국군사사-성곽』 14, 육군본부.

이종욱, 1982, 「고구려 초기의 지방통치제도」, 『역사학보』 94·95.

임기환, 1987, 「고구려 초기의 지방 통치 체제」, 『경희사학』 14.

_____, 1995, 「고구려 집권체제 성립과정의 연구」, 경희대학교 박사학위논문.

_____, 1998, 「고구려 전기 산성 연구」, 『국사관논총』 82.

_____, 2012a, 「고구려의 연변 지역 경영: 책성과 신성을 중심으로」, 『동북아역사논총』 38.

_____, 2012b, 「고구려의 군사 제도와 방어 체계」, 『한국군사사-고대Ⅰ』 1, 육군본부.

전덕재, 2015, 「373년 고구려 율령의 반포 배경과 그 성격」, 『한국고대사연구』 80.
조영광, 2016, 「고구려 왕도, 왕기의 형성 과정과 성격」, 『한국고대사연구』 8.
주보돈, 2003, 「삼국시대 지방통치체제의 정착과정」, 『강좌 한국고대사』 2, 가락국사적개발연구원.
최희수, 2012, 「5~6세기 고구려 지방통치의 운영」, 『한국고대사탐구』 10.
_____, 2013, 「2~4세기 고구려 지방통치의 발전과 대민지배의 강화」, 『한국고대사탐구』 13.
홍승우, 2016, 「고구려 율령의 형식과 제정방식」, 『목간과 문자』 16.

陳茂同, 1988, 『中國歷代職官沿革史』, 崑崙出版社.

陳大爲, 1985, 「遼寧高句麗山城初探」, 『中國考古學會第五次會論集』.

武田幸男, 1989, 『高句麗史と東アジア』, 岩波書店.

西川宏, 1992, 「中國における高句麗考古學の成果と問題」, 『靑丘學術論集』 2.

찾아보기

ㄱ

가(加) 59, 60, 95, 99, 277
개마국(蓋馬國) 109, 145, 160, 177
개마대산(蓋馬大山) 145
거수(渠帥) 106, 168, 198
경기(耿夔) 205, 206
경대부(卿大夫) 172, 173
계루부(桂婁部) 15~17, 25, 26, 28, 30~32, 45, 48, 49, 61, 64, 66, 68, 82, 101, 125, 126, 128, 139, 257, 260
계세사상(繼世思想) 127
고구려현 148~153, 233
고국천왕 18, 43, 53, 57, 79, 96, 111, 217, 256
고노자(高奴子) 67, 274, 289
고대국가형성론 14, 24
고력묘자(高力墓子) 고분군 124
고추가(古鄒加) 17, 35, 43, 94, 101, 124
고평릉(高平陵)의 변란 231
곡집단(谷集團) 28, 34

공납 164, 287
공납지배 164, 175
공민(公民) 113, 170
공손강(公孫康) 96, 213, 217, 218, 220, 223, 227
공손공(公孫恭) 213, 225, 227
공손도(公孫度) 213, 214, 217, 220
공손씨(公孫氏) 정권 195, 213
공손연(公孫淵) 213, 225~227, 298
공손탁(公孫度) 96
공손황(公孫晃) 225
공회(公會) 61, 93, 114, 115
관구검(毌丘儉) 140, 229, 235, 301, 304
관나부(貫那部) 17, 20, 21, 30, 38, 57, 66, 76, 108, 165
관노부(灌奴部) 16, 17, 20, 139
관독(管篤) 226
관등제 36, 48, 49, 51, 269
광개토왕 147
〈광개토왕비〉 124, 156, 158
〈광개토왕비문〉 147, 154, 164, 180, 315

괴유 127
교사(郊祀) 117
구노국(狗奴國) 236
구다국(句茶國) 145, 160
『구당서』 118
구려(句麗) 151
구려국 149
구민(舊民) 147
구사자(九使者, 仇使者) 47, 272
구석(九錫) 227
국가제사 125, 128
국내성(國內城) 262, 308, 309, 311
국동대혈(國東大穴) 93, 118
국상(國相) 15, 36, 59, 51, 75, 78, 81, 166
국상제 70, 77
국읍(國邑) 25
국중대회(國中大會) 115, 120
군장사회 25
군현 치소 151
궁시(弓矢) 314
궁준(弓遵) 140
귀족회의 80~83, 111
기미정책(羈縻政策) 179, 204, 211
기산들판(箕山之野) 34

ㄴ

나(那) 15, 17, 24, 25, 27
나국(那國) 25, 27, 31, 42, 46, 47, 102, 297
나부(那部) 14, 16, 17, 27, 32, 68, 76, 96, 97, 98, 251, 254, 264, 267, 271
나부체제 29, 36, 47, 57, 68, 80~82, 100~111, 113, 126
나부체제론(那部體制論) 14~16, 25, 33, 252
나부체제론자 15, 25, 33, 38, 51, 59, 70, 75
나집단(那集團) 28, 31, 34, 42, 47
나합성(喇哈城) 308
낙랑국(樂浪國) 145, 160
낙랑군(樂浪郡) 145, 159, 196, 234
낙랑군 동부도위(東部都尉) 145, 200, 210
낙랑군 호구부 171
낙랑태수 140, 210
남옥저(南沃沮) 143, 177, 179
남흉노 203
노복(奴僕) 92, 105, 168, 170, 291
농성대제(籠城大祭) 118
니나메사이(新嘗祭) 122

ㄷ

다이조사이(大嘗祭) 122
단군 119
단로성(檀盧城) 182, 183, 242
단석괴(檀石槐) 204

단요(段遼) 241
달가(達賈) 27, 157, 297
당주(幢主) 299
대가(大家) 92, 94, 103, 104, 106, 107, 108, 110~112, 173, 296
대가(大加) 17, 26, 43, 44, 48, 50, 61, 91, 94, 163, 171, 173, 201, 287, 291
대로(對盧) 35, 37, 269, 270
대모달(大模達) 299, 300
대묘(大廟) 124
대무신왕 99, 111, 124, 127, 156, 200
대민관(對民觀) 184
대방군(帶方郡) 160, 193, 223, 234, 235, 305
대보(大輔) 71
대사자(大使者) 36, 255, 266, 272
대사조서(大赦詔書) 196~198
대승(戴升) 96, 201, 298
대인(大人) 107, 108, 173
대주부(大主簿) 36, 45, 46, 74, 103
대형(大兄) 251, 274
동맹(東盟) 61, 93, 94, 114~116, 128
동명 115, 119, 123
동명왕 143, 144, 177
동명왕묘 124
동부여 155, 179, 180

동예 92, 106, 115, 177, 211, 212, 224, 283, 288, 292, 316
동옥저 107, 108, 109, 146
동이교위(東夷校尉) 238~242
동이교위부(東夷校尉府) 237
동천왕 144, 179, 261
동탁(董卓) 214
두로(杜魯) 110
둔유현(屯有縣) 160, 161

ㄹ

루초(婁肖) 300

ㅁ

마무(馬武) 203, 204
막하하라지(莫何何羅支) 39
만리(滿離) 199, 201
말객(末客) 299, 300
매구곡인(買溝谷人) 264, 143
맥궁(貊弓) 314
맥인(貊人) 196, 202, 209
맹회(盟會) 116
명림답부(明臨答夫) 41, 68, 77, 100, 166, 310
명적(名籍) 233
모둔곡(毛屯谷) 34
모본왕 110
모본원 110
모신(母神) 119

모용외(慕容廆) 157
모용황(慕容皝) 155
모자신(母子神) 119
묘상건축 127
묘제(墓祭) 93, 127, 128
무천(舞天) 116
무휼(無恤) 156
미유(彌儒) 40, 46, 71, 76
미천왕 112, 243
미천왕묘 124
미추왕릉 127
미추이사금 124
밀우(密友) 98, 261

ㅂ

발기(拔奇, 發歧) 18, 96, 165, 216, 298
방본(龐本) 241
방위부(方位部) 21~23, 25, 37, 98, 251, 254, 256, 260, 262, 265, 267
배잠(裵潛) 227
백고(伯固) 44, 216, 217
봉왕(封王) 33
봉작(封爵) 43
봉주(封主) 33
부경(桴京) 127
부내부(部內部) 38, 258~260, 263, 298

부산적(富山賊) 217
부여(夫餘) 96, 103, 105, 115, 119, 120, 123, 155, 224, 236, 273, 277
부여왕 202, 210
부용(附庸) 157, 183
부위염(扶尉猒) 143
부자계승 52~54, 57, 58
부조(夫租) 147
부족국가 24
부족연맹체 24
북옥저(北沃沮) 109, 142~146, 155, 157, 160, 176, 177, 179, 180
북흉노 203, 204, 211
불내예(不耐濊) 147, 177
불내예후 177
비류나부(沸流那部) 17, 20, 21, 29, 50, 57, 66, 76, 93, 96, 126
비류원(沸流源) 34
비미호(卑彌呼) 236

ㅅ

4나부(那部) 21, 25, 66, 256, 263, 299
4노부(奴部) 17, 25
사마의(司馬懿) 231, 237
사마표(司馬彪) 209
사물택(沙勿澤) 34
사성(賜姓) 33, 34

4연나(椽那) 26, 29, 303
사자(使者) 17, 26, 35, 47, 94, 107, 108, 168, 287
사주(社主) 127
사직 93, 126~128
사출도(四出道) 38, 95
산상왕 217
살수(薩水) 142, 160
『삼국사기』 고구려본기 16~19, 21, 23, 27, 36, 41, 53~55, 71, 98, 109, 111, 122, 145, 150, 152, 159, 163, 178, 253, 254, 269
『삼국유사』 124, 127
『삼국지』 고구려전 16, 21, 22, 25, 26, 37, 59, 60, 64, 94, 95, 96, 103, 104, 108, 115, 123, 140, 172, 216, 263, 269, 299, 306, 312
『삼국지』 동이전 105~107, 114, 120, 232, 234, 236, 239, 287, 291, 293
『삼국지』 동옥저전 107, 109, 145, 147, 152, 167, 174, 288, 291
『삼국지』 부여전 95, 105, 110, 112, 225, 277, 292, 300
『삼국지』 예전 177
삼군오환 219
삼등호(三等戶)제 294
상(相) 59, 60, 77, 108, 168
상가(相加) 35, 37

상수(尙須) 143
서안평(西安平) 210, 232
서영(徐榮) 214
서천왕 148
석륵 241
선비(鮮卑) 31, 152, 153, 163, 200~212, 229, 239, 241, 274, 289, 301
선우영(鮮于嬰) 240
선인(先人) 17, 26, 35, 48, 94
설유(薛儒) 27, 298
성읍(城邑) 109, 159, 176
성읍국가 25
소가(小加) 50, 91, 94~98, 103, 105, 114
소노가 26
소노부(消奴部) 17, 20, 119, 298
소제(昭帝) 152
소형(小兄) 251, 274
소환두대도(素環頭大刀) 314
속민(屬民) 164
『속한서(續漢書)』 209
손권 226~228
수(守) 180, 288
수로왕릉 127
수로왕묘(首露王廟) 124
수묘인 127, 147
수신(隧神) 93, 114, 116~120
수신제(隧神祭) 115

수혈(竪穴) 114, 116
수확제 114, 119, 125, 128
숙서(宿舒) 227
숙신(肅愼) 164, 182, 183, 239, 242, 316
숙신남계(肅愼南界) 144
순노부(順奴部) 16, 17, 21, 139
순수(巡狩) 143
승(丞) 35
승상(丞相) 70, 78~80
시조묘(始祖廟) 93, 123, 124, 127
시조묘 제사 121, 123~125, 127~129
시조묘 친사 125
시조신 117
시조왕릉 124
식읍(食邑) 109, 181
『신당서』 118
신대왕 121, 125, 217
신묘(神廟) 123

ㅇ

안류(晏留) 79, 255, 256, 266
안변 147, 161
양맥(梁貊) 152, 163, 242
양무(涼茂) 220~223
양평성(襄平城) 231
어비류(於畀留) 260, 265, 266, 298, 303
어지류(菸支留) 18, 46, 67, 71, 72, 76
연나부(椽那部, 掾那部) 17, 19~21, 30, 33, 50, 57, 66, 96, 100, 111, 258
연노부(涓奴部) 16, 101, 126, 139
연왕(燕王) 227
연인(然人) 97, 102
염사치(廉斯鑡) 233
영고(迎鼓) 115
영동 7현 147, 154, 177, 198, 200, 201, 210
영릉진고성(永陵鎭古城) 152, 307
영호지절관부(領護持節官府) 233
영흥(永興) 146
예(濊) 140
예맥(濊貊) 224, 225
예축제(預祝祭) 125
5나부(那部) 283, 287, 292, 297, 301, 315
오녀산성(五女山城) 308, 309
5부(部) 17, 21~23, 37, 140, 162
오장원(五丈原) 228
5족(五族) 21, 22
오환교위(烏桓校尉) 207, 238
옥갑(玉匣) 202
옥저(沃沮) 92, 108
왕기(王畿) 311
왕기(王頎) 144
왕망(王莽) 150, 195, 196

왕웅(王雄) 229
왕조(王調) 196
왕준(王遵) 241, 243
요동고새(遼東故塞) 153
요동군 235
요동맥인 209
요동새(遼東塞) 208
요동요외 맥인(遼東徼外貊人) 199, 202
요서군 223
욕살(褥薩) 300
우거(優居) 97, 102, 298
우문부 241
우보(右輔) 15, 51, 70, 82
우태(于台, 優台) 35, 36, 39, 41, 42, 50, 266, 270, 255
〈울진봉평리신라비〉 99, 169
웅녀 119
원고구려민 141, 163
원소(袁紹) 219
원회(元會) 122
위구태 207, 210
위나암성(尉那巖城) 308
『위략』 103, 114, 115, 120~123, 126
「위명신주(魏名臣奏)」 219, 228
위지해(尉遲楷) 305
위진(衛臻) 229
유경식(有莖式)철촉 314
유리왕 156, 200

유무(劉茂) 140
유연 121
유엽(劉曄) 225
유옥구(劉屋句) 98
유유(紐由) 98
유인(遊人) 294
을불(乙弗) 112, 113, 289
을음(乙音) 302
을파소(乙巴素) 78, 79, 255, 258, 266, 290
음모(陰牟) 112, 113
읍락(邑落) 92, 105~113
읍루(挹婁) 143, 236
의려(依慮) 157
이맥(夷貊) 152
이이모(伊夷模) 165, 217
이이벌이(以夷伐夷) 204, 205, 211
이적불신론(夷狄不信論) 204

ㅈ

자신(子神) 119
자안산성(自安山城) 308
작호(爵號) 43
잠우락부(蠶友落部) 201
잠지락(蠶支落) 96, 201
장강(張剛) 226
장궁(臧宮) 199, 203
장료(張遼) 223
장미(張彌) 228

찾아보기 327

장통(張統) 243
적미(赤眉) 196
적산오환(赤山烏桓) 200, 201
적석총(積石塚) 141, 149
적통대인(適統大人) 17, 43, 264
전수호산성(轉水湖山城) 308
절노부(絶奴部) 16, 17, 20, 21, 101, 139
절풍(折風) 35, 46, 49, 62, 94
제가(諸加) 38, 41, 50, 62, 65, 69, 251, 260, 293
제가회의(諸加會議) 15, 51, 62, 65, 66, 68~70, 77, 79, 81, 82, 100, 101, 111
제갈량(諸葛亮) 228
제갈직(諸葛直) 227
제2현도군 64, 152, 208
제3현도군 152, 205
제천대회(祭天大會) 93, 94, 100, 102, 114, 120~123, 128, 129
제천의례 115~117, 121
조기집권체제론(早期集權體制論) 14, 252
조나(藻那) 17, 27, 28, 30, 38, 108, 165, 286
조부(租賦) 164, 170
조상신 116~118
조의(皁衣, 皂衣) 17, 26, 35, 36, 41, 42, 48, 50, 77, 94, 270

조조(曹操) 214, 224
족조전승(族祖傳承) 34
족조제(族祖祭) 125
존호(尊號) 43
졸본 124, 308
졸본부여 139
종묘 93, 124, 126~128
종묘·사직 제사 93, 128
좌가려(左可慮) 96, 110, 298, 303
좌보(左輔) 15, 51, 70, 82
좌식자(坐食者) 103, 108, 292, 300
좌·우보제 70, 77, 78
좌원(坐原) 166
주나(朱那) 17, 27, 28, 30, 38, 108, 165, 286
주몽 115, 118, 124, 125
주부(主簿) 35, 44, 45, 92, 94, 97, 101~103, 270, 298
주하(周賀) 227
중분구주(中分九州) 226
중외대부(中畏大夫) 39, 254, 255, 265, 303
중요군(中遼郡) 214, 223
지모신 118
직기형철모(直基形鐵鉾) 314
진대법 79, 113
『진서』 239, 242
『진서』 동이전 239
『진서』 지리지 237

질산(質山) 166
집권체제론 16
집권체제론자 15, 25, 38, 51, 59, 70, 75
집단예민 142, 168
〈집안고구려비〉 127

ㅊ

차단성 310, 311
차대왕 53, 55~57, 68, 72, 76, 100, 165
창려군 238
창조리(倉助利) 46, 80
채융(祭肜) 195, 198, 200, 211
채풍 210
책(幘) 35, 46, 94
책구루(幘溝婁) 65, 153, 306
책성수리(柵城守吏) 180
처려근지(處閭近支) 300
철대도(鐵大刀) 314
철제농기구 313
철제무기 314, 315
족한 226, 228
최리(崔理) 145, 159, 160
추모왕 124
〈충주고구려비〉 45
치구루(置溝婁) 143
친위왜왕(親魏倭王) 236

ㅌ

탁발선비 119, 121
태조왕 121, 124~126, 140, 210

ㅍ

팔왕의 난 239, 242
패자(沛者) 35~37, 41, 42, 50, 74, 97, 166, 254, 266, 269, 270
편하(偏何) 201
평주(平州) 143, 237
〈포항냉수리신라비〉 99
풍환 210, 211

ㅎ

하감(何龕) 240~242
하고성자(토)성(下古城子(土)城) 151, 308
하요(夏瑤) 144
하호(下戶) 92, 104~107, 110, 112, 292
한군현 146, 148, 178
『한서』지리지 208
『한원』 116
한인호족(漢人豪族) 243
한충(韓忠) 221, 222
함자현(含資縣) 233
해곡태수(海谷太守) 148
행인국(荇人國) 109, 143, 163, 177
현도군(玄菟郡) 147, 196, 212, 234,

찾아보기 329

235
현도성 210
협보(陜父) 71
형(兄) 274, 275
형제계승 52, 53, 57
호동이교위부(護東夷校尉府) 237
호민(豪民) 92, 103~106, 108, 110, 112, 292
호시(楛矢) 315
호시(互市) 233
호한야선우(呼韓邪單于) 203
홀본(忽本) 124
화려(華麗) 147

화려성 210
환나부(桓那部) 17, 21, 30, 38, 57, 66, 76, 108, 165
환도(산)성(丸都(山)城) 223, 308, 309
『후한서』고구려전 96, 126, 202, 205, 209
『후한서』동이전 115, 116, 195, 205
흉노 64, 118, 194, 200, 201, 203~205
흉노 고지(故地) 204
흑구산성(黑溝山城) 308
힐지(襭支) 39

고구려통사 2
고구려 초기 국가체제와 대외관계

초판 1쇄 인쇄　2022년 12월 1일
초판 1쇄 발행　2022년 12월 15일

엮은이　동북아역사재단 한국고중세사연구소
지은이　여호규, 강진원, 김현숙, 윤용구, 임기환, 조영광
펴낸곳　동북아역사재단

등록　제312-2004-050호(2004년 10월 18일)
주소　서울시 서대문구 통일로 81 NH농협생명빌딩
전화　02-2012-6065
팩스　02-2012-6186
홈페이지　www.nahf.or.kr
표지디자인　역사공간
제작·인쇄　역사공간

ISBN　978-89-6187-792-3　94910
　　　　978-89-6187-595-0　(세트)

• 이 책은 저작권법에 의해 보호를 받는 저작물이므로 어떤 형태나 어떤 방법으로도 무단전재와 무단복제를 금합니다.
• 책값은 뒤표지에 있습니다. 잘못된 책은 바꾸어 드립니다.